本书由上海市德育课程教学研究基地资助出版

ZHONGXUE DEYU KECHENG SHIJIAN HUODONG TANSUO

中学德育课程实践活动探索

刘建良◎主编

安徽师范大学出版社
·芜湖·

图书在版编目(CIP)数据

中学德育课程实践活动探索 / 刘建良主编. — 芜湖:安徽师范大学出版社,2019.10
ISBN 978-7-5676-4003-0

Ⅰ.①中… Ⅱ.①刘… Ⅲ.①德育 – 教学研究 – 中学 Ⅳ.①G631

中国版本图书馆CIP数据核字(2019)第053357号

中学德育课程实践活动探索

刘建良◎主编

责任编辑:汪碧颖

装帧设计:张 玲

出版发行:安徽师范大学出版社

芜湖市九华南路189号安徽师范大学花津校区

网　　址:http://www.ahnupress.com/

发 行 部:0553-3883578 5910327 5910310(传真)

印　　刷:江阴金马印刷有限公司

版　　次:2019年10月第1版

印　　次:2019年10月第1次印刷

规　　格:700 mm × 1000 mm　　1/16

印　　张:20.5

字　　数:357千字

书　　号:ISBN 978-7-5676-4003-0

定　　价:65.00元

前　言

理论与实践相结合是增强中学德育课程教学实效性的基本原则。新一轮普通高中思想政治课程标准修订提出,要基于培养学科核心素养的要求,着力实现知行合一的目标,努力构建活动型学科课程,通过一系列思维活动和实践活动的结构化设计,实现"课程内容活动化""活动内容课程化"。这一理念和要求既是对近年来中学德育学科教学理论与实践相结合探索的继承与发展,又是对基于学科核心素养养成与发展的中学德育学科教学的创新与突破。这种活动型学科课程对课堂内教学内容与活动相结合的设计、对结合课程内容的社会实践活动的开展提出了更高的要求。

从教学实践来看,虽然教师能够认识到实践活动与德育课程结合的重要性,但现实中由于种种主客观条件的限制,学生的实践"需求"与当前中学德育课程的实践"供给"还不平衡。以2017年上海市开展的一项调研为例,上海市的高中思想政治课自1998年实施"二期课改"以来,致力于构建贴近生活、降低难度、重视社会实践能力培养的思想政治基础型课程的教学内容体系,并在课堂教学与评价改革中取得了积极的成效。与此同时我们也发现学科实践活动的落实情况还不够理想。调查数据显示,41.47%的学生表示所在学校的思想政治课几乎没有实践环节,48.81%的学生表示教师几乎不布置实践性作业,46.44%的学生表示偶尔有实践性作业。对于现行上海市高中思想政治教材中设置的"实践与探究"栏目,30.02%的学生表示教师选择跳过不看,57.67%的学生表示教师会简单提及,仅有12.31%的学生选择了教师会认真组织。相反,学生对实践环节则抱有较大期待,超过半数学生都表示实践活动对自己很有帮助,愿意参加实践。这反映了当前高中思想政治课实践供需的不平衡,学校及教师对本课程的实践性缺乏应有的重视。

基于上述背景,我们组织了上海师范大学马克思主义学院陈亮副教授、上海

1

市东华大学附属中学陈梅老师、上海市第五十二中学胡颖老师、上海市敬业初级中学汤影影老师、上海市光明初级中学朱晓琳老师等围绕如何在中学德育课程中开展实践活动这一主题,开展了如下专题研究:一是初中思想品德课单元教学实践作业设计研究;二是社会实践活动在思想品德课教学中的运用研究;三是高中生公共参与素养培育的实践研究;四是社区德育视角下驻区中小学德育实践路径研究。本书以这些专题研究成果为基础,立足活动型学科课程的倡导,聚焦中学德育课程实践活动的探索,贯彻理论与实践相结合的编写思路,吸收部分一线教师的研究成果和教学设计,本着文责自负的原则汇集而成,以期对广大中学德育学科教研员和一线教师有所启发,对中学德育课程实践活动的开展有所推动。

专题研究过程中,上海师范大学马克思主义学院周书俊教授、上海市教委教研室叶伟良老师、华东师范大学马克思主义学院史俊老师等提供了学术指导,上海市光明初级中学丁斌校长、上海市奉贤区教育学院张世杨老师、上海市静安区教育学院沈沛东老师、浙江省嘉兴市教育学院沈毓春老师、河南省郑州市教研室政治组教研员闫彦强老师等为实践教学的开展、教学设计的征集提供了大力支持。

本书编写过程中,安徽师范大学马克思主义学院陶永华教授给予了指导和帮助,上海师范大学马克思主义学院课程与教学论专业研究生王蕾参与了本书的文字校对工作,安徽师范大学出版社吴顺安老师等为本书的出版付出了大量劳动。在此对他们表示最诚挚的谢意!

由于编者水平有限,书中不妥之处在所难免,欢迎大家提出宝贵意见。

刘建良

2019 年 6 月 31 日

目　录

上编　理论与实践

下编　教学设计

上编　理论与实践

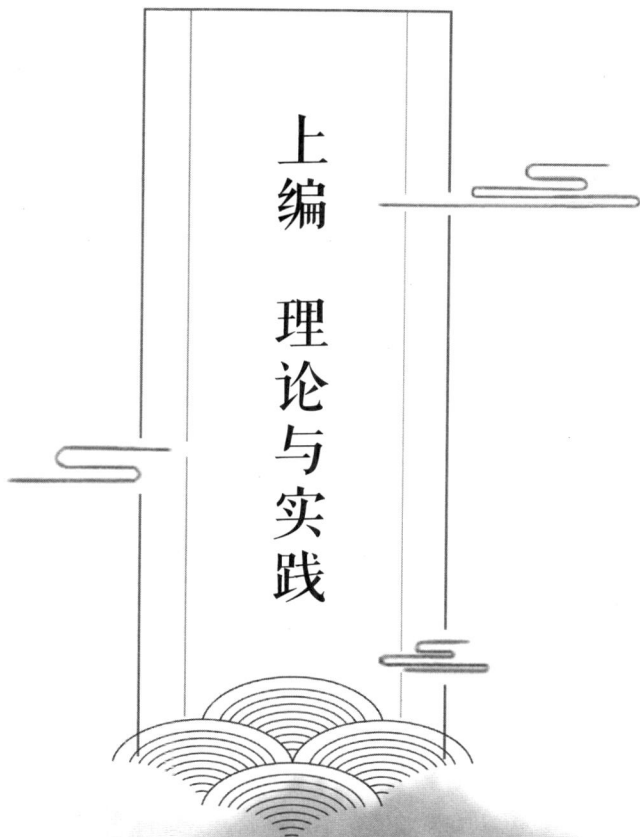

初中生社会实践活动
融入思想品德课教学的策略研究

上海市敬业初级中学　汤影影

一、导　论

"思想品德课就是空口说大道理""思想品德课的学习在实际中的运用较少""思想品德课似乎并没有学的必要"……多年来,思想品德课很少被学生、家长、甚至学校重视,其实用度也一再被质疑。其根本原因在于,学生很少将学到的知识在实际生活中运用,利用所学去解决实际问题,即教材所设立的人生观、世界观、价值观与社会生活实际脱节。在新课程改革背景下,怎样才能将思想品德课的教学与学生生活实际相结合?怎样才能帮助学生将所学用于解决生活实际问题?怎样增强学生对思想品德课的重视度?这些问题促使我们要进行改变。

《国家中长期教育改革和发展规划纲要(2010—2020年)》(以下简称《纲要》)指出要优化知识结构,丰富社会实践,强化能力培养,提高学生的学习、实践和创新能力,坚持理论学习与社会实践的统一,促进德育、智育、体育、美育有机融合。2016年颁布的《中国学生发展核心素养》指出,中国学生发展核心素养,以科学性、时代性和民族性为基本原则,以培养"全面发展的人"为核心,分为文化基础、自主发展、社会参与三个方面。综合表现为人文底蕴、科学精神、学会学习、健康生活、责任担当、实践创新六大素养,具体细化为人文积淀、人文情怀等十八个基本要点。要增强社会责任感,提升创新精神和实践能力;善于发现和提出问题,有解决问题的兴趣和热情;能依据特定情境和具体条件,选择制订合理的解决方案;具有在复杂环境中行动的能力等。《初中思想品德课程标准(2014版)》(以下简称《课程标准》)指出,思想品德课程是一门以初中学生生活为基础、以引导和促进初中学生思想品德发展为根本目的的综合性课程,具有思想性、人文性、实践性、综合性的特征。思想品德课旨在促进初中学生道德品质、健康心理、法律意识和公民意识的进一步发展,形成乐观向上的生活态度,逐步树立正确的世界观、人生观、价值观。思想品德课程具有实践性的特点,应从学生实际出发并将初中学生逐步扩展的生活作为课程建设与实施的基础;注重与社会实践的联系,引导学生自主参与丰富多样的活动,在认识、体验与践行中促进正确思想观念和良好道德品质的形成和发展。《课程标准》的课程目标按照"情感、态度、价值观"到"能力"再到"知识"的顺序排列,可见"知行意"的重要性。无论是国家层面的政策指引,还是课程构建层面的要求,都要求思想品德课的教学要大胆改变、创新,将教材知识与社会实际相结合,通过社会实践的方式对学生进行教育。

纵观上海一期、二期课程改革的实践成果,值得肯定的是对于初中生社会实践参与的重视度有所提升,但在实际教学活动中,还有一定的改进空间,如在教材中特别开辟了"说说做做园地"的实践性教学的内容,但使用并不普遍,特别是高年级的课堂仍以知识灌输为主,而低年级的课堂教学因环境、人力等多方因素的限制,不能经常性地有效开展。初中思想品德课是一门社会性学科,需要学生在社会的大背景中实践、检验、反思、整合所学知识。思想品德课的教学方式应该做到理论与实践相结合,修炼内功的同时不忘外功的发展。在此背景下,开展将社会实践活动融入思想品德课教学的研究就显得特别有意义,其不仅可以帮助学生学会整合理论知识和实践感悟,形成"内外兼修"的教育学习体系,同时也为学生未来走进社会、适应社会打好基础。

二、社会实践活动融入思想品德课教学的意义

随着《中国学生发展核心素养》的颁布,对中学生综合能力的培养再次成了学校教育关注的热点,它提出了要以培养"全面发展的人"为核心的要求,而党的十九大提出了新时代中国特色社会主义思想,明确新时代我国社会主要矛盾是人民日益增长的美好生活需要和不平衡不充分的发展之间的矛盾,必须坚持以人民为中心的发展思想,不断促进人的全面发展。这与马克思主义哲学就人的发展观提出的目标不谋而合。现代教育越来越重视学生的主体地位和教师的主导作用,《纲要》指出要优化知识结构,丰富社会实践,强化能力培养,提高学生的学习、实践和创新能力。这些对于教育者和学习者都是一次巨大的挑战和伟大的革新,也为社会实践活动融入思想品德课教学提供了一个宽广的发展舞台。

开展研究前,笔者在上海市黄浦区随机选择了五所初中进行问卷调查。目的在于了解现阶段社会实践活动融入思想品德课教学的现实情况,从教师和学生的角度分别了解师生对社会实践活动融入思想品德课教学的态度,在此基础上挖掘社会实践活动融入思想品德课教学的意义。同时,了解社会实践活动融入思想品德课教学还存在哪些问题并分析问题产生的原因,从而提出社会实践活动有效融入思想品德课教学的相关对策。

(一) 有助于促进学生的自主学习能力

根据调查分析,笔者发现,大多数学生喜欢社会实践活动,并且希望能够将已经开展的社会实践活动融入思想品德课的教学中。近80%的学生表示,喜欢在课堂上采用将社会实践活动融入思想品德课教学的学习方式;同时,90%的学生也希望教师在日常授课中,能够运用社会实践活动,将其与教材有机结合,以更有针对性、更为细致地引导学生运用所学知识解决实际问题。由此可见,将社会实践活动融入思想品德课的教学中,迎合学生的学习兴趣,符合学生的实际情况,有助于改变学生对思想品德课的消极态度,能够调动学生对思想品德课学习的积极性。

此外,对已经在教学中开展过社会实践活动的学生进行调查,笔者发现,90%的学生认为将社会实践活动作为教学资源融入思想品德课教学中,对于知识点的掌握更为牢固,并且能够提高自身对学习的兴趣,以激发自学能力的提升。

例如:笔者所在学校为了让六年级新生更快地熟悉初中校园,每年都会在开学初让学生利用午休时间在校园里探索,观察校园里各种设施的布局、学校的校训、校标等。思想品德课教师就可以将这次社会实践活动融入到沪教版教材《思想品德》六年级上册第一课《新的学校　新的向往》第一框"我们的新学校"的教学中,结合这项实践活动的成果,让学生在课堂上分享交流。在这项活动任务中,学生通过独立或团队合作的方式解决问题,培养了合作互助的精神,同时也锻炼了自主学习的能力。因为是通过自己的努力获得的成果,在课堂交流时学生会更认真、更专注,从而提升了课堂学习的有效度。

综上所述,无论是从教育者还是受教育者的角度出发,将社会实践活动融入思想品德课教学都是有积极意义的,并且迎合教育改革的发展趋势、迎合学生的学习需求。

（二）有助于提供学生学会参与社会公共生活的方法

在调查过程中,笔者发现,许多初中生在参与社会公共生活中会碰到各种各样的问题,如:如何解决与父母意见不一致的问题? 在一个陌生的环境中,如何与人交往? 在碰瓷事件发生后,在路上看到需要帮助的老人到底要不要帮忙? 在思想品德课的教学中,传统的教学方式受限于教室环境,教师提供的案例或预设的情境存在一定的主观性,不够真实,导致教学效果不佳。然而,社会实践活动本身就是真实的,学生在社会实践活动中遇到问题,教师能够及时地就事论事给出引导,有助于提供学生学会参与社会公共生活的方法。

根据调查,仅36%的学生表示能够在思想品德课学习中更好地参与社会公共生活,45%的学生表示不能在思想品德课学习中更好地参与社会公共生活,19%的学生表示偶尔能够在思想品德课学习中更好地参与社会公共生活。可见,传统的思想品德课教学方式,对于将理论运用于实际中,并不能起到较为显著的成效。而将丰富的社会实践活动融入思想品德课教学中,能够给学生创设真实的社会生活场景,突显学生的主体性地位,改变了过去学生坐在教室里听课、死记硬背的教育模式,化被动学习为主动学习。例如:在沪教版教材《思想品德》七年级上册第三课《关爱父母　学会孝敬》第一框"养家的父母最辛苦"一课中,许多学生并不能真切地体会到为什么养家的父母最辛苦,为了解决这一问题,教师可以结合学校心理活动月活动,围绕家庭生活,让学生回家采访父母,了解一年中父母在子女身上各个方面的开支投入,并结合学校大队部寒暑假期间开展的生活任务单活动,让学生试着模拟"做一天的父母",真切地了解父母上班的辛劳以及下班回到家后操持家务的各种不易。学生通过参与真实的社会实践活动,能够逐渐理解、认同教材中提出的观点,解决学习中出现的实际问题。

思想品德课程作为一门显性的德育课程,正是在学生逐步扩展的生活经验的基础上,与他们一起体会成长的美好、面对成长中的问题,如果能够将学校中开展的各项德育活动融入进来,将会为初中学生正确认识成长中的自己,处理好与他人、集体、国家和社会的关系,提供必不可少的帮助。

（三）有助于增强学生的社会责任意识

《课程标准》对初中生在学校、家庭、社会和国家层面的公民道德和社会责任意识的养成,均有明确和细致的规定。在传统的课堂教学中,教师习惯于利用情境模拟、案例分析的方式来进行授课,以达成某个知识点目标,再达成情感目标。笔者认为,情境模拟、案例分析作为思想品德课教学的教育资源是有其存在价值的,但相比社会实践活动,就显得缺乏真实性。例如,在讲到公民应该遵守的社会规范时,如果教师自己创设一个虚拟的情境或是寻找相关的社会新闻作为案例让学生参与分析,学生仅仅是一个旁观者,并没有真正将自身代入其中。诚然,学生在分析案例时,也会作出客观的判断,但缺乏体验感和代入感的课堂教学,也许有助于学生掌握知识,却不能对学生的情感造成直接的触动,对于学生价值观形成的影响效果也不明显。而社会实践活动则解决了缺乏真实感的问题,社会实践活动本身都是真实的,学生在身临其境中开展实践活动。例如,学校团委开展的职业体验日活动、公益活动、社团活动中,学生有真实的付出、真实的体验,才会有真实的感悟。在沪教版教材《思想品德》九年级上册第五课《着眼未来 永续发展》第一框"实施可持续发展战略"的教学中,笔者结合了学校科技节主题"垃圾分类我能行",组织学生前往就近的快递公司开展社会调查,了解一个快递站一天要运输多少件快递、会产生多少份快递盒,这些快递盒又是如何处理的。学生在这次社会实践活动中,通过实地观察、调查和走访,逐渐认识到当今我国资源浪费依然比较严重,实施可持续发展战略有其必要性和重要性。除此之外,在这次社会实践活动中,学生知道了可持续发展的含义、作用和价值。在看到这么多垃圾盒被扔掉,并且没有得到合理的回收再利用,学生会自觉地形成要节约资源、珍惜资源的意识,进而在日后约束自己、提醒自己要节约资源,并将此内化为一种社会责任意识,时刻提醒自己不能浪费资源,要充分合理使用现有资源,做到物尽所用。

(四) 有助于学生面对复杂的社会作出正确的道德判断和选择

我们生活的社会,存在着各式各样的人,因此也会存在多种多样的价值观念。初中生作为未成年人,还未形成健全的价值观,也不能独立地作出正确的道德判断和选择。此外,初中生开始进入青春期、叛逆期,往往会为了彰显个体独立性,证明自己已经长大了,为了获得他人对自己的认可,获得平等相处,往往会故意做出一些比较极端、怪异的行为,例如:故意顶撞长辈,以求获得长辈的认可,告诉长辈自己已经长大了,要尊重我的想法等。

培养学生正确的价值观，引导学生作出正确的道德判断和选择是思想品德课教学非常重要的一个价值观目标。面对纷繁复杂的社会现象和多样的价值观念，学生如何以正确的价值观为标准，作出正确的道德判断和选择？传统的课堂教学并不能有效地解决这些问题，如今，在价值观目标的培养上，大多数教师习惯于用案例分析或是情境模拟的方式，甚至保持"一言堂"课堂教学，这对学生价值观念的培养不能起到积极正面的影响。而在真实的社会实践活动中，学生所处的环境、面临的问题都是真实的，学生做出的反应也是真实的，而不是根据教师给出的案例，假想自己会如何应对。因此，如果教师能够利用好这些实践活动，在课堂上分析学生在实践中遇到的问题，给予正确的价值引导，就能更有效地帮助学生作出正确的道德判断和选择。

综上所述，将社会实践活动融入思想品德课教学中的意义重大，值得提倡。社会实践活动作为思想品德课的教学资源之一，能够迎合学生的学情特征，有效地调动起学生对于思想品德课的学习兴趣，提高学生学习的成就感。导行，是思想品德课的一个显著的学科特征。《课程标准》指出，思想品德课应该注重帮助学生了解社会的发展实际，逐步提高学生用正确的观点和方法观察分析现实的能力，参与社会生活的实践能力。社会实践活动将学生置身于真实的社会生活背景中，解决了教材案例和情境的滞后性问题。真实性和以学生为主体性，这是社会实践活动融入课堂教学的优势所在。鼓励、推动、引导学生运用所学的教材知识和过往经验，解决现实的日常问题，遵循马克思主义哲学的观点，培养学生理论联系实际的能力，从而锻炼、提升学生的实践能力，培养社会责任意识，最终找到社会参与感和社会归属感，这在一定程度上解决了"思想品德课空大"的不足，提升了课程教学的信度和效度。

三、社会实践活动融入思想品德课教学的问题分析

笔者在上海市黄浦区随机选择的五所初中开展了调查和访谈，在此过程中，笔者发现社会实践活动有效融入思想品德课教学存在以下几方面的问题。

（一）部分任课教师缺乏主动将活动融入教学的意识

在思想品德课教学中开展社会实践活动的教学方法已经比较普遍。但是大

多教师往往是为了某一课的教学内容需要而开展,为了课堂表现力更强、形式更多样,而刻意设计一些社会实践活动。虽然这样的做法从表面上看,符合课程性质和三维目标的培养,但笔者并不提倡这样的教学方式。原因在于,首先,教师纯粹为了一节课的内容而开展的社会实践活动,往往是孤立的、单一的,不具备系统性和整体性;其次,这样的社会实践活动往往流于形式,表演性色彩过重,而失去了培养学生实践能力、社会责任意识等根本的教学目的;最后,这往往会花费教师和学生大量的精力和时间,增加教师和学生的负担。

学校每年都会开展各式各样的社会实践活动,其中有不少社会实践活动是与思想品德课教学互相关联的,教师可以将这些社会实践活动作为教学资源,结合教学内容,融入教学中。将社会实践活动融入思想品德课教学中一方面可以减轻教师和学生的负担,另一方面可以将从属于德育活动的社会实践活动与具有德育特色的思想品德课教学相结合,让学生在参与社会实践活动的过程中培养自身能力;也可以将社会实践活动作为思想品德课的第二课堂,让学生有效掌握思想品德课的教学内容。

因此,教师作为思想品德课教学的主导者,要提高主动将社会实践活动融入思想品德课教学的意识,积极主动地开发、利用学校开展的社会实践活动,在教学过程中根据教学内容和目标进行适当的调整,这样会对思想品德课的教学起到事半功倍的作用。

(二)部分社会实践活动与学科教学结合不够

近年来,无论是初中思想品德课还是高中思想政治课,都十分重视将活动融入课程内容,《课程标准》强调要将教学与生活实际相联系,《普通高中思想政治课程标准(2017版)》提出要将"课程内容活动化""活动内容课程化"。在现阶段的初中思想品德课教学中,一些教师已经逐步将学校开展的社会实践活动融入思想品德课教学中,然而,部分融入的活动与学科教学结合不够,毕竟学校开展的社会实践活动往往是基于德育工作的要求,为德育工作的开展服务的。因此,思想品德课的任课教师应该认识到,虽然有些活动的确可以融入思想品德课教学中,但需要任课教师结合学科教学进行修改。

笔者认为,社会实践活动融入思想品德课教学的目的,是为了提高教学的针对性、实效性,教师更有效地达成教学目标,学生更有效地学习并掌握教学内容。因此,教师选择融入思想品德课教学中的社会实践活动应该是着眼于学生的真实生活和长远发展,应该具有明确的目标和清晰的线索,即为了有效地辅助学生构建学科逻辑与实践逻辑,做到理论知识与生活经验相结合,让学生在社会实践活动的历练中、在自主辨析的思考中感悟真理的力量,自觉践行社会主义核心价值观。在活动设计上,教师应该了解学生对活动主题的认识情况及原有经验。同时,还要了解社会活动的实践价值,引导学生学会解决生活中的各种现实问题。

(三)部分社会实践活动未充分考虑学生自身特点

《课程标准》指出,处于青春期的初中生的身心发展特点是思想品德课设计的基础。社会实践活动是否有价值,能否对学生产生正面的影响,取决于其是否迎合了学生的身心发展特点。因此,要想让社会实践活动能够有效融入思想品德课教学,社会实践活动的开展要符合学生的身心发展特点。

以沪教版教材《思想品德》九年级上册第一课《我的祖国 为我自豪》第三框"以热爱祖国为荣"一课为例,学校针对爱国主义教育开展的社会实践活动,往往采用主题宣讲的方式,例如,升旗仪式上的发言、请党员同志开设爱国主义教育讲座等。但是,初中生处于青春期,精力旺盛、自主意识强、好奇心强,以在升旗仪式上发言来开展爱国主义教育的仪式教育活动,就未充分考虑初中生的个性特点。同样是仪式活动,学校每年开展的十四岁青春营活动,学生就特别喜欢,因为参与精彩纷呈的活动符合了初中生生性好动的特点,活动中的一些合作项目和独立项目也能够满足初中生彰显自我、证明自我价值的需要。在军事训练基地里,学生过上了军人的生活,遵守铁一般的纪律,通过自己包饺子懂得粮食得来不易,在教官的"光盘行动"的要求下,学生更加珍惜粮食;在真人镭射枪战中,学生为了胜利的荣誉,试着团队合作;在班级对抗赛中,学生用行动彰显对集体的重视。

为什么十四岁青春营活动能够对学生产生积极的影响?为什么教师在将十四岁青春营融入课堂教学后,能引起学生共鸣?笔者认为,归根结底是因为十四岁青春营活动让仪式教育"活"了起来,这些活动是基于初中生的需求而设计的,迎合了初中生的身心发展特点,满足了他们的需求,从而使教学得以成功。

（四）社会实践活动组织部门与任课教师缺乏有效沟通

通常,学校社会实践活动开展工作是由学校政教处、团委大队部负责,从行政工作范围来看,社会实践活动从属德育部门,而思想品德课教学从属教学部门。思想品德课作为一门显性的德育课程,具有其他学科所不具备的浓烈的德育色彩,因此,理论而言,德育活动与思想品德课教学是紧密联系的,德育活动应该融入思想品德课教学中。然而,在当下的初中学段,鲜少有学校将德育活动融入思想品德课教学中。究其原因,笔者发现学校社会实践活动组织部门与思想品德课任课教师缺乏有效沟通。

就笔者的前期调查发现,学校在每学期初都会制订一份德育部门工作计划和教学部门工作计划,但两者之间联系度不高;并且也少有德育部门将本学期工作计划分发与思想品德课教师。这就导致了思想品德课任课教师不能提前知晓学校会开展哪些活动,哪些活动与本学期教学内容有关,从而无法合理地将社会实践活动融入思想品德课教学中。许多思想品德课任课教师没有主动与德育部门沟通,在备课过程中,虽然发现有些教学内容非常适合融入社会实践活动,但由于缺乏有效沟通,错过了利用学校开展的社会实践活动的契机,或是由于思想品德课任课教师与社会实践活动组织部门沟通时存在理解上的误区而没有达成预期的效果。

综上所述,无论从《课程标准》对课程的要求,还是提高实际教学有效性的需要而言,将社会实践活动融入思想品德课教学都有可取之处的。针对以上存在的种种问题,笔者结合教学经验和前期调查,提出具体的解决对策。

四、社会实践活动有效融入思想品德课教学的对策

教师在设计社会实践活动时,应该提前了解学生的实际能力、知识储备以及在学习中的真实需求,并在此基础上有针对性地设计社会实践活动,充分发挥学生的主观能动性,鼓励学生主动学习,调动学生的学习驱动力,运用所学主动地观察、发现问题,分析问题,解决问题,培养自主学习的能力和实践能力。此外,教师选用的社会实践活动,要紧密结合教材内容和教学目标。社会实践活动在思想品德课教学中发挥了引导和启发的作用,教师可以在课前引导学生通过真

实的活动体验，对所学知识有所了解；也可以启发学生在学习了教材内容后，继续向外拓展和延伸。基于以上几点活动开展原则，笔者针对上述现存问题，提出以下几点改进策略。

从沪教版初中学段《思想品德》教材的编写主题看，六年级至九年级的教材内容依次从学校层面、家庭层面、社会层面和国家层面展开。学校围绕这四个层面可开展的社会实践活动非常多，将这些活动融入思想品德课教学中的可行性也大幅提升，然而许多教师并没有意识到这一点。因此，笔者认为，要让社会实践活动有效融入思想品德课教学，教师要提高主动将社会实践活动融入思想品德课教学的意识，要主动关心德育部门开展的社会实践活动，主动将活动梳理后与教学内容挂钩，在将活动融入教学后及时总结反思。另外，教师还可以主动从教学的角度为社会实践活动开展提供建议，这些建议可以是基于教学内容需求的，也可以是基于融入后的教学反思和总结的。

（一）任课教师主动参与有利于学科教学的社会实践活动

学校每年会开展很多的社会实践活动，但并不是所有的社会实践活动都适合融入思想品德课教学中。因此，教师要做的就是主动参与有利于学科教学的社会实践活动，可以根据教学目标、教学内容，梳理可以融入教学中的社会实践活动。笔者在整理任教学校每年会开展的所有社会实践活动后，发现各种现代的或传统的节庆活动、社会公益活动、社团文化活动、仪式教育活动等，都可以融入思想品德课教学中。

以沪教版教材《思想品德》六年级上册第三课《尊重老师　友爱同学》第一框"尊敬老师是人类的美德"一课为例，教学内容要求学生理解为什么尊敬老师是非常重要的。笔者想到了任教学校每年9月开学初的教师节活动，决定将这项活动融入教学中。但是在第一次尝试中，融入效果并不佳。在课后反思中，笔者认识到：传统的庆祝教师节活动，就是在教师节当天，学生以送花送贺卡、利用午休时间给老师表演节目的形式，为老师庆祝节日。虽然形式上很热闹，但无法具体说明为什么老师值得被尊重。笔者将这样的社会实践活动融入思想品德课的教学中，其实并没有为提高教学质量服务。于是，笔者经过思考，主动找到学校政教处，希望政教处能够在教师节前后，开展一次"观察记录老师的一天"的社会实践活动，让学生真正了解老师一天的工作都在做什么，有什么意义，老师这么工作的目的是什么。从而让学生体会到老师之所谓值得被尊重,是因为老师无私地将自己所学教授给学生,教师不仅要教书,教会学生知识与技能,更重要的是要育人,随时随地教会学生如何为人。

六年级学生刚刚进入新的学校,对一切都充满了好奇。他们生性好动,还保留着小学生的稚气和活力。但也因为升入初中,自我感觉已与小学时的自己有所不同,急于证明自己已经长大了。而六年级思想品德课的教学背景设定在师生共存的校园生活中,因此融入相关的社会实践活动的便利性有所提升,也有利于教师根据学生活动情况的反馈,及时调整和进一步挖掘社会实践活动的价值。

再以沪教版教材《思想品德》九年级上册第一课《我的祖国　为我自豪》第一框"哺育我们成长的祖国"一课为例,教学内容要求学生通过了解中华传统文化,培养爱国之情。于是笔者联想到学校开展的"过佳节　学民俗"的传统节庆系列活动。学校每个月都会围绕一个中华传统节日开展社会实践活动,如:元宵节扎彩灯、包汤圆,清明节组织纪念荣誉校友,重阳节组织学生看望孤寡老人等。这些节日活动贴近学生生活,受学生喜爱,迎合初中生的身心特点。笔者平时注意收集、积累这些活动照片和视频,在课上将这些活动照片再次呈现,带着学生共同回顾,这样做能够激发学生的学习兴趣,与学生产生共鸣;再通过知识竞答的方式,让学生结合活动经验和生活实际,了解传统节日的一些基本风俗习惯,从而引导学生意识到,中华民族以节日的方式体现对家庭的重视,传统节日有着增强凝聚力、树立核心价值观、加深文化认同的重要作用,是集体的文化记忆。这使传统节日成为承载中国人"和为贵"处世精神的重要载体,有利于树立和平友好的国际形象,从而培养学生的爱国之情。

(二)任课教师将社会实践活动与教学内容建立联系

教师要根据教学内容,做进一步的梳理,将社会实践活动与思想品德课教学内容联系起来。以沪教版教材《思想品德》六年级上册为例,笔者将社会实践活动与相关教学内容建立联系,具体参见表1。

表1　教学内容中可开展的社会实践活动

	框题	社会实践活动主题
六年级（上册）	《我们的新学校》	校园定向越野
	《生活的新起点》	换戴大红领巾仪式
	《个人成长离不开集体》	校园班班唱活动
	《纪律是集体生活的保证》	军训活动
	《集体生活需要合作》	志愿者服务活动
	《尊敬老师是人类的美德》	庆祝教师节活动、祭孔典礼
	《建立真挚的同学友谊》	心理活动月——友谊的巨轮
	《科学改变着我们的生活》	学校科技节

　　每年年初，针对新入学的六年级学生，学校会利用一个中午的时间开展"校园定向越野"的活动。每位新生都会拿到一本实践护照，护照上会标明要去寻找的定向点。学生每找到一个点，就可以获得一个章，在半小时里得到章目越多，就能获得越大的奖励。于是，笔者联想到沪教版教材《思想品德》六年级上册第一课《新的学校　新的向往》第一框"我们的新学校"一课的教学内容：要求学生能够知道新学校的地址、校标、校训、设施布局等，对新学校有一个大概的了解。笔者决定将"校园定向越野"这项社会实践活动融入这一课的教学中。于是，笔者每年都会在学生参与"校园定向越野"后，在课上开展"新学校知多少"的知识竞答比赛，以游戏的方式考查学生对教学内容的掌握情况，一旦发现有所遗漏或掌握不足，再针对性地进行引导和补充。

　　再譬如，笔者任教学校每年科技节都会开展"高科技大讲堂"的专题活动。每位学生根据自己的兴趣，完成一份科学技术的介绍稿，由学校挑选出最优秀的几份在校会课上介绍。笔者就想到沪教版教材《思想品德》六年级上册第四课《热爱学习　学会学习》第一框"科学改变着我们的生活"一课中最后一个知识点目标——引导学生认识到科技是一把双刃剑。于是，笔者每年都会利用一节思想品德课，组织那些想表达却没有被学校选上的学生，在课上交流一项科学技术的利弊分析。

　　社会实践活动的形式是丰富的，如：仪式教育活动、公益活动、心理团体辅导活动等，教师在将社会实践活动融入思想品德课教学中时，应该仔细斟酌哪些活动更适合教学内容的实施，哪些形式更符合教学内容的需要。将社会实践活动融入思想品德课教学并不是"花把式",仅仅为了形式化地增强课堂效果,而是真正地发挥其真实性、可操作性和可参与性,从而服务于思想品德课的教学,让教学的开展锦上添花。

将社会实践活动融入思想品德课教学,看似思想品德课处于被动地位,其实并非如此。社会实践活动可以是思想品德课教学的铺垫,教师通过学生参与活动的情况,找到学生对教学内容掌握的薄弱之处,再加以引导和补充说明;它也可以是一副催化剂,通过活动的形式激发学生对思想品德课教学内容的兴趣,提高学生自主学习的能力。

(三)任课教师及时总结反思融入效果

将社会实践活动融入思想品德课教学的目的就是为了提高教学的有效性。当社会实践活动融入思想品德课教学后,是否更有效地推进教学目标的达成?它对教师的课堂教学有何影响?对学生的学习效果又有何影响?这些问题的答案,都需要教师基于学生的反馈给出答案。在教学过程中,作业作为教学成效的具体反馈形式,同样受用于社会实践活动融入思想品德课教学后的反馈。从学生角度出发,教师可以在将社会实践活动融入思想品德课后,设计相关的作业,作为教学效度的反馈依据。

通常,与教材配套的练习部分都有比较全面的理论知识的考察题目。教师可以利用上课时间,分别让两个班级进行随堂小练习。其中一个测试班级采用的是将社会实践活动融入思想品德课教学中的方法,而另一个班级则不采用此方法。通过对比,了解在这节课中,学生对于知识点的掌握情况,社会实践活动的融入是否有助于学生更高效、长效地记忆知识点,从而判断这节课是否有必要将社会实践活动融入教学中以及融入的成效如何。

思辨能力是思想品德课教学中要培养的一个重点能力。社会实践活动能够有效刺激学生的思辨能力,让学生能够逐渐掌握全面的、辩证地看待问题的方法。如沪教版教材《思想品德》九年级上册第二课《立足国情　强国富民》第一框"我国处于社会主义初级阶段"一课的教学内容是,要求学生知道改革开放是我国的基本国策之一,以及它作为党的基本路线的核心内容的意义和价值。教师可以结合2018年纪念改革开放40周年的系列校园活动或社会活动,将它们融入思想品德课教学中。如:教师和学生共同列举改革开放40年来对内改革和对外开放所取得的伟大成就,通过对比改革开放前后的中国国情,再结合学生已经学习过的我国现阶段的基本任务,引导学生认识到改革开放为中国经济发展、人民生活水平改善等方面做出的巨大贡献,体现改革开放的意义。教师可以设计课后作业,让学生根据已参与的社会实践活动和本课学到的理论知识,谈谈自己对于改革开放基本国策的认识。教师在收回作业的时候,不仅能够清晰了解学生对于知识点的掌握,还能了解学生现阶段思辨能力的发展程度。

教师可以利用课堂教学,设计基于社会实践活动和教学内容的作业,从而了解社会实践是否对学生的价值观养成有所影响,是否产生了积极的、正面的影响。例如:在沪教版教材《思想品德》八年级下册第五课《心有他人　学会交往》第一框"交往——人生的必修课"一课中,教师可以让学生结合十四岁青春营活动,将自己在两天一夜的集体生活中的感受变成交友小贴士,写在便签纸上。在沪教版教材《思想品德》六年级上册第三课《尊重老师　友爱同学》第一框"尊敬老师是人类的美德"一课中,教师将庆祝教师节活动融入思想品德课教学中,并布置课后任务单作业,要求学生两两一组互相监督日常生活中是否按照任务单上尊敬老师的具体要求来做。在一个月后将任务单收回,从任务单上结对同学的评价中可以得知学生在课后是否真正认识到老师值得被尊重,并将这份尊重的情感落实到日常行动中。导行,是思想品德课的一个重要的教学目标,思想品德课的教学目的最终是要将教师教的、学生自学的实践方法和正确的价值观,落实在具体的行动上。以作业为媒介,教师能够了解到在将社会实践活动融入思想品德课教学后,教学内容是否真正影响到学生的日常行为。

从教师角度出发,教师自身应该在实施融入后及时进行教学反思。根据学生上课的反应和作业反馈情况,反思自己的教学设计是否合理,选用的社会实践活动是否恰当。如果恰当,教师应该归纳总结成功的经验;如果不恰当,教师应该寻找失败的原因,到底是社会实践活动本身的问题还是教师选择了不恰当的社会实践活动而影响了教学成效。

以沪教版教材《思想品德》九年级下册《珍惜权利　履行义务》第一框"宪法是我国的根本大法"一课为例,笔者在第一次上这节课时,正巧碰到国家宪法日,升旗仪式上,发言教师非常细致地向学生介绍了国家宪法日的由来和设立的目的。在课上,笔者结合升旗仪式上的讲话向学生提出了许多有关宪法的问题,然而学生却回答不出来。课后,笔者在反思中意识到,社会实践活动开展的形式非常重要,会直接影响学生的接受程度。升旗仪式上的讲话,就像"一言堂"的传统课堂,这样的活动形式不符合初中生的身心特征,因此把这种形式的社会实践活动融入思想品德课教学中,对于提高学科教学的实效性而言,帮助并不大。教师将这一现象反馈给了德育部门,之后的国家宪法日宣传活动有所改进,学校会在当天组织学生参观法制宣传馆,以提高学生的法制意识。笔者在活动改进后,再次将改进后的社会实践活动融入思想品德课教学中,欣喜地发现学生能够很好地掌握有关宪法的基本常识,比如宪法是我国的根本大法、国家宪法日的日期、宪法是如何规定公民的一般权利和一般义务的,等等。

教师通过学生作业的完成情况或考试成绩,来知悉学生对知识点的掌握情况,从而对症下药解决学生在作业或测试中暴露出的问题。学生的课后作业和教师的课后反思,是教师将社会实践活动融入思想品德课教学的重要反馈,能够帮助活动开展者和任课教师清晰地了解到社会实践活动的融入是否增益了思想品德课教学,是否让教学的效度提升,是否还存在有待改进的问题,为后续下一轮社会实践活动的开展以及今后将社会实践活动融入思想品德课教学指明改进方向,提供必要的改进建议。

(四)任课教师为社会实践活动开展提供建议

良好的沟通是事情顺利进展的保障。笔者在前文中指出,学校德育部门在设计、组织社会实践活动时,缺乏与思想品德课任课教师的有效沟通;相对应的,思想品德课任课教师也存在与德育部门沟通无效的情况。因此,任课教师可以根据教学内容和德育部门协商,也可以基于融入后的总结反思提出改进建议,对活动做进一步的调整,从而提升活动的内涵价值,使社会实践活动能够更有效地融入思想品德课教学中。

七年级的教学内容是围绕"家庭生活"设计的。家庭生活是一个存在个体特殊性且涉及隐私的主题。而七年级的学生正值进入青春期,相比六年级的学生,各方面能力有所提升,自我意识的觉醒程度在提高。作为一线教师,笔者承认在开展教学时,的确存在一定的困难,并且这个困难也曾困扰着笔者多年。但笔者后来意识到,如果将社会实践活动有效融入思想品德课教学中,就可以解决部分困难。

　　许多教课老师自己就是班主任或是德育工作者,完全可以结合自身学科教学的要求,利用学校开展的家庭活动资源,提高关于家庭生活的教学有效性。以笔者任教学校为例,学校每年都会利用心理活动月、十四岁生日仪式等活动开展增进亲子感情、促进亲子沟通的活动。由于条件有限,无法在课堂上开展各式各样的活动,但教师可以在课堂上以已有活动为引子,让学生就自身参与心理活动月、十四岁生日的过程进行总结提炼,并再做进一步的分析。思想品德课教学往往可以在社会实践活动开展后,在教师的指引下,起到沉淀和再次生成的作用,通过融入社会实践活动,让活动更有价值,让课堂教学更为生动、真实、有效。

　　以沪教版教材《思想品德》七年级上册第三课《关爱父母　学会孝敬》第一框"养家的父母最辛苦"一课为例,在备课时,笔者提议和班主任配合,班主任从德育活动的角度,组织学生开展"做一天的父母"的体验活动,笔者从学科教学的角度,让学生在课上分享交流父母工作的性质,父母工作的内容,父母工作的辛苦程度,从而引导学生明白,父母在外工作的不易以及养家的辛劳。

　　再以沪教版教材《思想品德》八年级上册第二课《生存环境　呼唤保护》第一框"关注我们的生存环境"为例。教材中从自然环境和人文环境两个维度,阐述了地球家园的现状,呼吁学生爱护自然环境,保护人文环境。笔者立刻想到了任教学校德育部门下发的《中学生实践护照》。《中学生实践护照》里许多名人故居、红色场馆等人文环境资源,完全可以融入思想品德课的教学中。然而,实际情况是,学生并没有真正发挥这本《中学生实践护照》的价值。于是,笔者向学校政教处提议,结合《中学生实践护照》开展一次以小组为单位的社会实践探究,一方面可以改善德育部门的工作内容,另一方面可以利用社会实践活动为思想品德课教学做铺垫,并将探究成果融入思想品德课教学中。笔者建议,在这次社会实践活动中,除了要求学生对场馆做简单的介绍之外,还要求小组阐述选择参观该场馆的原因以及分享参观完之后的感受。表2是笔者与德育部门共同设计的活动具体要求。

表2　思想品德课教学内容与德育活动结合示例

活动主题	具体说明	建议主题菜单
走一走校外场馆	课前搜集场馆的资料。在参观一所校外场馆时,做好详细的记录,完成探究表格,课上做介绍。要有详有略,融入学生在参观完之后的感受	红色革命景点、科技馆等科普类场馆、上海工艺美术馆等老上海旧建筑改造的场馆设施……

针对上述表格中的要求,为了引导学生更有效地开展社会实践活动,也为了让学生开展的社会实践活动与学科教学内容建立紧密的联系,使该社会实践活动具有融入思想品德课教学的价值,笔者设计了一份社会实践活动报告,具体如表3。

表3　"走进身边的物质文化遗产"社会实践活动报告

探究主题			
活动中队		活动人数	
活动组长		活动组员	
选择参观此场馆的原因:			
所参观场馆的介绍:(场馆概述+选择1~2个展览厅或展示项目具体介绍)			
参观后的学生感悟:现在,你是如何看待人文环境现状的?			

爱国主义教育是思想品德课教学的一个重要组成部分,也是学校德育活动的重要环节。学校德育往往会利用国庆节的升旗仪式讲话,呼吁学生热爱祖国。笔者发现,这种形式的爱国主义教育往往是没有多大价值的。笔者也发现其实许多学生并没有真正意义上理解爱国。

沪教版教材《思想品德》九年级上册第一课《我的祖国　为我自豪》第三框"以热爱祖国为荣"一课中提到要为祖国光辉灿烂的民族文化感到自豪和骄傲。笔者任教学校的德育工作的主题就是围绕传统文化而开展的。于是,笔者向政教处提议,结合传统文化活动开展"爱国主义教育"系列活动。在笔者的建议下,学校以爱国主义为核心,开展了一系列社会实践活动,例如:走进楹联(鉴赏楹联、创作楹联)、墨香书联(学习书法、书写楹联)、礼贤雅音(茶艺、民乐)等。当再次讲到为祖国的民族文化骄傲时,笔者在课上出示了学生参加这些社会实践活动的视频资料、照片资料以及学生当时写的感悟等文字资料,引导学生意识到,我们好好学习祖国优秀的民族文化并且认真传承下去,这就是一种爱国表现。

当然,以上笔者主要是从任课教师的角度论述怎样加强与德育部门的沟通,使社会实践活动有效融入思想品德课教学。沟通是互相的,德育部门也应该主动与任课教师沟通。

社会实践活动作为德育活动之一,具有鲜明的德育特色;思想品德课作为一门显性的德育课程,理应在开展教学的过程中与社会实践活动紧密结合。笔者从自身实际工作现状和调查走访了解的现状中发现,有些学校对于社会实践活动的认识较为肤浅,仍然停留在参观、体验的层面,从而制约了社会实践活动有效融入思想品德课教学中,针对相关问题,笔者在本章提出四种解决对策,希望能够对有效融入有所帮助。

五、结　语

思想品德课程是一门以初中学生生活为基础、以引导和促进初中学生思想品德发展为根本目的的综合性课程。近年来,随着新课程改革的不断深入,不再仅仅关注学生对知识点的掌握程度,对学生实践能力、价值观养成的关注度也在不断提升。然而,现实却是思想品德课教学的实效性不佳,学生在遇到现实问题时无法运用所学处理,学生的道德素养前景堪忧,青少年犯罪率日益加重等,这些现象与思想品德课的教学脱离社会实际、过度注重知识灌输有关。因此,提升思想品德课教学实效性,有必要将社会实践活动融入思想品德课教学中。这既符合马克思主义哲学关于人的全面发展的主张,也符合课程发展的趋势,顺应社会发展的潮流。

近年来,将社会实践活动与思想品德课教学相结合已经得到了广泛的认可。但大多以为了开展教学活动、迎合教学内容而刻意地设计社会实践活动,忽略了学校教育本身开展的许多社会实践活动。要将社会实践活动有效融入思想品德课教学中,需要认清当下现存的问题,分析原因,厘清开展的意义,并针对现实问题给出具有可操作的实践策略。笔者在任教区域开展了范围较广的实证调查,结合现有的理论研究和自身教学经验,针对发现的问题给出了相应的改进策略,旨在弥补实际教学中尚存的空白,为一线教师开展教学工作提供有益的帮助和建议。希望在认识到社会实践活动融入思想品德课教学的增益价值后,有越来越多的教师、专家、学者愿意投入做实证研究和学术探讨。有更多的人可以参与进来,一起将社会实践活动更完善、更系统地融入思想品德课教学中。

初中思想品德课有效开展生命教育的方法探究

上海市田家炳中学　　王丹旸

生命是生命教育的出发点和归属点,教育的目的是为了生命的成长,教育本身就肩负着提高生命质量的责任。初中阶段的学生正处于人生成长的重要阶段,是进行生命教育的关键时期。本文试图以思想品德课作为切入点,依据备课的基本步骤,从教材、学情、教法等方面出发,研究当前思想品德课开展生命教育存在的问题;立足问题谈优化,对教师提升生命教育提出一些方法。期望能够通过研究,为教师学科生命教育的开展提供经验借鉴,为部编版教材《道德与法治》的推广略尽绵薄之力。

一、背　景

近年来,青少年心理健康问题层出不穷。面对学习和生活中遇到的挫折,选择伤害自己或者放弃生命的极端行为屡屡发生;面对人际交往冲突与矛盾,选择通过暴力、欺凌的手段解决问题,校园欺凌事件,甚至是殴打教师行为时有发生;在思想品德课堂上,谈及与生命有关的案例或新闻,仍不可避免地会受到部分学生的哄笑。中学生对于生命价值认识的缺失,尽管成因是复杂的,但在一定程度上反映了当下我们学校教育在开展生命教育过程中存在一些问题。

自2005年6月上海市科教党委和上海市教委颁布了《上海市中小学生生命教育指导纲要》起,上海市深入开展对生命教育的实践与研究,至今已形成诸多可以借鉴和参考的范例。而在2018年9月,上海市初中学段开始使用部编版教材《道德与法治》,新教材在内容上较之原有沪教版教材的最大区别在于其更彰显生命教育主题。鉴于此,本文旨在探寻目前上海市中学思想品德课开展生命教育过程中存在的问题,思考如何在部编版教材《道德与法治》使用后进一步提升初中思想品德课开展生命教育的成效。

二、初中思想品德课开展生命教育的意义

初中阶段的学生正处于成长中最特殊的一个时期——青春期,正如《上海市中小学生生命教育指导纲要》指导思想中所提到的,初中阶段的生命教育着重在帮助和引导学生的过程中,让学生了解青春期生理、心理发展的特征是怎样的,教会学生掌握一定自我保护的基本技能和应对突发事件的恰当方式,学会尊重、关怀生命,在充分认识自我的基础上悦纳自己、接纳他人,并形成健康良好的生活方式。

结合思想品德课的特性,面对正处于青春期的学生所具有的身心发育不协调、自我评价不客观、人际关系协调差、道德养成不足、社会适应不良等情况,通过中学思想品德课开展生命教育,帮助学生正视青春期变化,指导学生学会与人相处,提升学生生存能力,拓展学生生命视野,利于学生养成独立人格,并在理解生命价值的过程中为实现生命价值而努力。

三、初中思想品德课开展生命教育存在的问题

（一）教材关于生命教育的内容组织有欠缺

通过对沪教版教材《思想品德》的分析,笔者发现,生命教育内容在教材中占比50.6%,在内容安排上既做到遵循学生成长规律,也做到针对学生成长中的共性问题。但教材内容的组织上,仍存在一些欠缺:一是教材编写的生活逻辑与知识逻辑之间并不完全匹配;二是教材中关于生命教育的内容比例不协调,主要表现有:未正面进行青春期教育;死亡教育内容相对被弱化;自然教育内容匮乏。

（二）教师对生命教育对象的认识不全面

在实际教学中,教师对生命教育对象了解的不充分主要体现在:一是任课教师和学生之间的联系不紧密。课后教师与学生的互动较少,影响了教师对生命教育对象的认识。二是生命教育评价方式单一。对于学科生命教育是否有效,无法通过练习册或者试卷来评价。不准确的评价既会让教师产生已达到一定教学目标的错觉,也会对教师后续的课堂教学设计产生影响,反而降低了学科开展

生命教育的有效性。

（三）教师开展生命教育的方法单一

单向的教材知识传授，只能让学生对生命的认识停留在表面，导致生命教育的扁平化。为此，笔者对上海市教委教研室编著的《育人为先，以德为本——上海市中小学民族精神教育和生命教育经验集》进行分析（见表1）。

表1 《育人为先，以德为本——上海市中小学民族精神教育和生命教育经验集》内容梳理

内容	涉及校园文化	涉及课程建设	涉及评价	涉及教师培训	涉及教师科研	涉及德育活动	涉及所在地文化
数量/篇	42	72	38	16	31	44	30
占比	51.9%	88.9%	46.9%	19.6%	38.3%	54.3%	37.0%

所有案例中，提及基础型课程的案例占比37.5%，其中近半数只是以"学校不断优化语文、政治、历史、生命科学、艺术、体育等在'两纲'教育中发挥显性作用的学科教学"[①]等形式一笔带过。从分析情况看，学科开展生命教育还是局限于课堂教学，缺少具有针对性和实践性的教学，学生的积极性与参与度不高，学习效果大打折扣，难以增进他们对生命教育的理解。

（四）教师对生命教育的研究缺乏深度

笔者查阅了上海各区2017年教育科研立项课题的情况（见表2），在1799个课题中，关于政治学科的课题有13个，关于初中思想品德课的立项课题有4个，关于学科背景下生命教育研究的课题为0个。

表2　2017年上海市各区教育科研立项课题统计　　　　（单位：篇）

区名	重点立项数量	关于政治学科数量	一般项目数量	关于政治学科数量	规划项目和青年课题数量	关于政治学科数量
徐汇	18	0	44	0	57	0
黄浦	21	0	26	0	26	0
长宁	35	0	35	2	—	—
静安	13	0	8	0	258	2

---

① 戴智：《让学生拥有"敬业乐群"的情怀——实施"两纲"教育的思考与实践》，《育人为本，以德为先——上海市中小学民族精神教育和生命教育经验集》，2016年版，第7页。

区名	重点立项数量	关于政治学科数量	一般项目数量	关于政治学科数量	规划项目和青年课题数量	关于政治学科数量
杨浦	30	0	70	0	100	0
普陀	15	1	79	2	100	2
浦东	23	0	85	0	64	1
宝山	25	0	—	—	—	—
嘉定	32	0	70	1	50	0
青浦	38	0	100	0	50	0
松江	22	0	110	0	—	—
金山	17	0	51	1	114	1
奉贤	—	—	—	—	—	—
崇明	—	—	—	—	—	—
虹口	—	—	—	—	—	—
闵行	—	—	—	—	—	—
合计	289	1	678	6	819	6

注:"—"表示为搜索不到相关数据。

2018学年起,上海中学阶段使用部编版教材《道德与法治》,它的新、实、难对一线思想品德教师提出了新要求。那么,缺少对生命教育理论研究的思想品德教师,在实际教学中,就很难把生命教育提升到引导学生感知生命的意义和价值的更高层次上来。

四、初中思想品德课有效开展生命教育的对策

(一)合理解读、使用教材

对部编版教材的充分解读与认识,有利于思想品德课教师在教学中更好地落实生命教育。因此,笔者对部编版教材《道德与法治》进行了学习,发现部编版教材在开展生命教育时有以下几点优势:

一是生命教育贯穿思想品德课程始终。教材将"认识自我"作为主线贯穿初中学段的教材中,从讨论初中阶段"新"的我开始,围绕我与自我,我与他人、集

体,我与国家、社会的关系性存在,来认识和定位自我,并逐渐走向"自我"成长。

二是生命教育资源源于生活又回归生活,做到生活逻辑与知识逻辑相结合。在教材中将生活经验的线索暗含于每一课,引导学生以个体化的生活经验为起点,在自由表达的过程中,逐渐建立起客观的、外在的教学内容与自身内在的、主体性的生命感受之间的关联。

三是关注生命教育过程中的生成性"留白"。教材加强了活动中问题的设计以提高学生思维能力训练,同时,在活动中也特别注重给学生留下思维衍生的空间。当然,我们在实际教学中要避免为留白而留白,不要为了追求生成性的课程教学,而被教学过程中一些无效资源或者毫无意义的生成性问题分散精力,扰乱视线。

四是课程设计处处体现实践性。教材中栏目的设计,为学生提供了可操作性的行动策略,实践性的活动设计,让学生亲身参与其中,帮助他们在行动中体悟学习内容,培养行动能力。如在部编版教材《道德与法治》七年级上册第一单元第三课《发现自己》第一框"认识自己"中,教材通过"方法与技能"这个栏目,为学生提供了自我评价和正确对待他人评价的方法的指导,通过自我评价来认识自己,通过他人评价帮助学生形成对自己更为客观、完整、清晰的认识,在探索自己、发现自己、发展自己的过程中,成为更好的自己。

(二)提升自身生命教育素养

教师要提升自身生命素养,首先必须树立正确的生命教育观。教师要在生命教育过程中不断汲取与之有关的素养,如丰富的学理知识、自身的生命体验等。

1. 知识素养是教师发展的生命力

生命教育的课程内容涉及生物学、医学、心理学、社会学、哲学等,但它不是这些学科的简单相加,而是这些学科中涉及"认识生命、尊重生命、理解生命、爱护生命、完善生命"内容的集合,这就要求初中思想品德教师具备非常广博的学科知识。要给学生一杯水,教师就需要有一桶水,这也意味着,在课堂教学过程中,涉及"生命"的内容时,学生所应了解的任何知识都是教师知识储备的一部分。

因此,在知识素养层面,教师需要具备扎实的生命教育理论素养、精深的学科专业知识素养、广博的相关学科知识素养,通过丰富的知识武装自己,才能不断提高教育教学水平。

2. 能力素养支撑教师开展生命教育

依据《上海市中小学教师专业能力发展标准》中所提到的"1+5专项能力",与学科开展生命教育紧密度较高的是育德能力和心理辅导能力。因此,有必要做到以下两点。

一是提升教师育德能力。教师在思想品德课开展生命教育的过程中,自觉地整合各类资源,如社会素材、时政热点等,用令学生感兴趣和信服的事例去论证所讲的生命知识,加深他们对抽象理论的感性认识;结合学科特色和学生的个性特点设计学科德育活动,为学生创造体验的情景,并对他们进行有效的引导。这一切都离不开教师长期教育实践的积累。

二是提升教师心理辅导能力。一方面作为学生的心理保健者,教师要针对学生的生理和心理发展特点,运用恰当的教学方法和心理辅导技能,组织开展有益身心健康发展的教育活动,为学生提供针对性的指导,同时教师要具备一定的心理辅导能力,能够在提及一些对学生而言冲击性较大的话题时,做好充分的心理疏导和干预。另一方面教师心理健康的状况会直接影响学生的行为,这就要求教师自身具有良好的人际关系和健康的人格,能够进行自我心理疏导和调适,保持自身的心理健康。

除了这两个专业能力外,笔者认为提升思想品德教师的教育科研能力也很重要。"教而不研则浅,研而不教则空"。应对新一轮教育改革,教师应具有一定的教育科研能力。教师需要通过课题的研究与探索,进一步寻找到生命教育的规律。一个具有教育科研能力的一线教师,可以为生命教育提供更多的实证研究,进一步夯实生命教育的理论基础。

(三)完善课堂教学过程

在初中思想品德课中有效开展生命教育,必须要落实在课堂教学过程的方方面面。

一是要创设有效教学情境。创设贴近学生生活、符合学生认知水平和年龄特点、兼具趣味与实效性的情境,才能让学生对现实生活有更深刻的认识。当然,要避免为了创设情境而创设的现象,为了活跃课堂气氛,创设多个情境,让学生忙得不亦乐乎却没有留白的时间给学生去生成和内化。情境创设要有深度，要在教学过程中善于发现学生在谈及生命话题时的两难话题、把握他们认知误区中的教育契机，这样才能让学生在情境中感悟到更深层次的哲理，真正体悟到生命的价值和意义。

二是教学方法注重实践。教师要避免灌输式的教学方法，不仅要关注学生的认知结果，也要关注学生的认知过程，要让学生在亲身体验中，加强对知识的理解，提高对知识的运用能力，让学生在积极的情感教育中使思想政治学科生命教育触动学生的灵魂。

三是问题设计有的放矢。教师首先要在明确学习重点的基础上，通过有的放矢的提问，引导学生围绕教学目标开展思考；其次要整体把握教材，根据教材内容的知识逻辑、能力逻辑和情感逻辑，设计问题链，通过环环相扣的问题在不断追问中帮助学生形成新的认知；最后要认知冲突情境中的两难问题，在问与答的过程中澄清道德困惑，实现认知与情感的升华。

四是教学评价多维多样。随着评价内容的综合化，单一的评价方法已经不能全面评价学生的成长，因此，在思想品德课开展生命教育评价上，既要做到评价多维度，也要做到评价多样化。一方面不能让学科评价重回分数为本的陈旧方式，而应该转向学生关键能力成长的评价，关注学生的表达意愿，关注学生的行为倾向，关注学生的呈现逻辑。另一方面评价的多样化既是评价方式的多样化，也是评价主体的多样化。既可以通过辩论、小组微课题调查、个人实践作业等方式进行评价，也可以在原有学生自评、学生互评、教师评价的基础上，加入家长评价、社会机构评价等评价的主体，通过多方面的评价综合反映学生实际情况，增强学科开展生命教育的有效性。这里以笔者的尝试课例作为解读：

案例　我为父母做顿饭

活动内容：以个人为单位，独立完成购买、清洗、切配、烹饪过程，为父母做一顿四菜一汤的饭，并以PPT的方式呈现。

活动成效：PPT的最后一部分包含学生的自评和父母的评价。学生的自评中，大部分同学都谈及通过这个作业自己对养家父母的辛苦有了更深刻的认识。而父母的评价中，有的家长提到了自己平日和孩子一样也主要由长辈照顾，通过孩子的作业，他们也感受到了生活的不易，家庭的温馨；

有的家长提到了孩子的成长令他们感到高兴;有的家长提到了掌握做饭这个基本的生活要领帮助孩子走出了独立的第一步……而笔者也通过评比,将优秀的作业打印出来,在年级进行了展示。这种多样化的评价,让学生在这一课的所学所得所成长更有血有肉、更立体丰满地呈现在大家面前。

(四)整合资源形成教育合力

生命教育在时间上是终身的,在空间上是开放的,学生身处于社会大环境,生命教育的资源丰富多样,那么思想品德学科的生命教育不能局限于学校、课堂、课本,需要走出校园,走进生活,以更丰富的资源或平台充实课堂前、课堂中、课堂后的教学。为了在学科教学过程中更好地开展生命教育,思想品德教师要因地制宜,通过直接或间接的经验,让学生探索生命的价值,拓展生命教育的视野。

1. 结合校园文化、地域文化进行渗透

校园文化是生命教育的资源,蕴涵着丰富的生命教育内容。一方面要将浸润学生日常生活的校园文化融入生命教育中,加强生命教育的引导力。另一方面要结合地域文化,将学校周围的地域文化的独特性融入学科生命教育中。

2. 利用碎片时间与碎片信息开展"微"教育

结合信息时代碎片信息较多的背景,通过一些"微"活动来充实学生生活中的碎片时间,如做一些关于学科生命教育的定时推送、和父母牵手的15天挑战等,进一步探索如何在碎片化的"小"活动里做学科生命教育的大文章。

3. 结合社会实践活动深化教育内容

随着教育改革的推进,学校教育发展的目光聚焦于德育。要将课堂教学内容与社会实践活动相结合,课前的生命教育实践活动的开展可以丰富生命教育课堂教学的素材,让教师以更多的一手资源来进行课堂教学,提升教学实效;课后的生命教育实践活动的开展,可以进一步引导学生以知导行,促进知行合一,这样既能促进教学实效,又能实现学科德育活动的开展,乐而为之会是普遍的选择。

结合课堂教学内容,笔者进行了"传承故事书"项目的尝试。笔者2017年9～10月在上海市静安区某民办初中一年级选择了一个班级进行实践活动前置于课堂教学的尝试。9月初,安排1课时对学生进行"传承故事书"项目的培训,

学生在培训后以小组为单位利用3个周五放学后的时间前往养老院进行访谈。
10月,安排3课时进行沪教版教材《思想品德》七年级上册第二课《珍惜生命　热爱生活》的课堂教学,在每框的课堂教学中依据"传承故事书"活动的实践情况,对教学材料进行一些替换和增减(见表3)。

表3　第二课《珍惜生命　热爱生活》教学安排

框题	调整部分	调整目的	课时
生命来之不易	P23操作平台:名字的故事 把自己名字的故事调整为老人名字的故事	调整前,名字的故事是通过操作平台,让学生认识到生命既属于自己,也属于家庭。调整后既可以体现生命属于家庭,同时老人的起名还受到当时社会环境的影响,如:解放、为国等,也能够体现生命还属于社会	1
	增加思考: 谈谈"传承故事书"活动带来了什么启示?	加深学生对个体生命与家庭、社会以及人类的关系	
学会珍惜生命	增加思考: 老人们对待生命的态度是怎样的?给你带来什么启示?	学会珍惜生命,不仅要做到教材中所提到的学会保护自己、遵守规章制度、切莫伤害他人,还要做到对他人生命的关怀,这既是对生命的敬畏,也是我们的社会责任	1
	增加活动: 以"生命最后一天"为题,写下想说的一句话	引导学生体验到生命的可贵,明确自己的生命观和价值观	
让生命焕发光彩	增加活动: 分享老人的人生故事,他们的人生故事最给你带来触动的是哪个部分?他/她的故事让你对生命又有了哪些新感悟?	以他人的生命历程进一步加深他们对生命的思考和认识,生命的意义是具体的,每个人都要在生活经历中构建"我的人生"	1
实践与探究	将"我从哪里来"调整为"传承故事书",最后以小组为单位完成的故事书作为活动成果	使整课的三框教学内容更具完整性	1

　　在不影响教学进度的情况下,通过课时的调整,整个活动的实施和课堂教学相辅相成,相得益彰。一是丰富了学生的学习体验,增加了学生在课堂教学过程中的生命体验;二是促进学生知行统一,既体现了思想品德教学要求,又具有生命教育内涵,让学生在已有生活经验的基础上有了深刻的认知,并在实践中提升自己的生命意识;三是促进了教师育德能力与教学能力的整合,有助于教师在实践中形成个人学科德育的风格。

　　目前对初中思想品德课开展生命教育的理论研究比较丰富,但一线教师对于学科开展生命教育的实证研究数量较少。学科有效开展生命教育不仅需要丰富的理论支撑,也需要可靠的实践指导。本文目前所呈现的内容还较为肤浅,笔者将继续结合自身课堂实践与探索,为部编版教材《道德与法治》使用后进一步提升学科开展生命教育的成效提供相应的教学参考,为初中思想品德教师开展生命教育的实证研究提供经验借鉴。

情境教学法在初中思想品德课法律知识教学中的应用研究

思想品德课作为初中阶段学生法律知识获得主渠道和法律修养的重要修炼场,承担了重要的课堂教学使命。作为初中阶段落实育人目标的一门显性德育课程,思想品德课有着教材内容丰富、育人形式多样和学科压力较轻等优势,但作为现阶段中小学法治教育的主阵地,法律知识内容不系统、教学方法和理念较滞后、社会各方思想认识不到位、保障条件不够有力等现实问题,使思想品德课法律知识课堂教学在实践中呈现出实际操作无位、现实冲击下无力、教师教学中无法、学生学习上无趣等无奈现状。基于此,以提升初中学生对思想品德课法律知识学习兴趣、提高课堂教学实效性的教学方法探索是当务之急。

现今上海市初中思想品德课四个年级的教材中法律知识的内容多元丰富,四个年级分别涵盖《中华人民共和国宪法》《中华人民共和国刑法》《中华人民共和国义务教育法》《中华人民共和国未成年人保护法》等几十部国家和地方性法律法规,分别从学校、家庭、社会、公民责任等多层面多角度呈现了生活中可能涉及的法律问题和法律知识。根据上海市中学思想品德新课程标准,初中六至九年级思想品德课程目标是,使学生了解学校生活、家庭生活和社会生活中的基本道德规范、基本法律规范,通过课堂学习初步知道社会科学知识的生成过程,在课堂学习中感悟、体验,自觉遵守公民的道德规范和法律规范[①]。为实现这一课程目标,在课堂教学中,教师应更多地将法律知识融入实际情境中,以顺乎学生的认知规律,达到体验和感悟的动态学习过程,使法律着眼于生活情境,最终运用于现实情境,真正实现自觉守法、遇事找法、解决问题靠法的思维习惯和行为方式。

马克思主义哲学原理认为,人在活动与环境相互作用和谐统一中获得全面

---

① 上海市中小学(幼儿园)课程改革委员会办公室:《上海市中学思想品德课和思想政治课程标准》,上海教育出版社2004年版,第39—40页。

发展,这是实施情境教学法的基本原理。情境教育创始人李吉林老师将创设课堂情境的原因归结于"知识产生于特定的情境中,是人类在具体的情境中发现,并逐渐发展起来的,离开了特定的情境,知识就成了文字符号,没有了任何存在意义,知识都是产生于一定情境中。"①这表明了情境教学法是课堂这一限定环境下,促进学生在实际感受中培养积极情绪、在情境创设中形成主动思考、在情感驱动下投入知识的自主建构,从而实现课堂教育目标的一种有效教学方法。然而笔者通过问卷调查、观察听课、个别访谈等发现,在实践教学中,情境教学法在思想品德课法律知识教学中还存在诸多问题,比如有的教师只重视了情境教学的使用而忽略了情境创设和问题设计,有的重视情境形式而忽视实际效果,有的教学情境设计脱离学生生活实际,存在低效教学情境甚至无效教学情境,学生运用法律解决问题的能力无法得到培养等。

由此,笔者尝试对情境教学法如何更好地应用于思想品德课实际教学,尤其是思想品德课法律知识教学中进行了探究。

一、情境教学法在思想品德课法律知识教学应用中存在的问题

为从教师和学生双视角下了解情境教学法在思想品德课法律知识教学中的现状,笔者首先听取上海市部分学校不同教师所授的初中思想品课法律知识教学课18节,并对本市部分初中生开展问卷调查。学生所在学校既包括公办初中也包括民办初中,既涵盖市区学校也涵盖了郊区学校,既有普通学校也有公读学校;共发放问卷650份,实收635份,回收率97.6%,有效问卷630份,有效率为97.1%,该问卷的覆盖面较全、回收率较高、有效性较强,基本可反映情境教学法在上海市初中思想品德课的课堂实施现状。

问卷调查开展过程中,由于六年级学生还未学习法律相关知识,故不在此次调查范围内。调查结果显示,学生性别比例基本持平(女生占50.40%,男生占49.60%);从年级段来看,七、八年级学生参与此次调查的人数百分比相近(七年级占26.70%,八年级占28.40%),而九年级学生所占百分比略多(44.70%),九年级学生经历四年学习后对法律知识课堂学习体会和感受更多,有利于提高调查结果的客观性。

---

① 李吉林:《田野上的花朵:对话:情境教学的萌发》,教育科学出版社2013年版,第9页。

笔者通过问卷调查初步了解初中学生对思想品德课法律知识课程的总体态度,在被问及"你对目前初中思想品德课法律知识课程的态度是什么?"时,学生的态度情况如图1所示。

百分比

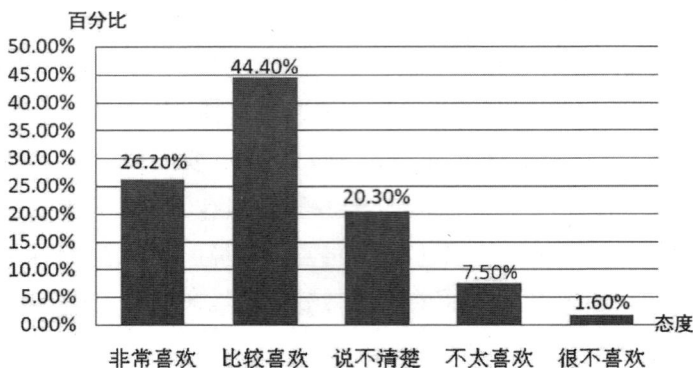

图1　学生对思品课法律知识课程的态度

可以看出,接受调查的学生中,26.20%的学生表示"非常喜欢",44.40%的学生"比较喜欢"法律知识课,这表明大部分学生对现在的课程比较满意;而20.30%、7.50%和1.60%的学生分别表示"说不清楚""不太喜欢"甚至"很不喜欢"现在的法律知识课,这表明课程的教学内容、形式和教师教学能力等方面还有提升空间。

从问卷调查看,情境教学法在课堂教学中运用频率较高,对师生而言影响较大。但笔者通过听课观察后发现,情境教学法在应用过程中还存在一些问题。

(一)情境创设与学生预期之间不吻合

所谓情境创设,是指教师在备课中设计营造有利于学生学习发展的教学情境,构建学生与教学内容之间的关系,并引导学生入情入境的教学阶段,这是教学活动的起始阶段①。课堂上教师是主导,学生是主体,教师的情境创设要以学生的生活和学习经历作为衡量的尺度,这样才能达到教学目的。情境创设时没有考虑学生主体意识会出现以下情况:

1.情境创设的形式与学生期望不符

为了了解目前思想品德课学生喜欢的情境展示方式和教师常用的情境展示方式,在学生调查问卷中设计了如下两个问题:"你最喜欢怎样的情境展示方式?请选择3个最喜欢的,并根据喜欢程度从高到低排序"和"教师最常用的情境

① 李秀伟:《唤醒情感——情境体验教学研究》,山东教育出版社2007年版,第168页。

展示方式有哪些？请选择3个最常用的,并根据常用程度从高到低排序"。通过SPSS软件分析,被选择的前三个分别用1、2、3数字代替,没有选择的项目均月4代替,因此均值小的为排序靠前的,均值大的为排序靠后的,结果如下表1和表2。

表1 学生最喜欢的情境展示方式

选项	均值	标准差
学生展示事先自导自演的小品、短剧	2.26	1.241
教师展示情景漫画、对话	2.43	1.072
教师展示近期新闻资料(图片、文字)	2.65	1.053
多媒体音频、视频播放	2.98	1.101
列举书上案例	3.86	0.504
下发相关法律文书资料	3.93	0.335
其他	4.00	0.056

表2 教师最常用的情境展示方式

选项	均值	标准差
教师展示近期新闻资料(图片、文字)	2.18	1.132
多媒体音频、视频播放	2.60	1.093
列举书上案例	2.73	1.160
教师展示情景漫画、对话	3.17	1.013
学生展示事先自导自演的小品、短剧	3.52	0.971
下发相关法律文书资料	3.86	0.502
其他	3.97	0.225

可以看出,学生喜闻乐见的前三类形式是"自导自演的小品、短剧""展示情景漫画、对话""展示近期新闻资料"。而从问卷调查和课堂观察中发现,目前大部分教师常用的情境创设形式分别是"展示近期新闻资料""多媒体音频、视频播放"和"列举书上案例";除了"展示近期新闻资料"这一形式符合学生期望外,其他两项不在学生期望内。学生最喜欢的形式对教师而言,如果需要保证课堂效果,那必须花费大量时间做前期准备,所以教师往往采取其他较为容易操作的情境创设形式。

2.情境创设的内容不符合学生实际情况

（1）内容不够贴近生活

教师创设的情境内容要置于学生当下的生活背景，才能激发学生作为生活主体参与到情境中的强烈愿望，从而更好地在学习中生活，在生活中学习。书本上创设的情境是教师首先会考虑使用的，但是某些情境内容与学生的生活实际有一定差距。比如在沪教版教材《思想品德》六年级下册第八课《学校生活　法律保护》第三框"依法保护未成年学生的合法权益"中，书上所举的案例如下：

【教学案例1】

某校一位同学丢了10元钱，后怀疑是同桌的小沈同学偷了钱。班主任老师当着全班同学的面骂小沈同学是"贼"。小沈同学去找校长提出申诉。

思考：对待小沈同学正确的态度是怎样的？这位班主任老师错在哪里？侵犯了小沈同学的哪些合法权益？小沈同学向校长申诉可不可以？

该案例是为了说明《中华人民共和国未成年人保护法》中的规定，要"依法尊重未成年人的人格尊严"，但由于目前上海中小学加强对教师师德师风建设，很少有教师会用这样极端言语处理事件，从这个角度来说，绝大多数学生不能从自己的生活中找到类似的经历。因此，学生会对情境内容本身产生怀疑，也就不能很好地联系生活来思考回答。

（2）内容缺乏时代特点

社会生活的不可预见性与复杂性决定了法律需及时调整以适应社会生活的需要。近年来我国法律制度不断健全，新的法律法规层出不穷。2015年开始施行的《中华人民共和国反家庭暴力法》（以下简称《反家暴法》），就对未成年人在家庭生活中的人身安全和健康有了更大保障，但有的教师没有抓住新法颁布的最新内容，在情境创设中仍然依据教材而忽视现实。比如，在聆听《父母和子女在家庭生活中的权利义务》一课时，恰逢《反家暴法》正式颁布不到一周的时间，授课教师在课堂上列举了相关案例：

【教学案例2】

小陶是七年级学生，学习成绩较差，正因为此，回家后经常遭到父亲训斥，喝醉酒时父亲还会对其进行打骂。小陶很苦闷，他把这个情况告诉了好朋友李坚，李坚说："你爸爸真是个暴君，将来你长大了就养活你妈妈，不要养你爸爸。"分小组讨论这一案例:你是否同意李坚的说法？为什么？

授课教师的意图本来是期望通过该案例说明《中华人民共和国婚姻法》(以下简称《婚姻法》)的法律知识点:子女对父母有赡养扶助的义务,只要父母子女关系存在,子女有负担能力的,就要无条件地履行赡养扶助义务,不能以任何借口免除。但是学生听到这个案例后,在讨论时提出了质疑:孩子成绩不好,父亲就可以打骂吗？打骂孩子是对的吗？为什么不先讨论父亲的行为对不对,而是问李坚的说法对不对呢？

其实,学生提出质疑是非常合理的。在家庭生活中,学生已经有了自我保护意识,但在此时该教师为了课程的继续,便说:"关于你们的权利,下节课我们还会讲,我们先来看看李坚的说法对不对。"这样一来,学生基于情境产生的思考就被生生掐断。

(二)情境导入缺少学生主体意识

教育家夸美纽斯说,提供一种既令人愉快又有用的东西,让学生的思想经过这样的准备之后,他们就会以极大的注意力去学习。而有效的课堂导入犹如乐师弹琴,第一音符悦耳动听,才能起到先声夺人的效果,才能引起学生学习的兴趣,培养积极的学习情感①。

思想品德课中出现的法律知识与初中学生的现有认知有一定差距,所以在授课之初,学生需要通过预习以更快进入课堂。笔者对"你是否会主动预习思想品德课中的法律知识相关内容?"进行了问卷调查,结果如图2所示。

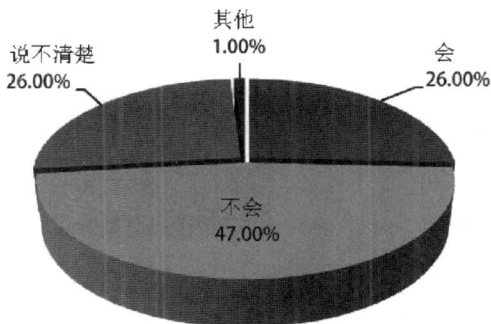

图2 学生主动预习思想品德课中的法律知识相关内容情况

调查结果显示,47.00%的学生不会开展自主预习,这对教师课堂导入提出了

---

① 白芸:《浅析课堂导入存在的误区及导入技巧》,《小学教育参考》2013年第1期。

更高要求,教师需要通过情境导入让学生尽快进入课堂教学内容中。而在实践教学过程中,部分教师在情境导入使用形式、内容和效果上都不够理想,存在以下问题:

1.时间过长但未引起学生实际思考

由于思想品德课时效性强的特点,部分教师偏向于运用近期新闻热点事件作为导入首选,比如在上沪教版教材《思想品德》八年级上册第二课《生存环境呼唤保护》第三框"保护环境需要道德和法律"一课,授课教师的导入设计如下:

【教学案例3】

师:上节课我们说了保护环境需要道德规范,那么保护环境仅靠道德的力量就够了吗? 我们来看一则新闻视频:

视频:《看东方》之哈尔滨:"哈药总厂污染物排放调查 臭味从何而来?"(5分30秒)

师:企业在生产过程中无视生态环境的保护,对于他们的行为,我们动之以情,晓之以理有用吗?

生:没有用。

师:那我们应该采取怎样的行动才能制止其继续这种破坏环境的行为呢?

生:用法律强制。

(板书)保护环境需要法律规范

如案例所示,教师设计了多媒体新闻播放的导入形式,从导语到视频播放一共用了7分多钟,视频并未节选且音质不佳(因为记者采访时车间噪音非常大)。且不说导入内容是否合理,单就时长来说已经接近整堂课的五分之一,学生在收看视频的过程中,并没有切合教学主题的实际思考,回答问题的过程中也没有获得充分的表达,导入环节时间冗长却没产生实际意义。

2.教师主导削弱学生主体意识

通过调查,我们了解到学生最喜欢的法律知识课情境展示方式中排名第一的是学生展示事先准备好的课堂小品、短剧等,这比以教师为主导的教师展示情景漫画、教师播放多媒体音视频、教师列举书上案例等更受学生欢迎,这说明,学生有强烈的成为课堂教学主人的意识。同时,这一形式可让学生事先了解课文内容,这是一种效果较理想的情境导入形式。所以笔者针对"在思想品德法律知

识课前教师是否会采取课堂小品或短剧表演"这一导入形式及前期准备过程中
"老师的选角方式"分别做了调查,统计结果如图3所示。

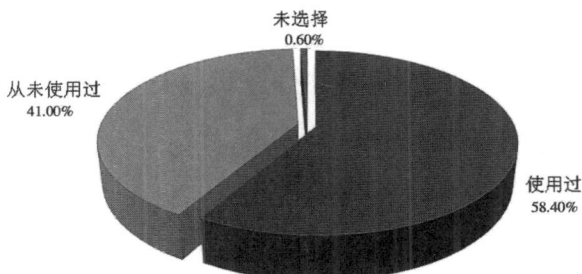

图3　课堂小品或短剧表演的情境形式使用情况

调查结果显示,有368位(占58.40%)学生表示教师会在思想品德课法律知
识课堂上运用课堂小品和短剧表演形式,有258位(占41.0%)学生表示在法律知
识课课堂上从未接触过这类形式。

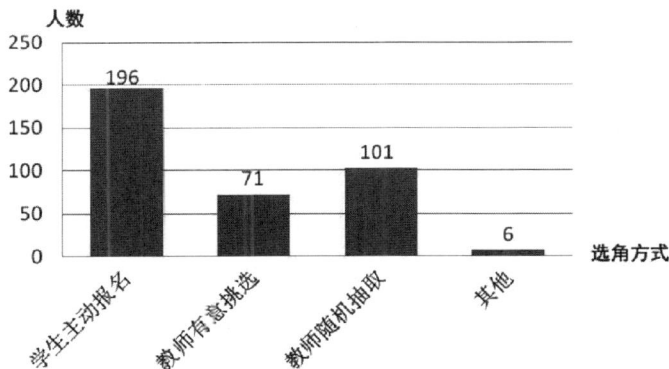

图4　老师的选角方式情况调查

如图4所示,在对接触过这类情境导入形式的368位学生进一步调查中发
现,他们的任课老师在选角时,会采取"学生主动报名"为主的有196位,以"教师
有意挑选"和"教师随机抽取"作为主要选角形式的共172位。对于这172位学生
而言,这类情境导入形式仍由教师作主,教师对学生"是否可以参加"的决定权很
大,占了接触过这类教学形式学生的46.70%,比例接近一半。

多项分析结果说明:在思想品德课法律知识教学的情境导入过程中,无论是
导入的形式,还是学生能够参与的途径,教师仍以自己的主观意志进行主导,学
生的主观需求不能很好地被满足,"教师主导"一定程度上削弱了"学生主体性"。

（三）情境问题设计缺乏科学思辨性

情境问题是指在情境教学法的实施过程中，教师依托设计的情境向学生提出问题，来激活学生的探索欲和思考欲，以解决情境下的问题来形成对现实问题的思考能力，发展思维的深度和广度。

结合情境提出的问题要能引发学生思考，锻炼学生思考、分析问题的能力。《青少年法治教育大纲》对青少年法治教育的指导思想和工作要求中指出，注重学生的参与、互动、思辨，创新形式，切实提高法治教育的质量和实效。所以针对法律知识严谨缜密的特点，教师在情境问题设计时要注意思辨性，使情境设计紧紧围绕教学目标开展，在情境中培养学生的法律思维能力，提升教育实效。

但在实践教学中，很多教师在问题设计上出现了目标不明、启发性不足、思辨性不够等的现象，比如在沪教版教材《思想品德》七年级下册第七课《守望相助　邻里相亲》第三框"怎样依法维护邻里关系"一课时，授课教师设计了如下情境和问题：

【教学案例4】

小雷的母亲看着小雷玩了很长时间，便哄着他去练琴，对他说："亲爱的，快去琴房练钢琴！练完后我给你1英镑买巧克力吃。"小雷嘟着嘴说："可隔壁的邻居说，如果我不练琴，他们将给我2英镑。"

针对该情境，教师设计的问题是："在生活中，你遇到过类似的事吗？你是如何处理的？"

授课教师设计这一情境和相应的问题是为了引出本课主题"依法维护邻里关系"，但是如果在不了解教师意图和本课教学目标的情况下，学生很难从这一问题的回答中联想到邻里之间的法律问题，反而是纠结"有没有遇到过"和"遇到了邻居给我钱，我该怎么做"的问题，完全偏离了该情境的问题设计是为导入课题这一目标，这说明了情境问题设计目标的不明确。

又如，在上沪教版教材《思想品德》八年级下册第八课《公共生活　法律护卫》第三框"法律轨道莫偏离"一课时，授课教师设计了如下情境和问题：

【教学案例5】

6名女中学生在光顾某化妆品柜台时，被营业员诬陷偷拿商品，并被搜身。事后6名女生在家长的支持下向法院起诉。1997年,鹤壁市人民法院依据民法通则和未成年保护法的有关规定,认定涉案人在无任何证据、无任何合法手续的情况下,涉案人构成非法搜身罪,判处其有期徒刑6个月,缓刑一年。

对此案例情境,教师设计的问题是:"材料中的主人公最后运用民事诉讼的法律武器维护了自己的正当权益。同学们知道民事诉讼的基本程序吗?"

授课教师设计了"女生被非法搜身后通过法律维护自身权益"的案例,但是通过教师的提问可以发现,上述情境设计的目的是为了引出民事诉讼的基本程序,学生对问题的思考和回答与情境本身没有直接联系。这种单纯以创设情境作为教材内容的引入,没有将预设情境和与教学内容完整有机结合的问题设计,只能引起学生好奇心,无法使学生获得对情境的进一步思考,是缺乏启发性的问题设计。

此外,一些教师通常会针对情境的设计提出诸如"你觉得上述案例违反了书上列出的哪条法律条文?""该犯罪行为应该受到什么制裁?"等问题,学生在了解情境后,却直接"扔下"情境,转到书中去查询相关法律条文,并以"读"出书中法律条文的形式来"回答"问题。这样的问题显然没有依托情境进行合理的设计,不仅完全发挥不了情境的作用,也不利于学生培养情境的分析能力,很难实现知识迁移、学以致用。

(四) 情境开展的过程呈碎片化

1.不同情境开展较多且缺少主线

在问卷调查中,笔者请学生回忆教师在一节思想品德课法律知识教学中平均累积使用情境展示的次数(使用一个案例或者收看一个视频等记为1次)。调查结果统计如图5所示。

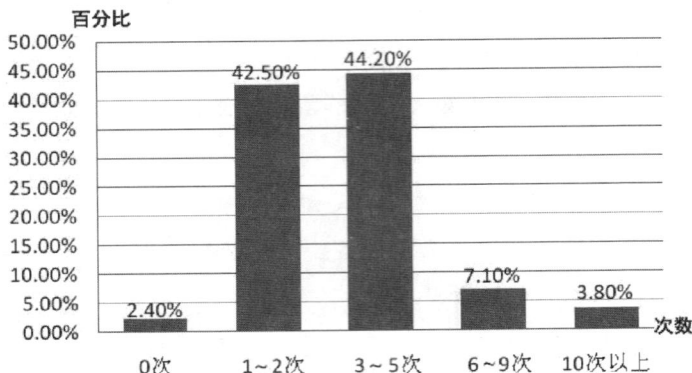

图5　教师一节课平均累积使用情境展示次数

如图5所示,任课教师在法律知识课堂上使用情境展示的次数主要集中在1～5次,其中1～2次的占42.50%,3～5次的占44.20%。令人意想不到的是,有7.10%的学生表示教师平均使用情境展示的次数达到了6～9次,3.80%的学生教师平均使用情境展示次数在10次以上,这意味着一堂40分钟的课上某些教师平均每4～5分钟就要展示一个情境。

笔者在听课观察中也发现了这种现象。比如,同样是上沪教版教材《思想品德》七年级下册第六课《家庭生活　法律保护》第二框"父母对子女的权利和义务"一课,A教师和B教师分别使用了多个情境,统计如下表3和表4:

表3　A老师在授课中使用情境的次数情况

环节	情境形式	情境涉及人物	知识点
导入课题	漫画2张	某孩子奶奶和父亲;某孩子爷爷奶奶和父亲	无
模拟法庭1	教材案例	刘某、罗某、刘和罗某女儿、刘某父母	《婚姻法》第21条第1点
	漫画1张	某父母和孩子	补充说明《婚姻法》第21条第1点
模拟法庭2	教材案例	李强、离异的父母双方	《婚姻法》第22条
	故事	放牛娃、记者	引出《婚姻法》第23条
模拟法庭3	教材案例	赵刚、小强、双方父母	《婚姻法》第23条
	漫画1张	某成年子女和年迈父母	引出《婚姻法》赡养老人相关规定

环节	情境形式	情境涉及人物	知识点
模拟法庭4	漫画1张	某子女和再婚的老母亲	《婚姻法》第21条第2点
我做小法官	教材案例	小陶、李坚、小陶父亲	巩固知识点
课堂小结	背景音乐	无	（渲染情感）

表4　B老师在授课中使用情境的次数情况

环节	情境形式	情境涉及人物	知识点
导入课题	MV视频	多个家庭	无
案例内容1	Flash动画（有声-字幕）	余某、王某和他们的女儿、余某父母	《婚姻法》第21条第1点
案例内容2	多媒体文字演示	小玲、父母、老师	《婚姻法》第23条第1点
案例内容3	Flash动画（有声+字幕）	赵刚、小强、双方父母	《婚姻法》第23条第2点
案例内容4	Flash动画（有声+字幕）	王老伯夫妻、儿子、儿媳	《婚姻法》第21条第2点
案例内容5	新闻事件	刘女士、年迈父母	补充说明《婚姻法》第21条
课堂小结	背景音乐	无	（渲染情感）

从两表中可以看出，A教师在一堂课上用了10种的情境，包括漫画、教材案例等，涉及相关人物约30人；B教师用了7种的情境，主要是多媒体音视频播放形式，涉及相关人物约20人，而两位教师整节课所涉及的主要法律知识是《婚姻法》第21～23条的相关内容。

从如上问卷调查和听课观察来看，在应用情境教学法开展法律知识教学时，任课教师对情境的设计和应用比较频繁，导致出现依据情境的问答式教学。任课教师片面地理解情境开展次数越多越好，形式越多越好，这就出现了不同情境形式、内容和人物在一堂法律课中出现过多，闪频过快，内在联系不够，学生参与深度不够等现象，反而将书本中法律知识间的逻辑联系冲淡，教学过程显得凌乱。这种教学方式很难取得实际成效。

2.教师情绪不连贯影响开展效果

依据俄罗斯教学理论工作者泰普洛夫对情感或情绪的解释，教师情绪可以解释为教师在课堂教学中主动或被动所产生的师生之间关系的体验，他同时提出了从情感形成规律中探寻有关教学方法的主张，并勾画了一条逻辑线索，逻辑线索明确指出,情绪-价值态度的经验形成方式是体验。李吉林老师发现,而体验的产生可以来自教师直接的情绪感染①。

在思想品德课法律知识教学中,教师要能通过自己的语言、语调、神情、体态来感染学生,这就是教师在情境教育中的示范作用。教师丰富的情绪、情感信息可以使学生更加入情入境,激发学生的情感,促进学生法律知识和守法精神的"知情"统一。

在问卷调查中,针对初中思想品德课教师在法律知识课堂上"是否用神情、动作、语言、体态等辅助渲染所创设情境?"的问题,学生回答如图6所示。

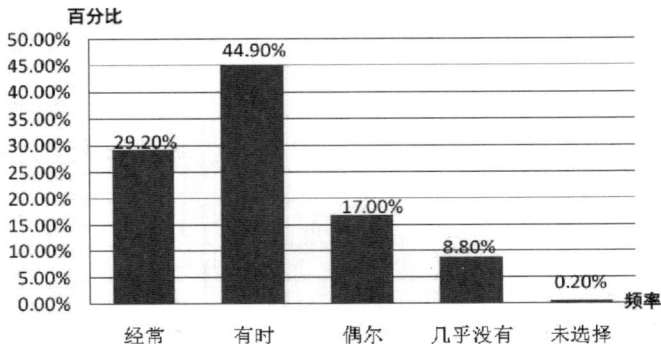

图6 教师用神情、动作、语言、体态等辅助渲染所创设情境的频率

如图6所示,29.20%的教师"经常"通过神情、动作等渲染情境,使师生产生"共情",以便于更好地进入情境,44.90%的教师"有时"会这样做,17.00%的教师"偶尔",8.80%的教师"几乎没有"这样的情绪渲染。这对课堂上的情境教学应用效果是否有影响呢?为此,笔者又进一步追问"教师用神情、动作、语言、体态等辅助渲染所创设情境,对你的学习效果影响如何?",学生的回答结果如图7所示。

---

① 马樟根:《李吉林与情境教育》,人民教育出版社1999版,第142页。

百分比

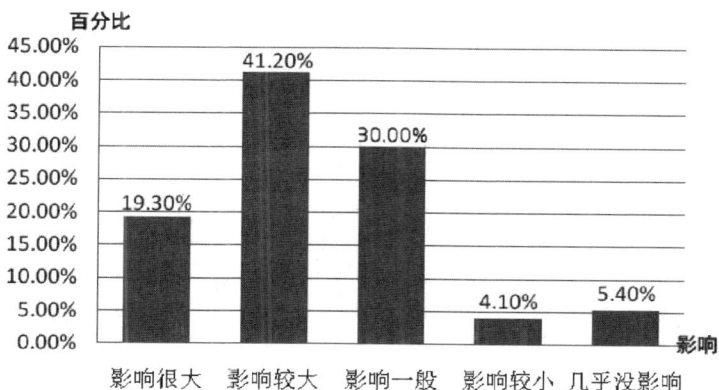

图7 教师用神情、动作、语言、体态等辅助渲染所创设情境,对学生学习效果的影响

如图7所示,19.30%的学生和41.20%的学生分别认为教师辅助行为对情境的渲染对其学习效果的影响"很大"和"较大",30.00%的学生认为"影响一般",4.10%和5.40%的学生分别认为"影响较小","几乎没影响"。巴甫洛夫的研究表明,情感借助感觉、知觉、表象是最容易引发学生的情感的。所以在情境教学中,教师要认识到自身的情感和情绪对教学效果影响的重要性,并努力使自己在教学中的情感更加投入,从而产生更好的教学效果。

(五)情境功能不能充分有效发挥

《上海市中学思想品德和思想政治课程标准》指出,初中阶段思想品德课的课程目标中是,了解基本法律规范,参与学校和社会公共生活、自觉遵守公民道德、法律规范;《青少年法治教育大纲》指出,义务教育阶段学生的法治教育目标是初步了解个人成长和参与社会生活必需的基本法律常识,养成规则意识和遵法守法的行为习惯,初步具备依法维护自身权益、参与社会生活的意识和能力,为培育法治观念、树立法治信仰奠定基础。两者不约而同地对学生的法治实践能力提出了要求。

因此,情境功能的充分发挥与否,不仅要看情境教学法在思想品德课法律知识教学中应用时是否有利于教师普及法治知识,而且要看是否在培育学生法治观念的同时,使学生能够践行法治理念,为树立法治信仰奠定实践基础。对此,笔者做了相应调查,在"你觉得现在初中思想品德课上所学习的法律知识对你个人成长有用吗?"的问题中,学生的选择情况如图8所示。

百分比

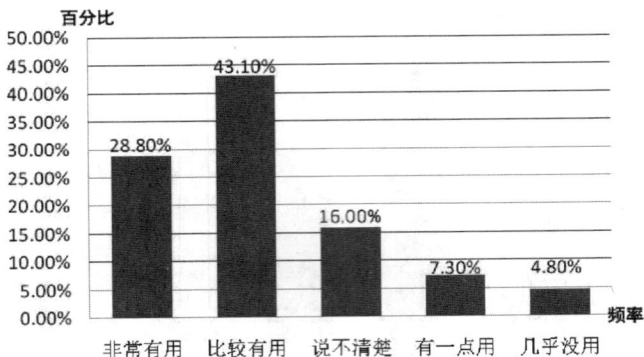

图8　法律知识对个人成长的作用

调查结果显示,28.80%的学生选择了"非常有用",他们对课内法律知识比较认同,43.10%的学生认为课内法律知识"比较有用",占据了所调查人数的大多数,说明目前能够意识到"知法""尊法"的重要性;但也有16.00%的学生"说不清楚",7.30%和4.80%的学生分别认为"有一点用"和"几乎没用",说明部分学生的法律意识淡薄,没有在课堂教学中获得很好引导。为进一步了解学生的实践运用情况,笔者又提出"你会运用已学过的法律知识来思考或解决生活中的实际问题吗?"的问题,调查结果图9所示。

百分比

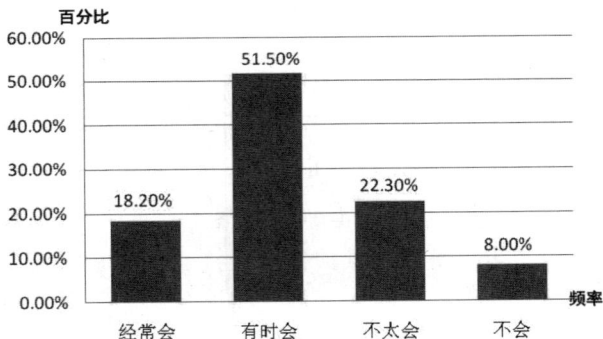

图9　学生运用法律知识思考或解决实际问题的频率

调查结果显示,学生在实践运用层面的回答不尽如人意,只有18.20%的学生表示"经常会"在实际生活中运用法律知识来思考和解决问题,51.50%的学生"有时会",而22.30%的学生"不太会",8.00%的学生"不会"在课后运用所学法律思考或解决实际生活中的法律问题。

可以看到,学生依法维护自身权益、依法参与社会生活的意识和能力还不足。"知是行之始,行是知之成"——"知行统一"是德育教育的基本原则,当前的"知法"和"用法"尚无法达成统一,与课堂情境和现实情境还未有机统一、没能发挥情境功能的现实作用有一定关系。

综上所述,情境教学法在初中思想品德法律知识教学应用中存在的问题可归纳为:教师情境创设与学生预期之间不吻合,情境导入缺少学生主体意识,情境问题设计缺乏科学思辨性,情境开展呈碎片化缺少贯连性,最终致使情境功能不能充分有效发挥。

二、情境教学法在思想品德课法律知识教学中的优化策略

依据以上调查研究和课堂观察,笔者所做出的问题归纳虽无法面面俱到,但一定程度反映了当前教学现状。笔者认为,解决现存问题应从多维度提出优化之策。在提出具体策略之前,首先从宏观上把握如下两点:

其一,把握好以学生发展为本的教学之魂。在中国第八次基础教育改革浪潮推动下,中小学教育教学目标发生了改变,在"以学生发展为本"的核心理念和近年来加强青少年法治教育的呼声愈发强烈下,思想品德课法律知识教学的目标和方法的调整也应顺势而为。法律知识和法律素养是初中生全面发展过程中所应具备的内在特征,落实好法律知识普及、法律价值弘扬、法律习惯养成和法律行为践行正是"以学生发展为本"理念的最好体现,发掘和完善符合当前教学理念的教学策略有着重大理论和实践意义。对情境教学法的应用做出优化,是基于它的产生初衷与教学改革目标——"以学生为本,为学生构建更为开放的学习和生活空间,关注学生情感要素与情绪状态,促进学生的主动全面发展"——完全契合。因此以学生发展为本是策略优化的重要前提。

其二,在实施和优化情境教学法的过程中,还应根据思想品德课法律知识教学的特性,处理好三对关系,即:处理好情境选择多样性和教学目标唯一性的关系,以教学目标为依据,避免唯形式论;处理好情境过程活泼性与法律内容严肃性的关系,通过得体的课堂结构、严谨的语言表达和严肃的教育目标等强化法律内容和法律信仰的严肃性和权威性;处理好情境教学方法与其他教学方法的关系,综合地、灵活机动地应用各种教学方法和手段,实现情境教学功能的最优化。

上述宏观思考为情境教学法的应用指明了方向。接下来,笔者将针对现存

问题逐一提出具体优化策略。

（一）从学生学情出发创设情境

在备课阶段，教师要备教材、备学生。学生学情是情境创设的依据，这对备课的目的性、针对性、实效性，优化教学过程有较大的指导性，也是情境教学法能否在课堂上有效应用的前提。

1.内容选择要符合学生学情

（1）内容选择体现生活化

当前初中学生法律知识面较为狭窄、法律认知较为薄弱、法律实践空间又较小，因此情境内容取材于生活才能引起学习兴趣，并对实际生活产生影响。在生活中取材要遵循如下条件：

第一，普遍性。取材生活化本身是为了引起学生共鸣，无论是教材中的案例，还是教师依据教学内容所创设的情境，又或是真实案件等，要对学生有普遍性意义，与紧密贴近学生的生活背景，比如：对初中学生而言，当事人是初中生比当事人为成年人更能产生共鸣。

第二，阶段性。在课堂观察和问卷调查中发现，六、七年级低年段学生所具备的法律认知和法律情感不如八、九年级高年段学生强；而高年级学生则更具备理性思维，往往会偏重情境所折射的社会现象背后的法理意义。所以不同年龄阶段要求教师在内容的生活化选择上有所侧重，符合学生最近发展区。

第三，双向性。任何事物都具有两面性，生活中既存在阳光面，也存在阴暗面。法律情境内容亦是如此。如讲到依法纳税的问题时，虽然部分企业偷税漏税现象仍然存在，但是绝大部分公民是认真执行的，教师在情境设计时要将正反案例交替使用，不仅要揭露生活中的违法现象，也要列举生活中的正面案例，以防学生把法律片面理解为"是对违法行为的约束惩罚"，而忽视了"维护社会公平有序"的正向意义。

依据上述生活化情境内容选择的条件，针对前一章所举例的六年级"依法保护未成年学生的合法权益"一课中所采用的教材案例即【教学案例1】，笔者认为该情境内容可另作创设，如下：

【修改版教学案例1】

上个月，六年级某班在午餐费收取清点中发现少了200元钱，同学们交头接耳纷纷怀疑是小沈同学"偷"了钱。为追回这笔"不翼而飞"的巨款，班主任Q老师给每位同学下发了一模一样的信封，并告知如果有谁"不小心"交款中有遗漏，请放入信封中，所有信封不写名字。第二天老师收齐全班所有信封，发现其中两个信封里各塞了100元。

思考：同学们和Q老师的做法各有什么不同？你认为未成年人还应在什么方面获得法律保护？

原教学案例中的情境创设是为了使学生了解《中华人民共和国未成年人保护法》中"依法尊重未成年人的人格尊严"这一法律知识点，但是书中案例由于其取材合理性较低、负面诱导过强，对六年级学生来说共鸣感明显不足，学生在思考和回答中都有难以进行的尴尬。而笔者以原教学案例为基础修改的案例不仅取材当下校园生活，在情境设计上注重了六年级学生的特点并采取了正面引导的形式，能够对学生的道德认知和道德情感培养及今后的道德行为产生积极作用。

(2)内容选择突显时代性

根据现有法律知识不断完善、法律案例时效性强等特点，教师在创设情境时所选择的情境内容要符合该特点，突显时代性。因此，对前一章中所列举的【教学案例2】不符合时代性这一特点，笔者认为该情境内容可以做如下修改：

【修改版教学案例2】

七年级学生小陶学习成绩一向不佳，因此经常遭到父亲训斥，喝醉酒时父亲还会对其进行打骂。小陶很苦闷，他把这个情况告诉了好朋友李坚和刘欣。李坚说："你爸爸真是个暴君，将来你长大了就养你妈妈，不要养你爸爸。"刘欣说："你应该把这个情况跟妈妈或老师沟通一下。"

思考：你认为谁的主意更合适？为什么？你还知道哪些法律对监护人和被监护人之间合法权益做出规定？

原教学案例中，学生对"父亲行为"提出质疑合情合理，此时，教师若对《反家暴法》内容有所了解，就可以将原有情境案例做如上修改，其目的是通过对两位同学主意的合理性辨析，来引出《婚姻法》相关知识点，并通过追问的形式引导学生对其质疑的内容进行依法释疑。因为《反家暴法》中不仅对家庭暴力的处置做了规定(监护人施暴将被撤销监护权)，对家庭暴力的预防也给出了指导(家庭暴力受害人及其法定代理人、近亲属可向加害人或者受害人所在单位、居民委员会、村民委员会、妇女联合会等单位投诉、反映或者求助;学校等机构及其工作人员在工作中发现无民事行为能力人、限制民事行为能力人遭受或者疑似遭受家庭暴力的,应及时向公安机关报案)。修改后的情境案例符合学生的思维逻辑,有利于学生依据情境内容了解新旧两部法律条例,体会法律的时代性和公平公正性,尝试运用法律维护自身和他人的合法权益,培养自觉守法、遇事找法、解决问题靠法的思维习惯和行为方式。

2.形式选择要倾向学生预期

调查结果显示,学生对情境形式的诉求和教师对情境形式的选择存在较大差异。因此教师在不盲从的前提下,把握学生情境形式的兴趣点并做出适当调整,是符合以学生发展为本的理念的,这并不是盲目将情境形式选择主动权完全交给学生,随学生心所欲去选择,从而剥夺教师的权力,使教学处于无序状态,而是将可能更吸引学生的情境形式作为优先方案考虑。

通过问卷调查,可以归纳出学生期望的情境形式特征有:趣味性强、时效性强、主观能动性强等,结合学生的期望,教师在创设情境时要符合以下特征:

第一,趣味性。教师选择情境形式时,既要运用多种手段和方式,激发学生的情趣性、好奇心,又要注意法律相关情境内容的严肃性、庄重性,处理好形式与内容的关系,寓庄于谐,实现“庄”“谐”二者的统一。

第二,时效性。教师在选择情境形式时,要杜绝一劳永逸的思想,既要保留经典法律情境案例,也要根据学生特点适时更新形式,时刻体现情境形式的鲜活性,驱散学生的形式倦怠感,创造积极的课堂氛围,使其更好地进入学习状态。

第三,主观能动性。在创设情境时,要将教师主导与学生主观能动性有机结合,倾向于以学生读、练、演、议的操作为主,调动他们的眼、耳、口、手、脑等身体各项机能,使之全情参与到情境过程中。

因此,即使类似的情境内容也可以选择更符合以上特征的情境形式。比如在上沪教版教材《思想品德》六年级下册第八课《学校生活　法律保护》第二框“依法保护未成年学生的合法权益”一课时,教材中出现了如下情境案例:

【教学案例6】

放暑假后,思齐学校13岁的小张同学跟着表哥到县城亲戚开的一家饭店打工洗碗,由于他手脚麻利,很受老板的喜欢,每个月能得到200～300元报酬。他把这些钱都捎回家给了父母。开学时,父母看到儿子能赚钱、有孝心,也就支持亲戚把小张留在店里继续打工。老师几次上门劝导家长迅速找回小张回校上课,父母却说:"读不读书是俺自己的事,你别狗咬耗子多管闲事,不读书不是照样工作、照样赚钱吗?回学校干啥?"……

这个案例主要是为了说明法律知识点:学校依法保护未成年学生的受教育权,适龄儿童少年必须按照有关规定接纳他们入学。此情境内容上不够贴近学生生活,形式上仅通过文字形式呈现也缺乏上述学生期望的情境形式特征。因此教师对此案例的内容和形式做了修改,采取学生表演生活场景、小视频拍摄呈现的形式来创设情境。

【修改版教学案例6】《房房的一天》剧本(部分)

场景一:家。

拍摄地:某学生家。

表演者:小房、小瞿。

妈妈:房房起床啦,要去上学啦!

房房:翻身,继续睡。"不要,我要睡觉。"

妈妈:快起来了,上学要迟到了。

房房:不要我要睡觉,我不要上学。

妈妈:哼,去不去随你,我不管你了。

房房:我就是不去,上学是我自己的事,我想不去就不去。

……

此情景小剧共5幕,此处是第一幕,虽然文字内容简短,但该情境形式特征非常明显,从学生生活中取样,通过同校六年级学生的生动演绎,不仅保持了形式的新颖性和趣味性,也充分将学生置于情境中,发挥了学生的主动性和积极性,学生参与感强,主动思考意识也强,随之产生强大的情境吸引力,推动课程的发展。

(二)以学生认知水平为依据开展导入

鉴于学生对思想品德课法律知识课程缺少预习准备,而教学内容相对高于学生原有认知的情况,教师在情境导入时,要立足于学生认知水平,在实践教学中要符合以下要求:

1.追求目的性

情境导入的目的是使学生迅速进入新课学习状态,把握本课教学的主题。明代文学家谢榛说过:"起句当如爆竹,骤响易彻。"如能通过情境导入在短时间集中学生的注意力,投入法律知识的探求,才是情境导入所追求的目标。

2.重视关联性

教师在情境导入时要注意内容与思想品德课教材的关联性,要以旧知识为前提,以旧拓新、新旧结合、温故知新是上佳之选。情境导入形式活泼,相较于其他导入方式而言,更具备操作的可能性。

3.体现启发性

情境的生动性和直观性能让学生从浅显而生活化的事例中发现问题,产生认知冲突,激发学生积极思维。因此情境导入要发挥启发性的作用,为推动课堂进展提供助力。

4.具有简洁性

初中思想品德课的课堂时间有限,而教学内容十分丰富,所以在尽可能短的时间内完成导入环节,有助于提高课堂教学效率。教师要根据教学实际选择情境导入的形式和内容。

5.发挥主体性

教师往往会更多地将情境导入的主导权掌握在自己手中,通过多媒体手段来展示教学材料和案例。如果教师能在导入设计上做足准备,让学生主体充分参与到导入环节中,更能激发学生的内在潜能。

以沪教版教材《思想品德》七年级下册第七课《守望相助 邻里相亲》第三框"怎样依法维护邻里关系"的区级公开课为例,授课教师创设了如下的情境来展开导入:

【教学案例7】

师:上课。

生:起立。(有一位前排同学慢吞吞地起立)

师:同学们好!(老师观察到了该位学生)

生:老师好!

师:请坐!(该同学无精打采地坐下)

师:小卓,平时看你生龙活虎、精力充沛,怎么今天有老师来听课,你还无精打采的？

生：老师，真对不起，最近一段时间，我家邻居在装修，晚上还施工，我一连几天都没睡好觉，昨晚还因为装修的事情发生了争吵，所以刚才实在撑不住了。

师：原来是这样！同学们，你们有没有遇到过和小卓类似的情况呢？你们会怎么解决？

生：找邻居说理，找物业评理，找居委会解决，找相关部门处理，上法院……

师：同学们回答得不错，当我们邻里之间闹矛盾时，我们首先应该用道德的规范来调节，当道德无法协调矛盾时，我们还可以用法律的手段与途径来规范。今天我们就一起来学习第七课第三框的内容"怎样依法维护邻里关系"。

（板书）第三框　怎样依法维护邻里关系

在该课堂情境导入中，小卓的表现是教师让其事先准备的，其他学生并不知情，该教师仅用了不足3分钟的时间，从上课预备环节中的"意外事件"直接引出了学生与邻居之间的纠纷问题，并通过提问启发学生，通过引导语实现新旧知识的有效关联（前一节课《自觉遵守邻里道德》），很快进入了本课主题。这样的情境导入符合上述所提出的所有要求，是一个非常恰当的情境导入。

（三）注重情境问题设计的思辨性

问题是教学的心脏、思维的火花、学习的动力。美国著名心理学家布鲁纳认为，学习者在一定的问题情境中，经历对学习材料的亲身体验和发展过程，才是学习者最有价值的东西。任课教师把握好法律知识课堂情境问题的设计，能够有助于挖掘学生原有的法律知识认知经验，有助于引导学生经历学习的过程，有助于帮助学生学会思考并激励学生创造性地解决问题，将课堂情境的作用最大化。笔者认为，符合法律知识教学特点的情境教学问题设计要体现思辨性，应从如下四个方面着手：

1.以递进式问题搭建思维坡度

学习是学生自己调节内部认知得到知识能力和学习方法的过程。在情境问题设计时，要遵循知识的发展性原则，设计一系列递进式问题。教师要设计"问题串"或者"问题链",使学生由浅入深地实现从感性认知向理性认识的发展。比如之前提到的教学案例4,在实际授课中,由于问题设计偏离了情境设计的目的,难以实现教学目标。而如果采取递进式问题设计的形式,就可以避免出现这类问题。教师可对情境及问题做如下修改:

【修改版教学案例4】

某天晚上9点30分,小雷完成了作业后一直在玩耍,母亲见了便哄他去练琴:"亲爱的,快去房间练钢琴!练完后我给你1英镑买巧克力吃。"小雷嘟着嘴说:"可隔壁邻居说,如果我晚上不练琴,他们将给我2英镑。"母亲听后非常生气,怒喝道:"你练琴关邻居什么事!今天再晚你也得给我练!"

问题设计:

①为什么小雷不练琴,邻居会给他2英镑?

②妈妈的言行是否妥当?为什么?

③如果你遇到小雷母亲这样的邻居,你会怎么做?

以上三个问题紧扣情境进行设计,问题①从理解的角度出发,通过问答使所有学生了解情境中邻居行为的原因(邻居认为钢琴噪音干扰其生活),问题②对母亲言行进行判断,唤醒旧知识(邻里之间需要道德规范)启发新知识(个别学生会思考到法律层面),问题③使学生从道德规范层面向法律规范层面进行知识迁移,层层设问下推出法律主题。

2. 以迁移型问题拓宽思维广度

迁移型问题指教师在情境问题设计时,注重让问题与学生已有知识相联系,将新旧知识在问题中具有连贯性,实现知识迁移;在学生对情境问题的回答中,利用问题整合知识,构建新的知识网络,获得旧知识与新情境的链接能力、对问题的认识和解决能力,以培养学生分析、判断能力,实现能力迁移。比如在上沪教版教材《思想品德》八年级上册第二课《生存环境 呼唤保护》第三框"保护环境需要道德和法律"一课时,授课教师的情境问题设计如下:

【教学案例8】

【多媒体展示】"给地球打针"图片

师:同学们,你们看到了什么?

生:地球在打针。

师：没错，地球怎么会打针呢？原来在不久前，地球弟弟去月亮姐姐那儿看了一次病，我们请一位同学来读读地球的病例报告——

学生阅读：地球的"病历报告"。

（诊断1：经检查发现，地球先生，您的周身被蒙上了一层"灰纱"，其成分有烟尘、废气、毒气，致使您的视力模糊，确诊为36000度近视。诊断2：经检查发现，您全身疼痛难忍是因为绿色皮肤开始脱落，黄色颗粒状固体不断扩大并吞没绿洲。诊断3：地球先生，您患有严重的贫血，您的血液——就是一种透明、无色、无味的液体即将枯竭。）

师：同学们，你们知道地球先生的病因在哪儿吗？

生：列举人类的各种毁坏地球的行为。（此处略）

师：人类作为地球的主人，我们不能再让地球这样被残害了，那么作为人类，我们可以采取哪些途径来改变这一现状呢？

生1：我们应该通过自己的实际行动来减少有害气体排放、保护绿色资源、形成节约用水的品质。

师：同学们说得很好，我们要提高环境保护的道德意识，仅仅这样够了吗？

生2：不够，并不是所有人都能自觉做到。所以我们还应该将曾经给地球带来灾难的个人和企业一定的制裁，阻止他们的行为。

师：是的，除了道德规范外，法律制度还能成为道德规范的补充，实现保护地球环境的目标。今天我们就来谈一谈：

（投影：第三框 保护环境需要道德和法律）

本节课是该框节下的第二课时，前一课时阐述了保护环境需要道德规范，本课时则是要引入保护环境需要法律规范的主题。因此，教师在上课前，首先通过展示动态图片激发学生的兴趣，并通过提问"看到了什么""怎么会这样""病因在哪儿"等让学生对图片情境本身产生疑惑，进而迁移到"应该采取哪些途径来改变"的问题回答以巩固上节课的内容。由于学生通过情境已经获得了对旧知识的复习，教师在此基础上进一步以"仅仅这样就够了吗"使学生突破旧知识的固有思维再次向新知识进行迁移，顺势引出了本节课"保护环境还需要法律规范"的主题。

因此,迁移型问题主要建立在新旧知识的结合点上,这样的问题不仅能切中要害,而且尺度恰当并具有启发性。

3.以辩论式问题加大思维深度

美学家李泽厚先生说:"形象思维的高潮,在实质上与逻辑思维相同,也是从现象到本质,从感性到理性的一种认识过程。"[①]也就是说,思维是可以经过转化而深入的。教师可以通过辩论式问题刺激学生运用已有知识来挖掘未知知识,进而探求法律的真谛,加深法律思维深度。

比如,在沪教版教材《思想品德》八年级上册第三课《公共设施 情系大众》第三框"依法保护公共设施"教学中,某区政治高级教师的一堂公开课上,该教师就以书本上的"打电话少女失踪一案"作为切入点,得出了依法惩处破坏公共设施的违法犯罪行为的一系列法律知识内容,接着根据这一案例亮出了部分市民的态度和观点,并设计了一个辩论式问题。

【教学案例9】

有人认为,保护这类公共设施主要应该由国家机关和部门承担;也有人认为,保护公共设施主要应该是我们普通公民的责任。

辨析:对两方的观点,你怎么看?

这一问题的设计主要是为了引出"依法制止破坏公共设施的行为:保护公共设施既是公民的权利,也是公民应尽的义务"的相关内容,但由于之前的情境中政府部门的举措和判决已经给学生留下了深刻印象,学生很容易地将保护公共设施制止违法行为的主要责任人归为政府部门,而忽视法律赋予公民自身的权利和义务。为了使学生明白公民也是制止违法行为的主体,教师抛出辩论式的问题,让学生从一种现象过渡到另一种现象、从一种思考深入到另一种思考,进而对涉及法律的情境产生再认识,形成思维深度并落实教学目标。

4.以矛盾型问题提升思维密度

矛盾无处不在,无时不有,它反映了事物内部对立统一的关系。基于此,在讲解法律知识时,设计矛盾型问题能让学生更好地认清事物的本质和发展规律,深入了解法律的严密性。

比如,在沪教版教材《思想品德》九年级下册第五课《珍惜权利 履行义务》第三框"自觉履行公民基本义务"的一课上,在阐释完所有宪法规定公民享有的

---

① 冯为东、王亦晴:《情境教学策略》,北京师范大学出版社2010年版,第80页。

基本权利和必须履行的基本义务后,教师展示了如下一组图片。

根据这幅图片,某教师在课堂上设计了如下问题:

①如图所示,公民的权利有一个孪生兄弟,你们知道是谁吗?

②有些人只想要"哥哥"权利,不想要"弟弟"义务,对此大家怎么看呢?

③(结合问题②中的回答要有"哥哥"权利也必须要有"弟弟"义务)那么,有人又提出说放弃"哥哥"权利,是不是意味着就可以放弃"弟弟"义务了呢?

结合图片,问题①首先通过图片形象地说明了权利和义务的关系,在学生对此有一定了解的基础上,在后续问题②和问题③中,通过环环相扣且有一定矛盾性的两个问题激发学生进行积极思考,同时教师的提问采取"以误引误"的形式,强化了学生的反思能力和辨析能力。

按照上述四种类型进行情境问题设计,可规避满堂问、随意问、无效问等现象,避免学生只顾埋头找答案、照本宣科读法条,真正发挥情境教学法中情境提问对法律知识教学的作用,加强学生的法律主体参与性,深入思考生活中的法律现象和法律知识,从而更好地学以致用。

(四)用整合意识使情境贯穿课堂

情境教学法已成为当前课堂教学的一种常用教学方法,这说明情境的价值和功能已经获得了广泛认可并在教学实践中起到一定作用。但由于实际应用者的认知程度不同、教学内容和教学对象不同等,往往在实际操作中会有抓其"形"而忽略其"神"的现象。调查结果显示,很多教师会频繁在一堂课上使用不同情境形式呈现不同情境内容来揭示不同的法律知识点,这会使学生的思维散乱,不断地入"境"又出"境",情境多时间紧,学生还没来得及深入思考就从一个情境跳到另一个情境中,导致无法有效整合所学知识。而法律本身具有体系性,因为情境过多而破坏法律知识内部的统一性、阻止法律思维的深层性,会产生适得其反的效果。因此,教师要从宏观上把握情境教学法的使用,采取整合的形式更好地发挥情境对教学的作用。

1.巧设情境内容主线

(1)一"境"多用聚主题

李吉林老师提出的情境教学的四大特点是:形真、情切、意远、理寓其中。其中,"理寓其中"即从教材中心出发,由教材内容决定情境教学形式,教学过程中产生一个或一组情境都是围绕着教材中心展现的,这样富有内涵的、具有内在联系的情境才是有意义的①。因此,在思想品德课法律知识教学中,教师可以围绕单课教学内容采取一"境"多用的方式。

比如,九年级下册第六课《振兴中华 共担责任》第二框的"承担公民的社会责任"一课,在谈及公民的基本权利和基本义务的相关内容时,宝山区某教师给出了这样三组情境:

情境一:

事情缘由:2013年5月,著名导演张艺谋涉嫌"超生"一事被媒体热炒,在诸多报道中称,张艺谋与无锡女子陈婷在当地生有3名子女,而张导本人在半年多时间中也从未有过正式回应,此事引发外界争议不断。2013年12月1日晚8:40,张导回应此事,承认事实。当地相关部门提出希望张艺谋如实申报收入,以便计算罚款。

思考1:为什么张艺谋超生事件会引发社会关注?

思考2:你觉得张艺谋作为一位名人,对中国演艺事业贡献很大,是否可以享有特权?

情境二:

事情发展:历时几个月的超生事件终有定论,2014年1月9日,无锡市滨江区计生局公开发表声明,向张艺谋寄发社会抚养费征收决定书,要求缴纳748万余元社会抚养费,这是迄今为止我国征收社会抚养费单笔最

---

①李吉林:《田野上的花朵:对话:情境教学的萌发》,教育科学出版社2013年版,第66页。

高额。

网上评论、发帖、跟帖蜂拥而至：

网友1："张艺谋对国家政策熟视无睹，这样的人应该驱逐影视界。"

网友2："是个爷们吗？是就勇敢站出来，只顾自己是非常可耻的，作为文艺界知名人士，应该做出表率。"

网友3："他的孩子被爆料有8个，没有爆出的，谁知道有多少啊，巨人背后都有一个巨大的背影，就是他的背景。"

……

别有用心之人还多次派人跟踪偷拍张艺谋未成年子女，并爆出其家人身份证及户籍等隐私信息。

思考1：网友们有没有权利在网上发表自己看法？依据是什么？

思考2：你认为上述网友的评论恰当吗？为什么？

情境三：

事情结果：2月7日下午，无锡市滨湖区委宣传部通过微博宣布，当天中午已收到张艺谋夫妇通过银行转账方式一次性缴纳的计划外生育费及社会抚养费7487854元。

思考：张艺谋最终交了罚款，这说明什么？

三组情境其实是将张艺谋"超生"事件拆分成缘由、发展和结果三个部分，情境内容间有着内在联系，不会给学生"跳出跳入"的感觉；同时事件涉及的人物、时间、地域、部门等都相同，节约了每个情境的铺呈时间，即不用再从头至尾阐述起因、人物等，而所涉及的法律知识是包含了本课中宪法所规定的公民的基本权利中的三项，即"平等权""政治权利和自由"和"人身自由"。最终的事态发展结果也证明了宪法的严肃性和社会的公平力量，给学生传递了正向影响，帮助学生形成一定的法律修养，即法律认知和法律认同。

（2）自编"情境"串内容

在学生问卷调查中，笔者还有一项意外的发现，那就是：学生对情境的真实与否并不十分在意，这就为教师自主设计适合教学内容的情境内容提供了前提。在调查中发现，学生比较喜欢"展示自导自演的小品、短剧"等情境形式，这就为教师如何将情境贯穿课堂提供了参考。因此，笔者认为，教师可以创编一系列的情景短剧或小品，并由学生自导自演作为串联整个法律知识课的方法。

比如,沪教版教材《思想品德》七年级下册第七课《守望相助 邻里相亲》第三框"怎样依法维护邻里关系"的课上,长宁区某教师设计了一个情境小品,如下:

小 品

甲:改革开放就是好,这些年我们的生活发生了翻天覆地的变化。这不,我们家新换了一套大房子,我要对它进行豪华装修,并且把天井加盖,这样就多了一个房间了。

邻居乙敲门:你好,我是你楼上201室的邻居,我儿子快要期中考试了,每天晚上要复习到很晚,可是你们每天装修到半夜三更,对他的影响太大了,你看能不能适当安排一下你们使用电钻、进行木工工作的时间啊?

甲:期中考试考得好不好是智商问题,和复习没什么必然联系。我以前读书的时候不复习也能考出好成绩。你不要把这个责任归咎于我的装修。再说了,我们也就装修两个月而已。

丙:你好,你是新搬来的吧!我是住你家隔壁的邻居。我家宝宝还小,晚上要休息。可是你们的装修声音太响了,能不能麻烦你们晚上不要装修啊?

甲:梅雨天快到了,我们也要赶工期啊,你们就忍耐两个月吧!小孩晚上不睡,早上也能睡。我们的装修可不能停!

邻居乙:大家都是邻居,你看我们都有意见,所以您能否调整一下装修的时间?

甲扯高嗓门:家里装修是我的私事,请你们不要横加干涉!

邻居乙、丙:这种人!

甲向装修工说:把天井加个顶,改造成一个小房间,又多一个房间了!

装修工:好嘞!

(邻居丁敲门)甲:又是谁?

邻居丁:你好,我是住在你楼上202室的邻居。你把天井整修成了房间,这样一来,这个房间的屋顶紧挨着我们家阳台,小偷很容易爬到我家,这样对我们家很不安全,你这样装修,我不同意!

甲:难道我装修还要经过你的同意?你不同意,难道要我把装好的房间拆了?

邻居丁:你这样做,是改变了原有的房屋结构! 不仅不安全,而且晾衣服也不方便,长裤子、床单都不能晾,都要碰到你们的屋顶了。

甲:这就不关我的事了,再见!

邻居丁:怎么会有如此邻居!(邻居丁拂袖而去)

装修工人唱:主人,油漆该刷的都刷好了,剩下的半桶油漆怎么办?

甲:盖好盖子,把它放到楼道里吧。

装修工人搬油漆桶。手一滑,油漆桶翻了。

装修工人:啊呀,油漆打翻了,怎么办呢?

甲:算了,让它去吧! 反正不是翻在家里。

邻居丙(疲累状):今天又加班到九点半,一天下来真累。啊呀,这是什么呀? 油漆! 弄得我一脚都是,肯定是102弄的呀,我去找他评理!

(邻居丙敲门)

甲:又是谁呀?(开门)哦,是你啊? 啥事?

邻居丙:楼道里的油漆是你家弄的吧? 这么浓的味道,还害得我踩了一脚,我新买的鞋子,上面都是油漆,你要赔偿我的鞋!

甲:这和我又无关了,这又不是我弄翻的,谁弄翻的谁赔!

邻居丙:反正是你们家的,就应该你负责。哦,对了,我家的鞋柜你也要赔!

甲:你家的鞋柜和我有什么关系?

邻居丙:我家地方小,所以我家一直是把鞋柜放在外面的,从来没有问题,就是你们来了,我的鞋柜也被蹭坏了一大块。肯定是你们家的装修工人在搬运木材的时候,把我家的鞋柜刷蹭坏了。

甲:你家的鞋柜摆放在楼道里,妨碍了我们装修建材的搬运,我和你说过的,你就是不愿意拿走,我们没办法,只好硬搬,不小心才刮坏的……

邻居乙(甲、乙争吵时边说边走出来):吵死了! 怎么回事儿?

邻居乙、丁:你家的装修给大家带来了很多不便! 油漆桶放在外面不对! 你损坏了别人的东西就该赔偿! 装修房子,吵得大家都不得安宁!

邻居丙:你赔我的鞋子和鞋柜!(邻居互吵)

甲:难道这些事都是我的错吗? 请大家帮我评评理吧!

这个情境是教师根据实际生活改编的,并由学生事先排演。它涉及了本课所有重点内容,即"不能堵塞通道""不得损害邻居""不要让噪音妨碍邻居"和"不能随意排放污物"。因此,教师通过发生在几户邻居之间的装修风波,把所有问题以情景小品形式进行呈现,请学生做"啄木鸟",从情境小品中发现哪些行为是错误的,原因是什么,有什么法律依据,通过学生的自查、自纠逐渐引出法律知识,教师再补充说明相关内容。

教师自编情境并由学生自导自演情境,这可谓一举多得,既能使情境活动化、活动情境化,发挥学生的主动性,引导学生通过参与、体验、思考达到明理懂法,守法护法,并在此基础上学以致用;又能让学生通过角色扮演从生活中"取样",引出情绪反应和行为,分析角色人物表现,进一步提高社会认知,以实现活学活用;不仅可以通过模拟情境进行法律行为"试错",有利于减少青少年违法犯罪率、提高遵纪守法意识;而且整个授课过程主线清晰、条理清楚,具备较强的整体教学观,因此无论是授课者还是听课者感受都较佳。

2. 发挥教师情绪功能

情境教学法之于其他教学方法而言最大的功能是激发学生的情感,因为情境本身就是带有情感因素的环境和场景,激发情感是情境设置的前提,也是课堂教学的前提[①]。而教师必须用自己的情绪激发学生持续学习的欲望,这是有意义学习的情感前提。正如学者所指出,从血管里流出来的是血,从山泉里流出来的是水,从一位充满爱心的教师的教学里,涌腾出来的是一股股极大的感染力,它可以使学生产生同样的或与之相联系的情感。

因此,要优化情境教学法在思想品德法律知识教学中的应用,教师的情绪功能也要有所发挥,具体可以从几个方面着手:

(1)以语言激活情绪

教师的语言支配着学生的认知活动,因此必须充分发挥它的主导性。例如,在阐述情境案例时,教师要恰当运用语音、语调、语速,提示学生情境中的重点,起到一定指向作用,提高学生情绪感知效应。

(2)以神态传递情绪

著名教育家马卡连柯说过,做教师的决不能没有表情,不善于把握表情的人不能做教师。心理学家认为,情感的表达等于7%言词+38%声音+55%面部神态,

---

①李秀伟:《唤醒情感——情境体验教学研究》,山东教育出版社2007年版,第47页。

因此教师要充分利用神态。比如在情境中涉及违法行为时,教师可以表现出锁眉、闭唇状来表达对该行为的情绪,给学生传递一种应有的情感态度。

（3）以动作表达情绪

教师课堂上的手势、动作,同样能给情境的推动起到一定的作用。比如:在列举情境中出现的违法现象时,教师可以做出强有力的手势,配合语言和神态进行演绎,避免手势过多过松弛,减少摇头晃脑等不严肃的动作,从而形成一种严肃的课堂氛围。

（4）以体态释放情绪

在展示有关法律内容的情境时,教师要表现出应有的风度。比如:身形挺立体现稳健、手脚敏捷体现协调,并配合语言、神情、动作去直面法律问题,在学生提出质疑时,以更好的姿态去面对学生,避免不协调的姿态和不厌烦的情绪,俨然一位经验丰富的律师一般陈述事情经过,方能给学生产生"带入感"。

总之,教师的情绪如果不够连贯,那么再好的情境也无法起作用,学生也无法持续进入学习情境。教师在此时使用神态、语言等辅助渲染情境,弥补学生思维抽象程度不同的局限,帮助其利用形象思维来把握抽象概念,把握知识背后的价值负载,才能将学生在这一特定学习中产生的情感经验巩固下来,储备起来,发挥情境的功能①。

（五）以反思评价促情境功能发挥

通过调查研究,笔者发现情境教学法的优化离不开教师不断地对情境功能发挥做出自我反思和评价。

1.对三维目标的反思评价

任何教学方法都是为实现课堂教学目标服务的。因此,教师在思想品德课法律知识教学中是否恰当运用情境教学法,可以从如下几个方面来作出反思评价:首先通过对学生课堂提问回答情况、课堂练习和课后抽查提问来了解学生基本知识和技能的掌握情况;其次通过观察学生参与课堂的主动程度、思考法律案例相关问题的思辨程度来了解教学过程和方法的使用恰当与否;最后通过学生情感和情绪的高涨程度、课后守法执行的积极程度来判断情感、态度、价值观目标是否落实到位。

---

① 朱小蔓:《情感德育论》,人民教育出版社2005年版,第113页。

2.对课堂互动的反思评价

在思想品德课法律知识教学中应用情境教学法,能够创造一种和谐的师生互动形式,在互动过程中学生不断体验、反思,进而获得成长。因此教师要在课后对课堂互动的过程和结果进行反思,不仅要反思过程中是否给学生提供了思考的空间,还要尊重法律的内在规律,注重提升学生对法律的内在信仰,使自觉遵守法律成为一个内在发展的需求;而且要反思结果是否使学生真正成了法律的主体,以法的主人的姿态自觉积极主动守法,实现法的自我内化①。

3.对自身素养的反思评价

无论是情境教学法的应用还是法律知识的普及,抑或是两者相结合的课堂教学实践,都离不开具有较高法治修养的思想品德课教师的操作实施。所以,教师应时刻对自身法律素养和法治精神做出反思评价,对自身的教学理念和教学方法做出反思评价,通过学生反馈、相关培训、教学研讨手段等不断提高自身教学能力,在自我反思评价中探索情境教学法操作策略,不断提升思想品德课法律知识教学的效果。

---

①宋方青:《普法教育与法治》,《高校理论战线》2001年第8期。

中等职业学校德育课活动教学研究

上海市医药学校　徐　敏

随着新一轮的工业革命在全世界蓬勃兴起,从德国的"工业4.0"到美国"工业互联网",我国也提出"中国制造2025"的口号,其中"创新驱动,质量为先,绿色发展,结构优化,人才为本"的20字指导方针中。"人才为本",体现了中国职业教育产教协同发展的理念。伴随着"大国工匠"的降临,新一轮的职业教育改革也拉开了帷幕。德育课程是中等职业教育的重要内容,要坚持立德树人,深化社会主义核心价值观和中华优秀传统文化教育,推进社会主义核心价值观融入学校教育教学全过程,引导学生树立正确的世界观、人生观和价值观。这就要求中等职业学校(以下简称"中职")的德育课要转变传统的单一说教形式,在课堂教学中坚持"贴近学生、贴近职业、贴近社会"的三贴近原则,寻找一种符合中职学生心理特征和学习特点的课堂教学形式,让学生在课堂学习中能"做中学,学中做"。

从教育部印发的《教育部关于进一步深化中等职业教育教学改革的若干意见》(职教成〔2008〕8号)、2008年12月《关于中等职业学校德育课课程改革与教学安排的意见》、新修订的《中等职业学校德育课课程教学大纲》来看,这标志着新一轮中职德育课的课程改革方案正式实施。这一轮德育课程改革强调了学生的主动参与和德育课堂体验。中职德育课,是一门以思想教育为核心的素质教育基础课,使用的是教育部统一规划的教材。从民族发展、国家进步和中职学生的健康成长、成人成才出发,中职德育课起着其他学科不可替代的作用。然而在实际教学过程中,中职德育课却存在过于注重抽象观点和一般结论的灌输式讲解,而忽视学生实际需求的现象。所以,传统的德育课堂并不能很好地加深学生的感悟,德育课教学的实效性未能充分体现。

笔者从教于中职德育教学第一线,在德育课程中坚持德育为先,把学生对社会主义核心价值体系的体验环节融入中职校德育课程教学的全过程,从而引导学生树立社会理想,弘扬民族精神,弘扬爱岗敬业、诚实守信的职业道德,提升职业素养。通过查找文献,笔者发现,对中职德育课堂的研究相对较少。因此,笔者通过了解课堂活动教学的内涵,思考课堂活动教学在中职德育课上的必要性,从而探索出这种教学方式在中职德育课中的具体实践过程,希望其对中职德育课堂教学有些许帮助。

一、中职德育课活动教学的意义

中等职业教育是职业技术教育的一部分,包括中等专业学校(中专)、技工学校(技校)、职业中学(职校)等,在整个教育体系中处于十分重要的位置。中职学生在年龄上同属高中阶段的学生,在心理、智力的发展和知识的接受能力上和普通高中学生相差无异,但在学习的主动性、学习习惯、学习方法等方面和普通高中学生差异较大,所以在德育课的教授过程中,对于课堂活动的选择要针对中职学生的发展特点,因材施教,才能取得较好的教学成效。根据中职学生的学情,运用课堂活动教学的意义具体如下:

(一)有助于提高中职学生学习的主动性

中职学生大部分是因为中考分数线没有达到高中录取分数线而选择中职就读,在激烈的竞争中,成绩处于中游偏下的他们毫无快乐所言,过度的压抑和挫败让大部分中职学生失去了学习的热情,对于学习成绩得过且过,更不会积极主动地去探索知识。笔者在中职德育课教学过程中发现,传统的讲授式教学虽对知识点进行详细的讲解,但并不能有效地调动学生的学习兴趣,总有部分学生走神或者低头做与课堂无关的事情,整个课堂的学习氛围出现了问题,学生学习的主动性更无从谈起。

课堂活动教学是以活动的形式让每一位学生都充分参与其中。教师在课堂活动教学中布置课堂预设活动要求,学生在完成活动的过程中会遇到问题,此时教师引导学生解决问题。以活动为引领,以教学目标为导向的课堂活动教学中,学生充分体验、探究、思考,学习的主动性将会得到显著提高。

例如,在德育课高教版教材《哲学与人生》(第三版)第四单元《顺应历史潮流 树立崇高的人生理想》第十一课《社会理想与个人理想》第二框"正确处理理想与现实的关系"的知识点讲解时,要处理好"正确对待理想与现实的矛盾"这一教学难点。面对这样的辩证观点,中职学生往往会陷入自我矛盾,从而提不起学习的兴趣,由于目前年龄阶段的中职学生的人生观和价值观尚未定型,如不加以正确引导,容易被社会上一些不良现象所迷惑,进而认为社会是黑暗的,现实是残酷的,从而产生用现实去否定理想的看法。所以在课堂活动教学中,首先要调动学生对于理想与现实关系的学习主动性和积极性,让他们正视理想与现实的矛盾,让他们发现现实中的真善美,直面现实中的困难和假恶丑现象,坚定理想,克服困难。由此,教师可以将课堂活动设计为课堂辩论,辩题为"中职学生应先追求理想还是先注重现实"。学生对于课堂辩论的兴趣很高,在课前的活动准备阶段,学生以辩论小组为单位,预习教材,在网上查找有关"理想与现实"的正、反两面的辩论材料,并且写好辩论稿,从而调动了学生学习的主动性和积极性。以辩论赛形式开展的课堂活动,改变了以往传统的灌输式的教学方式,不仅激发了学生的学习兴趣,活跃了课堂氛围,而且提高了学生的思辨能力和语言表达能力。同时,学生通过自行搜集辩论资料,小组交流与合作,学习的主动性也提高了。

与传统的讲授模式相比,课堂活动教学在课堂中给学生提供了更多主动参与学习的机会,改变原有的压抑的课堂氛围;通过活动体验,学生之间和师生之间进行平等的交流、协商和合作;课堂活动中有鼓励、加油和安慰,学生在课堂活动中体验到快乐和感动。这样的课堂氛围必将大大提高中职学生的学习主动性。

(二)有助于中职学生更好地深入理解知识

相比较普通高中学生而言,中职学生的认知水平有限,知识面较窄,对于系统性知识点的理解较为欠缺,但动手能力相对较强,参与活动的热情更高涨。所以相对于静下来听知识,中职学生更乐于动起来学知识,课堂活动教学能让知识点从二维平面转向三维立体,从"纸上谈兵"到"做中学,学中做"。

以德育课北师大版教材《经济政治与社会》(第二版)第一单元《透视经济现象》第一课《商品的交换与消费》中"价格和价值规律"知识点教学为例,选取二年级两个相同专业(食品药品检验)的平行班,分别用讲授法和课堂活动教学法来上课,比较如下:

就课本知识点的难度来说,"价格和价值规律"知识点的理解难度较大,特别是价值规律的内容和价值规律的作用。虽然学生在日常生活中经常购买商品,知道商品的价格会有波动,但未思考过商品的价格为何会出现波动,书本上关于价值规律的含义和价值规律的作用的描述又过于冗长,不易于学生的理解和接受。教学大纲对于"价格和价值规律"知识点的要求是——认知目标:懂得影响价格的因素,认识价格变动的影响,理解价值规律的作用;情感态度目标:正确看待商品价格的变化,培养效率意识、质量意识和创新意识;运用目标:能根据某一商品价格的变化制作价格曲线图。价格和价值规律的教学主要是从四个方面入手:价值决定商品的价格,商品的价值量是由生产该商品的必要劳动时间决定的;供求关系影响商品的价格;价值规律的内容和表现形式;价值规律的作用。

比较了讲授法讲解和课堂活动教学两种教学方法后,笔者发现,传统的讲授让学生被动地接受知识,机械地快记笔记,学生用于自由思考、讨论探究的时间很少,往往是记完了笔记,知识点也讲好了,学生对于知识点的理解往往仅停留在笔记本上,对于知识点的深入理解无从谈起;同时,由于传统讲授缺少课后的延伸学习,中职学生不会在课后再次进行思考和验证课堂所学知识。相对于课堂活动教学,学生的注意力和时间都放在了为理解知识点所相应设置的问题中。根据中职学生的心理特点和喜好特点设计的各种课堂活动如讨论、动手绘图、角色扮演等,充分地让学生在课堂里动了起来。学生在课堂上对于相关的问题讨论激烈,观点多样化,从意见分歧到意见统一,都是主动接受和主动学习的表现;在角色扮演者中,分工有序,合作互助,通过角色扮演来体验实践的过程,学生从被动接受转化为主动探究,学习的主动性和热情在这些形式多样的课堂活动中被充分地调动起来,对于知识的理解也在课堂活动中通过实践从感性认识上升到理性认识。同时,由于学习的兴趣被调动起来,学生在课后会去验证课堂中所学到的知识点,从而加深对知识点的理解和感悟。

在中职德育课的教学目标中,除了有认知目标和情感态度目标,还有运用目标,这就需要学生对于知识点的认知上升到理性认识。课堂活动教学可以将知识点通过教师的活动设计和实施转化为学生的实践和体验,在课堂活动中将知识点的感性认识上升到理性认识,这符合了中职学生的认知规律,提升认知和理解的水平。

（三）有助于增进中职学生的情感体验

中职德育课的三维教学目标中，"情感、态度与价值观"的目标要求学生不但在情感上认同所学的知识，产生学习的兴趣，更重要的是以积极向上的人生态度去面对生活，勇于实践，并树立同社会主义核心价值观相一致的人生价值观，这一教学目标的提出，使中职德育课教学的深度有所加强。

课堂活动教学中，教师要把学生的情感体验与思辨能力更好地结合起来，以达到情通理达的效果。笔者在中职德育课堂的实践中发现了很多成功的例子。如高教版教材《哲学与人生》（第三版）第四单元《顺应历史潮流 树立崇高的人生理想》第十一课《社会理想与个人理想》第一框"正确处理个人理想和社会理想的关系"中，讲解社会理想与个人理想的关系时，必须让学生正确理解个人理想同社会理想的辩证关系，自觉地将个人理想融入社会发展的历史潮流中去，并运用个人理想与社会理想的关系，树立正确的个人理想，引导学生正确处理个人与社会的关系。起先，学生并不能很好地理解社会理想与个人理想的辩证关系——即社会理想决定和制约个人理想，个人理想体现社会理想。为此，笔者先是创设了情境，带同学们回到"新中国成立之前、新中国成立之后和21世纪的今天"，并开展"头脑风暴"形式的课堂讨论活动，以丰富的事例引导学生自主探究，指导学生形成正确的认识。让学生课前搜集事例，在新中国成立之前、新中国成立之后和21世纪的今天，这三个不同时期中的一些"正面和反面"人物的生平事迹，分析他们的个人理想是什么，是否都实现了。学生通过精彩的活动讨论和活动分析得出："正面人物的个人理想都实现了，是因为正面人物的个人理想都与国家和民族的利益，也就是同社会理想相一致，所以都成功实现了；而反面人物的个人理想都没有实现，是因为反面人物的个人理想都与社会理想相悖，所以都无法实现。"这让学生从内心感受到祖国从新中国成立之前、新中国成立之后和如今的发展都离不开一代代革命事业的开创者和建设者们崇高的个人理想，他们的个人理想都与当时的社会理想相一致。在讨论个人理想与社会理想的辩证关系时，学生的认识更加深刻了。当个人理想与社会理想产生矛盾时，学生意识到应调整个人理想以顺应社会理想，只有与社会理想相一致的个人理想才能实现。学生在课堂活动中增进了情感体验，课堂实效提高了，教学目标也达成了。

在中职德育课活动教学的指导下，教师要把学生的情感体验与思辨活动结合起来,把课堂活动融入教学之中,并把课前、课中、课后的学习活动有机联系起来。

(四) 有助于培养中职学生的综合实践能力

在鲁迅先生的《从百草园到三味书屋》中,我们可以看到,孩子对于学习的两种鲜明对比,虽然鲁迅先生在描述上各有不同,但是百草园和三味书屋可以看作是在课堂上的两种不同的教学方式,情韵各异。百草园,可以看作是课堂活动教学。碧绿的菜畦,光滑的石井栏,高大的皂荚树,紫红的桑葚,长吟的鸣蝉,肥胖的黄蜂,轻捷的叫天子(云雀),低唱的油蛉,弹琴的蟋蟀,蜈蚣、斑蝥,都是教学资源,而幼年的鲁迅通过活动来体验和实践知道了倘若用手指按住斑蝥的脊梁,它便会啪的一声,从后窍喷出一阵烟雾;知道了何首乌藤和木莲藤缠绕着,木莲有莲房一般的果实,何首乌有臃肿的根;熟练掌握了冬天雪地捕鸟的技巧。年幼的鲁迅不但在百草园里获得了趣味无穷的童年,也提高了综合实践能力。三味书屋和百草园是风格迥异的课堂,鲁迅先生也写出了三味书屋的味道,它被称作"全城中称为最严厉的书塾",学生在那里受到非常严格的规矩束缚。

中职学生有很强的动手能力,也有很高的动手热情,但动手能力强和综合实践能力是有区别的,动手能力强是综合实践能力提升的前提,它离不开正确的引导。中职学生有很高的可塑性,帮助这些孩子成长,帮助这些孩子获得一技之长,帮助这些孩子提高综合实践能力,是中职德育课的育人目标。在中职德育课的三维教学目标中,运用目标是让学生在熟练掌握课程知识点的同时,在情感态度的认同下自觉地运用知识于生活实践中,是联系知识点提升中职学生综合实践能力的目标,而课堂活动教学就是达成中职德育课运用目标的有效实施途径和手段。例如:高教版教材《职业道德与法律》(修订版)第五单元《依法从事民事经济活动,维护公平正义》第十二课《依法生产经营,保护环境》第三框"依法保护人类共有的家园"一课的运用目标是:运用调查法、资料收集分析法、典型事例分析法,提高对节约资源,保护环境的认识能力,努力成为企业环保卫士。为此,教师可以运用课堂活动教学,设计"课堂'环保树倡议'"活动:组织现场环保宣传响应活动,组织四组"专家小组"分别将自身所代表颜色的"心"(生物〈红色〉、能源〈绿色〉、气候环境〈蓝色〉、材料〈黄色〉)向现场所有在座教师宣传自身的环保理念,如果教师接受了他们的环保理念就收下他们的"心")。同时组织"环保树倡议"活动(如果有教师分别接受了四组同学的环保理念,那将会获得四颗不同颜色的"心",四颗星能组成一叶象征环保的"四叶草")。在课堂活动中,同学们手拿环保心,很认真地向老师们推广自己的环保理念。倡议、讲解、沟通等形成的课堂活动给学生带来了实践体验,学生有机会运用环保知识积极作宣传,成为一名光荣的环保志愿者和环保卫士;培养了学生节约资源和保护环境的意识,树立正确的环保理念。同时,这个课堂活动使课堂气氛达到高潮,增强学生环保意识和环境保护的主人翁精神,也达成了情感上的认同和运用目标的实现,以学生喜闻乐见的教学法普及了环境保护的基本观点,使学生感到节约资源、保护环保就在我们的身边,体验到建设资源节约型、环境友好型社会的快乐和责任。课堂活动教学从情感切入,在潜移默化和实践体验中提升了学生的综合实践能力。

在整个课堂活动教学中,教师不仅利用课堂活动穿插知识点的讲解,也通过引导,激发学生的心灵感悟,使学生在课堂活动中不断地自我发现和总结,不断地对所学知识点进行整合,并转化为在课堂活动中的行为。课堂活动教学为中职学生创设了一种更适合于他们的学习环境和模式,使其主动性得到了充分的发挥。"做中学,学中做"的课堂活动教学带给中职学生更多更好的体验形式,将学生的创造力、想象力、沟通能力、动手能力等综合实践能力充分发挥出来,在课堂中实现自我提升。

二、中职德育课活动教学的活动设计

中职课堂形式要根据中职德育课程的特点、学生的特点、知识点的系统性和难易程度来设计。中职德育课程共有四门公共学习课程:中职一年级开设"职业道德与法律"课程(考察课)和"职业生涯规划"课程(考察课),中职二年级开设"经济政治与社会"课程(考察课)与"哲学与人生"课程(考察课)。中职德育课的四门课程各自独立,却又相互联系,贯穿于整个在校两年的学习阶段,是培养和树立中职学生健康人格和正确价值观的主要手段。从课程知识点的难易程度划分情况看,一年级的两门课程主要是衔接了初中的部分知识,知识点的设定浅显易懂,较为简单;二年级的两门课程的知识点更为专业,辩证思考较多,难度较大。中职学生入校一年后,认知水平有所提高,社会经验有所积累。从中职德育课四门课程的知识点情况看,"职业道德与法律"课共有29目知识点,其中细化知识点 86 处，平均每 2 课时有知识点 4 处；"职业生涯规划"课共有 46 目知识点，其中细化知识点 96 处，平均每 2 课时有知识点 3 处；"经济政治与社会"课共有 30 目知识点，其中细化知识点 88 处，平均每 2 课时有知识点 3 处；"哲学与人生"课共有 30 目知识点，细化知识点 90 处，平均每 2 课时有知识点 7 处。结合知识点的梳理，分析适用于中职德育课课堂活动设计的类型如下：

（一）"职业道德与法律"的课堂活动设计

高教版教材《职业道德与法律》(修订版)共有五个单元，12 课，32 学时，知识点 29 目，细化知识点 86 处。开课时间为中职第一学年第一学期。本课程由礼仪、道德、职业道德、法律等几大板块构成，根据不同知识版块的教学情况，归纳适用于本课程的课堂活动形式如下：

1. 围绕"礼仪"教学开展的课堂活动设计

《职业道德与法律》第一单元的主要内容和知识点围绕礼仪展开教学，要求中职学生了解相关礼仪，包括个人礼仪、职业礼仪、交往礼仪，理解礼仪的意义。由于此时的中职学生刚刚踏入中职的课堂，同学之间彼此并不了解，教师可以利用课堂活动加速班集体的破冰进程，结合单元内容，联系实际，组织课堂活动开展教学。纵观第一单元的三课内容，在课堂中可以多采用"小组合作"的课堂活动形式进行教学。

"小组合作"形式的课堂活动即教师将班级学生按一定方式或比例进行分组，以小组为单位进行团队合作，在课堂活动中根据教师的活动设计来进行竞赛或展示。第一单元的教学采取"小组合作"形式的课堂活动，其优点在于：首先，团队协作能让团队中的每一个个体都发挥作用，例如在课堂展示环节中，学生的个人展示已不再单单代表个人，而是代表一个团队，团队的支持也能带给个人更多的自信。其次，小组合作也能给刚入学不久、彼此还不熟悉的同学之间一次相互交流和协作的机会，通过团队协作增进彼此间的了解，这能在最短的时间内完成课堂破冰，在组与组的竞争中也能互相熟知，最大范围地调动起全班的活动热情，在课堂活动中营造和谐的学习氛围。最后，小组合作的课堂活动形式能紧紧围绕"礼仪"教学的单元中心，在小组合作和组组竞争的过程中，教师能自然地引导出在人与人交流过程中的个人礼仪和交往礼仪的基本要求，并在此基础上进一步地引申今后的职业礼仪的基本要求；学生则会在小组合作的课堂活动中体会到人与人之间的交流和沟通离不开彼此间的尊重和理解,而礼仪则在其中起到了很大的作用。"小组合作"形式的课堂活动成功与否在一定程度上取决于小组成员能否互相配合、理解、甚至谅解,而这一切又要归结于小组每一个成员要正确认识自己、评价自己、发现自己,在小组合作和组组竞争中严守规矩、提高礼仪素养,养成文明礼仪的习惯。

2.围绕"道德"教学开展的课堂活动设计

《职业道德与法律》第二单元的主要内容和知识点围绕道德和职业道德展开教学,要求学生能了解道德的特点和作用,以及公民道德和职业道德的意识养成和习惯培养。

从教学背景来看,国家和社会对于公民基本道德规范、社会公德和传统美德宣传的力度较大,范围较广。不可否认的是,社会中仍有一些背离道德的事件发生,这对于学生的价值观有一定的影响。由于道德的内容比较抽象,加之公民基本道德规范、社会公德基本规范范围涉及面广,所以课堂活动教学可以采用"故事交流"或"课堂游戏"的形式。

"故事交流"指的是学生根据教师的要求,自己寻找身边真实的案例故事,通过自己的加工和叙述,在课堂活动中与大家一起交流和分享,通过同龄人的感受来感染周围学生,引起共鸣。例如,在讲解第二单元第三课《道德是人生发展、社会和谐的重要条件》时,知识点:"引领人生发展促进社会和谐",细化知识点:"高尚道德推进社会和谐",这些都是本课的教学难点。教师可以组织学生分享"道德故事和现象"活动,学生代表分享和交流触动内心的真实故事和事件。有学生分享故事:"2014年5月1日,在上海龙吴路有一高层居民楼13楼突发火灾,两名90后消防员在扑救过程中,受轰燃和热气浪推力影响,从13楼坠落,送医抢救无效而牺牲。其中一名消防员钱凌云年仅20多岁,正是我的邻居大哥。"该学生在故事分享中讲述了她对于邻居大哥平时生活和为人处世的感受,其道德楷模的形象永远印刻在她的脑海中,动情之时,眼眶泛湿,其情感也带动了班级的其他学生。通过学生的故事分享,教师边总结我国公民的基本道德规范与社会公德的基本意义,边讲解高尚道德推进社会和谐的三个方面内容,边引导学生做出总结和分类。学生在互相交流和分享中,结合教师的点评、引导,自然化解了教学中的难点。

"课堂游戏"即在课堂中开展游戏,通过游戏,寓教于乐,通过游戏来体验,在快乐中进行感悟。同时,课堂游戏的活动形式也符合中职一年级学生的心理特点和喜好,很容易让全班学生参与其中。同样在讲解第二单元第三课《道德是人生发展、社会和谐的重要条件》时,课程的最后,引进目前世界上非常流行的公益挑战活动——"冰桶挑战"的活动内容和意义,组织学生积极参与到活动中来。选取两名学生志愿者参与挑战,用布条蒙住参与者的双眼,倒数三、二、一,考虑到天气和学生身体的原因,并不是将真正的冷水浇于学生,取而代之的是一箱纸屑,只是让学生体验整个过程,从而引起学生共鸣。活动过程中,参与的学生在双眼被蒙和倒数时心中是恐惧的,但依然坚持了下去,实属不易。作为教师,在学生参与挑战后,自然也要身先表率(教师参与的挑战是真正的冷水),旨在引导学生总结出活动的意义在于:道德行为和公益活动,不但需要主观上的认同,更需要参与其中的勇气。

3. 围绕"法律"教学开展的课堂活动设计

《职业道德与法律》第三单元至第五单元的主要内容和知识点围绕法律展开教学,要求学生理解依法治国方略,了解相关的法律常识,了解与自己生活密切相关的民事的、经济的法律常识;崇尚社会主义法治理念,维护宪法和法律权威,增强守法意识,树立依法从事民事活动和经济活动的意识;并且学会用法律程序维护自己的权益,提高与违法犯罪斗争的自觉性,提高依法从事民事活动、经济活动的能力。从教学内容上来看,三个单元七课的教学内容全部围绕"法治""宪法""刑法""民法"四大知识体系来展开,法律条款的文本性较强。对于中职学生来说,简单的课本教学无法起到很好的教学效果,教师可以多采用"情景模拟"和"头脑风暴"的课堂活动教学形式来设计这一部分的教学。

"情景模拟"是指教师根据知识点模拟一个情景,根据情景设定一系列的角色和情节,并让学生来扮演,在表演的过程中,让参演者和观看者通过情景模拟来体会情景中所包含的相关知识点。情景模拟和角色扮演的最大区别在于情景模拟更重视情景的构建,更多地让学生感受氛围,以景生情;而角色扮演是更多地结合相关案例,让学生通过角色扮演深入到案例中去体会和感悟。例如,在讲解第四单元第八课《崇尚程序正义,依法维护权益》时,对于"诉讼的基本程序"这个知识点的综合讲解上,有教师在课堂活动教学中进行情景模拟,开设了一个"模拟法庭",并设立被告、原告、双方代理律师、审判员等角色,通过审理斗殴偷窃、债务纠纷等案件,来体会刑事诉讼、民事诉讼和行政诉讼的基本程序。在课堂活动中,教室变成了法庭,庄严肃穆,学生扮演的角色惟妙惟肖,对案情的分析细致入微、逻辑严谨,在情景模拟的课堂活动中领悟了知识点。

"头脑风暴"形式的课堂活动即教师在课堂中抛出一个社会现象或社会观点,然后组织学生自由发表意见,让学生在不同的观点中产生火花和灵感,教师伺机而动,通过对比、诘问等方式进行正确引导。教师可以结合社会现象或社会观点,在课堂活动中抛出问题,让学生针对问题的分析开展"头脑风暴"。在"头脑风暴"形式的课堂活动中,教师的引导作用非常重要,因为在"头脑风暴"中,不同的观点会被抛出,有正面的、有负面的,教师要合理引导,随机应变,不能一票否决学生的观点,打击学生的积极性,而要适时地将学生的思想引导到预设的轨道上来,时时给予支持和鼓励。对问题不同角度的观察能启发学生更多的灵感,不同观点的碰撞能激发学生更深层次的思考,教师能轻松地根据学生的观点总结或推导出自己想要的答案,学生也能在以"头脑风暴"形式的课堂活动中尝试着自己去归纳总结和感悟。

(二)"职业生涯规划"的课堂活动设计

高教版教材《职业生涯规划》(修订版)共有五个单元,14课,32学时,知识点46目,细化知识点96处。开课时间为中职第一学年第二学期。本课程四个单位围绕中职学生职业生涯的铺垫、基础、重点、拓展和延伸展开,前四个单元的重点是规划的制订,最后一单元是规划的管理,整个课程注重学生职业生涯的可持续发展。结合对课程内容的分析和知识点的梳理,归纳适用于本课程的课堂活动教学设计如下:

1.围绕"职业生涯规划制订"教学的课堂活动设计

职业生涯规划制订的内容包括四个部分,即职业生涯规划与职业理想、职业生涯发展的条件与机遇、职业生涯发展目标与措施、职业生涯发展与就业创业。教材本身带有大量的案例,其中课首案例有14个,即每课都会以课首案例开始,课中案例36个,即除每课的第一目外,其余各自配有文中案例,这些案例也带给学生更多的探索机会。

其一,教师可以借助教材的大量案例采用"角色扮演"形式的课堂活动开展教学。"角色扮演"是指教师参照案例内容,让学生扮演案例中的各种角色,通过角色扮演深入案例中去体会和感悟。"角色扮演"形式的课堂活动不仅有利于课堂中的教学互动,激发教师和学生对于角色的创作欲望,也有利于学生自行根据教学内容来自创案例和角色,提高学生的积极性和参与性,发挥做中学、学中做的优势,进一步提升学生在德育课教学过程中的主体作用。例如,讲解第一单元第一课《面向未来的职业生涯规划》时,引入教材案例故事"从小就立志的陈东",可以以小品或话剧的形式让学生进行角色扮演。学生进行角色扮演时,可以发挥自己的想象力,对故事进行延伸和扩展,甚至自己编写表演剧本等。在表演过程中,教师可以适当发表自己的看法,帮助学生完成对角色的定位和理解。"角色扮演"的形式比教师讲解案例更真实和生动,能够发展学生的个性,为学生提供表现自我的机会。"角色扮演"形式的课堂活动教学能引发学生的情感共鸣,让学生带着情感去扮演,有助于提高学生对于职业生涯规划的认识,并能把认识转化为行动,一步步达到知行统一。

其二,教师可以借助大量的案例采用"头脑风暴"形式的课堂活动,注重学生的参与,注重讨论的过程,注重学生综合实践能力的训练。先做人,后做事,做人和做事是相互联系、互为评价的关系。所谓观其事不如观其人,评其人不如评其事。"头脑风暴"形式的课堂活动,能培养和提升中职学生的创新思想和综合实践能力。在课堂活动教学中,可以让学生从不同的角度思考问题,既可以从案例本身的人物来思考,也可以从自身实际来思考,教师可以根据不同学生的自身特点来发挥学生的优势,关注学生思考问题的过程。学生要根据案例进行自我分析、在解释和讨论中自我归纳和提升。教师的主导地位很重要,教师要在"头脑风暴"中对学生的观点和案例的解读有所指导,帮助学生提高理解能力、分析问题和解决问题的能力,帮助学生独立思考,提高他们的语言表达能力、快速反应能力等综合实践能力。例如,在讲解第一单元第二课《职业理想的作用》时,引入教材案例故事"中职毕业生当上了汽车总装车间主管",组织开展"头脑风暴"讨论,教师在学生讨论的基础上进行总结,引出这一课的要点:学生要脚踏实地,一步一个脚印,成功之路始于脚下。

2. 围绕"职业生涯规划管理"教学的课堂活动设计

职业生涯规划管理的内容安排在第五单元,也是课程的收尾内容,旨在帮助学生学会管理、调整、评价、完善职业生涯规划,引导学生认真落实相关的职业发展和职业规划,学会用科学的态度来管理自己的时间和计划,掌握评价职业生涯规划的标准,完善职业生涯规划。

由于本单元是本课程的核心内容，从"制订"概念化的内容上升到"管理"实践和操作层面，这对于中职学生熟练掌握和运用本课知识点有一定的难度，教师可以继续采用"头脑风暴"形式的课堂活动，注重提升学生管理职业生涯规划的能力，掌握学习和运用职业生涯规划的方法。例如，讲解第五单元第一课《管理规划，夯实终身发展的基础》时，本课教学重点是："珍惜在校生活，奠定发展基础下"下的细化知识点——"强化时间观念，才能打好发展基"，教师可以抛出问题：同学们，你们在校的时间一共是多少天？除去双休日、节假日、寒暑假后还剩余多少天？你们计算过在校一天的生活是如何度过的吗？学习和学习之外分别各用了多少时间？你们觉得一天中哪些活动是有意义的，哪些活动是没有意义的？今后应该怎样去做呢？学生围绕一系列问题开始发表各自观点，教师通过分析和总结，帮助学生认识到时间是一种宝贵的资源，时间不会停止、不能被租用、不能被借用、更不能被存储起来。教师通过分析，要让学生感受到在校学习的两年时间非常短暂，一瞬即逝，如不懂珍惜，并且有计划地利用时间学好专业和技能，走出校门将一事无成。所以要学会合理地规划时间、分配时间和使用时间，实现自己在职业生涯规划阶段的阶段性目标和长期发展目标。

此外，在本课程新修订增改的教学内容中，加入了"为中国梦的实现发挥正能量"（第五单元第一课《管理规划，夯实终身发展的基础》第三目知识点的细化）的教学内容。党的十八大以后，"中国梦"的核心理念贯穿于整个德育教育，特别对于职业生涯规划来说，更是一条中心主线。新增教学内容从不同角度渗透社会主义核心价值观，引导学生将自己的职业生涯规划发展的梦想融入国家的发展中，即把个人的梦想"我的梦"融入"中国梦"中。中国梦让每一个中国人有梦想成真的机会，是一个令人振奋、令人向往的美好追求目标。对于这类充满了情感和激情的主题，教师可以采用"演讲展示"形式的课堂活动来开展新增内容的教学。

"演讲展示"即根据教师相关主题组织学生撰写演讲稿，在课堂活动中以演讲展示的形式向大家表达自己的想法。例如，讲解第五单元第一课《管理规划，夯实终身发展的基础》时，对于教学难点"为中国梦的实现发挥正能量"的讲解上，教师可以带领学生一起回顾之前的课程内容（涉及教材第一单元第一课课首案例：案例人物裴先锋，第二单元第一课文中案例：案例人物最美司机吴斌和文中案例：案例人物和张恒珍等案例故事），组织学生品读这些案例，结合自我感受,以"为中国梦的实现发挥正能量"为主题撰写演讲稿,并安排在课堂活动中进行展示。学生进行主题演讲时,要演讲出感情,演讲出激情,此时,教师要抓住学生在演讲时感人的瞬间和情节,绘声绘色地进行总结,并感染周围学生,师生一起共同发现演讲学生的内心世界,同时,教师也要注意引导学生进行归纳和总结。学生在演讲中所赋予的感情和迸发出来的激情与感染力能够进一步启发学生深入思考问题,在"演讲展示"形式的课堂活动中感悟和体会"中国梦"对"我的梦"的导向作用。

(三)"经济政治与社会"的课堂活动设计

北师大版教材《经济政治与社会》(第二版)共有五个单元,14课,32学时,知识点30目,细化知识点88处。开课时间为为中职第二学年第一学期。本课程围绕常见的经济现象、政治制度和共建和谐社会三大版块来开展教学,帮助中职学生认识我国社会主义经济建设、政治建设和社会建设的有关知识,提高辨析社会现象、主动参与社会生活的能力。本课程的第一单元围绕经济规律而展开,第二单元到第四单元围绕我国的社会主义政治制度、社会主义经济制度以及公民参与政治生活内容而展开,第五单元聚焦和谐社会的共建。结合对课程内容的分析和知识点的梳理,同时考虑到中职二年级学生在理解能力和认知能力都较一年级学生所有提升,归纳适用于本课程的课堂活动教学设计如下:

1.围绕"经济规律"教学的课堂活动设计

经济规律的教学内容是本课程的第一单元,也是本课程的基础。经济是政治、文化、社会的基础。教师要引导学生透视经济规律,懂得商品的交换和消费、企业的生产和经营、个人收入和理财等经济现象,帮助他们树立正确的消费观,增强诚信、效率、公平的意识。同时,中职二年级的学生已经有了一定的自我探究和对问题的分析能力,合作交流的能力也已经具备。所以,结合二年级学生的特点,教师课堂活动中可以多采用"情景模拟"(案例详述于第二章第2框)和"课堂调查"形式的课堂活动。

"课堂调查"形式的课堂活动是指教师在课堂中设计一个需要数据支持和分析的问题,并设计调查表,让学生现场作答,根据学生对于调查表的反馈情况,自我分析,自我提出解决方案。例如,讲解第一单元第一课《商品的交换与消费》中"消费和消费观"这一目知识点时,教师设计了如下调查表(见表1)。

表1　个人每月资产调查表(学生样本)　　　　(单位:元)

序号	原资产	收入(支出)	现资产	备注
1	0	500	500	当月零花
2	500	−80	420	当月游戏流量费
3	420	−100	320	当月早餐
4	320	−150	170	当月消费零食
5	170	−160	10	当月交通费

统计:
①当月最后结余多少?
②结余百分比是多少?
③分析你的消费行为中哪些为必要消费项,哪些为不必要消费项?
④请根据分析,重新制订下个月的消费计划,结合科学消费观谈谈如何让自己每月的资金节余达到20%以上?

学生现场完成当月资产调查表,并在教师讲解完"科学消费观"的概念后根据自己的真实数据进行现场分析。"课堂调查"形式的课堂活动能让学生在课堂中充分地进行思考和分析,并在彼此交流中取长补短,改进自己的消费方式。教师也可以在课后根据学生调查表的数据掌握动态,分析学情,为达成下一课的教学目标做准备。同时,调查和分析也增强了学生的逻辑思维能力,鼓励学生结合自身情况作出正确的判断。"课堂调查"形式的课堂活动把学生自身和实际情况结合起来,让学生有所悟、有所得、有所为。

2.围绕"政治制度"教学的课堂活动设计

本课程的第二单元至第四单元是围绕社会主义政治制度来展开教学,也是对学生进行思想教育的重点:引导学生认识我国社会主义政治制度的优越性,理解我国社会主义民主政治的特点和优势,认同我国民主政治的发展道路,拥护中国共产党的领导,并使学生逐步确立正确的政治方向,积极参与社会主义政治建设。

为了能充分调动学生的学习积极性,让学生感受政治学习的乐趣,可借助相关政治教学宣传或纪录片的展示,采用"小组合作"的课堂活动形式开展教学。例如,讲解第三单元第七课《我国社会主义政治制度》中"人民代表大会制度""我国的政党制度""民族区域自治制度"时,教师可以组织学生观看中央电视台新闻联播专题报道——"伟大历程"中《当家作主:人民代表大会制度的建立和发展》《中国共产党领导的多党合作和政治协商制度的建立与发展》和《中华大家庭：民族区域自治制度的建立和发展》三部纪实型短片，并布置小组任务（在观看短片的同时记录短片中的重要事件和关键时间点）。同时，让小组合作，通过视频资料、课本或网络资源厘清我国社会主义政治制度的相关内容，如人民代表大会制度的确立过程是怎样的，中国共产党领导的多党合作和政治协商制度的首要前提和根本保证是什么，民族区域自治制度的自治权主要有哪些内容，等等。每个小组做出一份汇报材料，在课堂中汇报本小组对我国社会主义政治制度的了解情况。教师根据每个小组的汇报情况进行补充和完善。"小组合作"的课堂活动形式可以让学生在搜集和整理相关资料的过程中加深对人民代表大会制度、中国共产党领导的多党合作和政治协商制度以及民族区域自治制度的认识和理解。同时，教师要积极引导，并穿插案例的讲解，让学生认识到我国社会主义政治制度的特点和优势，从而在情感上产生认同，坚定热爱社会主义政治制度的信念，树立为建设中国特色社会主义事业而奋斗的政治责任感和使命感。

3.围绕"和谐社会"教学的课堂活动形式

本课程第五单元是围绕建设和谐社会来展开教学的。社会主义和谐社会的建设是我国深化改革和发展的必由之路，同时，社会建设和人民的幸福安康息息相关，以改善民生为重点的和谐社会建设是我们党和国家当前和今后相当长时期所面临的一个重大历史任务。因此，本单元是学生要重点了解和学习的部分。

此单元的教学内容贴近学生生活，如学生看到自己身边的亲人享受的医疗保险和社会保险、自己或身边的同学享受的助学金资助政策和学费减免政策以及在新闻中看见政府为了保障人民的健康和人民的基本生活所采取的重要举措，能感受到党和政府对人民的关怀等。所以，教师可以结合单元教学内容，借助案例采用"情景模拟"形式的课堂活动进行教学。例如，讲解第五单元第十二课《关注改善民生》中"大力发展职业教育"的知识点时，教师可以在课堂活动中进行情景模拟，模拟一次企业招聘会，设立相关岗位并且拟定面试要求，组织学生在课堂活动中进行模拟面试。活动一：教师可以在活动中扮演"企业面试主官"的角色，首先介绍企业的生产经营、职工的工资待遇和福利待遇等情况，接着介绍本次招聘的要求，如专业、性别、人数等条件，最后介绍本次招聘的岗位需求和对应岗位,以及刚毕业的实习生实习阶段在该岗位所能享受的待遇、加班补贴、住宿条件等情况,并欢迎各位同学能加入面试。活动二:组织学生开展面试活动(面试者和面试主考官都由学生扮演),面试者们作自我介绍,时间控制在1~3分钟。活动三:教师可以引导面试官们对面试者展开提问,要求提问的问题有针对性,内容涉及专业和非专业问题。活动四:模拟活动结束后,教师对整个活动和学生表现做点评,总结在面试过程中学生的得与失。教师要善于控制活动的进程,注意观察,及时留意在活动过程中出现的问题,积极引导学生树立正确的成才观,提高学生对今后求职和学习的信心。这个情景模拟活动重在让学生参与和体验,让学生了解整个面试过程,从而在平时的学习中更加注重对自己的锻炼,提高自身的应变能力、语言表达能力,注重提升自己的职业道德,培养吃苦耐劳、团队合作精神。学生在课堂活动过程中能感受到企业对于职业技术人才的渴望和需求,也对国家大力发展职业教育的意义以及职业教育是基础教育和高等教育所不能替代的意义有了更深刻的感悟。

(四)"哲学与人生"的课堂活动设计

高教版教材《哲学与人生》(第三版)共有五个单元,15课,32学时,知识点30目,细化知识点90处。开课时间为中职第二学年第二学期。本课程把马克思主义哲学和人生发展的历程结合起来,启发学生用哲学的思辨来思考和感悟人生。二年级第二学期的学生面临学期末的企业顶岗实习,在人生的选择上也面临着是继续参加三校生高考提高学历,还是参加工作、边工作边进修的问题。本课程旨在帮助学生学习并运用辩证唯物主义和历史唯物主义的观点和方法正确看待自然、社会的发展,正确处理和认识人生发展中的基本问题,正确做出适合于自己的人生选择和发展方向。

在教学过程中,笔者认为教师通常会遇到或反思这样三个教学问题:其一,哲学的问题和人生发展的问题属于比较抽象的概念,如何在课堂中把抽象的概念让学生具体化理解?其二,如何在课堂教学中体现马克思主义哲学的特点?其三,矛盾规律是唯物辩证法的实质和核心,在人生选择过程中处处存在矛盾,同时,矛盾也是贯穿于本课程的教学始终,如何在课堂教学中教会学生认识矛盾、解决矛盾,用辩证的观点看问题?笔者尝试使用课堂活动教学来解决上述三个问题,在课堂活动教学时采用"课堂辩论"(指以学生为主体,组织学生围绕特定论题以正、反两方开展辩论,可以采用辩驳、问难、陈述等形式进行,在辩前准备和辩论中让学生互相学习,提高能力)的形式。具体分析如下:

1.让抽象的概念具体化

本课程的哲学内容涉及马克思主义哲学中的辩证唯物论部分,这是马克思主义哲学体系的理论基础和逻辑起点。坚持一切从实际出发,是马克思主义哲学唯物论的根本要求,要把理论落实到实践中,让抽象的哲学概念具体化;人生的发展充满未知数和变化,对于中职学生来说,走出怎样的人生道路,在人生的成长过程中如何发展自己,不仅是自身和家庭非常关注的问题,更是关系到国家发展的未来。所以学生要用哲学的观点来正确思考和感悟人生,摆脱天马行空的"人生大道理"或是所谓的"过来者经验"。每个人的人生都是不同的,每个人的人生都是精彩的,让学生能真正找到属于自己的人生发展轨迹,总结出自己的人生哲学,这就需要让人生发展的问题真实落地。把本课程中抽象的概念具体化,对于中职学生的学习而言非常重要。

"课堂辩论"的活动形式开展本课程的教学,能让学生围绕辩论主题自行搜集辩论材料,撰写论点陈述。在材料准备过程中,学生努力地寻找实践案例去论证或反证自己的观点或反驳对方的观点,这就让抽象的理论概念具体化落地;同时,辩论的过程能让学生充分地投入到人生发展和哲学思辨的氛围中去,通过正、反双方观点的碰撞,引证、例证促使学生能够从实际出发来思考问题,让抽象概念具体化;辩论赛后的反思,让学生有所体会和感悟,这能加深对于抽象概念的理解,更能懂得用实证去践行的重要性。

2.体现马克思主义哲学的特点

在哲学发展的历史进程中,产生的哲学流派众多,衍生出的思想理论更是丰富多彩。马克思主义哲学是在哲学世界中的一颗闪亮的金星,是关于自然界、社会和思维发展一般规律的学说,马克思主义哲学坚持唯物论和辩证法的统一,坚持唯物主义在历史观上的统一,是在分析资本主义社会的发展趋势和总结工人阶级斗争实践的基础上创立并发展起来的,更是为全世界的无产阶级解放了思想,提供了指导。对于中职学生来说,这是他们第一次在课堂上正式接触哲学,是哲学的启蒙课,而哲学又是方法论和世界观的学说,对他们今后的人生有着重要的启迪和引领作用。所以在教学过程中,教师要引导学生学习和运用辩证唯物主义、历史唯物主义的观点来思考人生。

在课堂活动教学中采用"课堂辩论"的形式能更有针对性地突出马克思主义哲学的特点。其一,马克思三义哲学是唯物主义和辩证法的统一、唯物主义自然观和历史观的统一。教材在很多的知识点上就突出了两个统一,这样辩题的取材和选择范围就很广,选择就很多。其二,学生在辩题的论证前期准备和进行过程中会搜集相关的正、反案例进行对比。学生进行论证时,要一切从实际出发,实事求是,并且与时俱进,这样的观点论述才更有说服力。而在论证的准备和进行过程中,都集中体现了马克思主义哲学的世界观和方法论的根本要求,学生也能在这个过程中感悟到马克思主义哲学的精髓。

3.学会用唯物辩证的观点看问题

学会用唯物辩证法的观点分析和思考在人生发展中遇到的问题是本课程学习的核心。人生处处充满了矛盾,而矛盾又是人生不断发展的动力,要用联系和发展的眼光分析问题和思考人生,这些都是唯物辩证法的基本观点和方法。

教师在课堂活动教学中采用"课堂辩论"的形式要以唯物辩证法为指导,帮助学生学会树立积极向上的人生态度,正确对待和处理人际关系,正确对待人生发展过程中的顺境和逆境,正确看待人生发展中的矛盾。例如,讲解第四单元第十一课《社会理想与个人理想》时,理想与现实的关系,是本课的教学难点。教师可以在课前让班级学生准备好辩题"中职学生应先追求理想还是先注重现实?"的正、反双方的辩论材料(为讲解理想与现实的矛盾做准备);把班级分成两个小组,前排三名辩手,每小组派出一名代表,上台抽签决定正、反方,双方学生做简短自我介绍,组织学生就"中职学生应追求理想还是先注重现实?"展开辩论;在趣味辩论赛中,学生或引用托尔斯泰的名言:"理想是指路明灯,没有理想,就没有前进的方向,没有方向,就没有生活。"或引用雨果的语录:"人有了物质才能生存,人有了理想才谈得上生活。"课堂辩论既可以引出理想与现实的矛盾,又可以引出两个"极端错误"。通过分析正、反双方的观点,学生自己得出正确结论,教师接着点评,师生共同努力化解难点。"课堂辩论"的课堂活动形式不仅让学生通过体验感悟、实践探究对知识点加深理解、深化认识,也教会学生运用唯物辩证的观点看问题,树立积极的人生态度。

高中生公共参与素养培育的实践研究

上海市第五十二中学　胡　颖

　　培育和践行社会主义核心价值观,既是大力提升国民素质的核心要义,也是学校教育事业落实立德树人根本任务的应有之义。这一要求确立了立德树人的价值依据和价值标准,明确了公民必须恪守的基本道德准则。就学校教育而言,社会主义核心价值观是新时期的教育方针,对于课程目标的确定与选择具有重要的指导意义①。

　　2014年教育部颁布的《关于全面深化课程改革　落实立德树人根本任务的意见》指出:研究提出各学段学生发展核心素养体系,明确学生应具备的适应终身发展和社会发展需要的必备品格和关键能力。随着课程改革的深化推进,核心素养已经成为当下中学课程教材教学改革的最为热门的话题,一些专家学者把核心素养作为素质教育再出发的起点,甚至把其当作寻求国民教育基因改造的关键DNA②。

　　就学科教学而言,落实好学科核心素养的具体内容,无疑是保证学科教学正确价值定位以及取得教学实效的关键一环。高中思想政治学科是高中阶段的一门必修课程,理应承担着对学生进行核心素养培育的重要任务,同样也有着与学科特质相匹配的对学生进行核心素养培养的具体内容。经过专家学者的广泛深入研讨,思想政治学科的核心素养大致集中在"政治认同、科学精神、法治意识和公共参与"等几个方面。

　　党的十八届三中全会提出,我国全面深化改革的总目标是完善和发展中国特色社会主义制度,推进国家治理体系和治理能力现代化。这突出了公民在国家中的主体地位,体现了公民在国家、社会事务中作为主体的一员不可或缺的地

---

　　①崔允漷:《追问"核心素养"》,《全球教育展望》2016年第5期。
　　②钟启泉:《核心素养的"核心"在哪里——核心素养研究的构图》,《中国教育报》2015年4月1日第7版。

位,意味着公民在构建社会主义和谐社会中需要发挥更大的积极作用。然而,公民要成为国家和社会治理主体,离不开公民对公共事务的积极参与,也离不开一定的公共参与知识和能力,尤其是在政治参与过程中的有序性,对于实现公共利益,增进公共福祉有着重要的意义。这也要求我们的公民具备很高的参与素养。因此,培养想参与、会参与的公民,提高公民的公共参与素养显得更加必要。随着改革开放的深入和经济的发展,公民的自我意识逐渐觉醒,权利意识和利益意识越来越强。公民公共参与的动机比较复杂,如果利益的表达和权益维护的方式不够恰当,就不能取得良好的效果。因此,提升中学生的公共参与素养,既是构建社会主义和谐社会的需要,也是培养现代公民的需要。

笔者以"高中生公共参与素养培育的实践研究"为自己的研究课题,对高中思想政治教学过程中学生公共参与素养培养进行实践探索和思考,旨在为当前工作在教育第一线的高中政治教师提供些许启示和帮助。

一、高中生公共参与素养培育的意义

思想政治学科是一门智育与德育内在一致的学科,是在高中阶段面向学生进行马克思主义、毛泽东思想、邓小平理论、"三个代表"重要思想、科学发展观、习近平新时代中国特色社会主义思想以及社会主义核心价值观教育的主渠道、主阵地。因此,思想政治学科要尤为重视对学生核心素养的培育,落实好立德树人的根本任务。

思想政治学科的核心素养包括政治认同、科学精神、法治意识和公共参与四个方面。这四者在内容上和逻辑上是相互统一、相互依存的,它们共同构成了一个有机的整体:锤炼有政治立场、理性思维、遵规守纪和责任担当的现代公民,这既是国家立德树人任务的必然要求,同时也是个体实现自我完善、自我发展的必然要求。

公共参与是法治意识的必然表现,也是政治认同和科学精神的必然结果,是培养有担当、有情怀的中国公民的必要准备。培育高中生的公共参与素养有助于引导学生生成人民当家作主的责任感与使命感,有助于学生了解有序参与公共事务的途径、方式和规则,有助于学生积累民主决策、民主管理、民主监督的实践经验,有助于学生提高对话协商、表达诉求、解决问题的能力,因此高中生公共参与素养的培育具有十分重要的理论意义和现实意义。

（一）有助于学生生成人民当家作主的责任感与使命感

教育不是未来生活的准备，教育的本身就是生活。学校教育应该让学生走出象牙塔，在实践中融入社会，成为有责任感和使命感的社会公民。其中，思想政治课应当发挥重要的指向功能。

中小学开设的道德与法治课是学生进入高中前接受思想政治教育的主阵地，同时也是学生接受德育教育的主阵地。出于学生年龄以及自制力等多方面因素考虑，道德与法治课在教学形式上大多以课堂教学为主，学生能够亲身实践的机会较少。在教育内容上侧重的是学生作为一个社会个体的道德行为和道德准则的习惯养成，如孝敬父母、尊重师长、友爱同学、热爱大自然等。通过长期的熏陶，学生对此已有了基本的价值判断和价值认同，但作为一个社会人应具有的公共意识较为薄弱，因为学校教育大多局限于对学生社会规范意识培养的范畴，即社会个体在社会生活中应当遵守的公共秩序。如"七不"规范、中小学生行为准则，规定学生应如何遵守社会规章制度，约束自己的行为，而对于学生在思想上和行为上可以怎样做来融入社会生活中，即学生如何以国家主人翁的姿态主动地参与到公共生活中的意识培养就相对弱化了。

天下兴亡匹夫有责，社会的文明进步需要全社会的共同努力，学生人群作为国家未来的希望，更应当积极主动地融入社会生活中。因此，重视学生公共参与素养的培育在当前是必需且必要的，能够帮助学生将知识与实践相结合，通过社会实践活动走出校园，接触社会；并且通过提升社会实践活动的内容层次和能力要求，可以使学生能够化被动为主动，以一个社会人的身份积极参与到公共生活中，积累生活经验，增强主人翁意识，并在实践中生成人民当家作主的责任感与使命感。

如何使学生主动地承担起未来当家人的责任与使命，就需要教师在价值取向中加以引导。随着社会经济的发展，人们的生活水平正在不断地提升，社会的主要矛盾已从人民日益增长的物质文化需求和落后的社会生产之间的矛盾转变为了人民日益增长的美好生活需要和不平衡不充分的发展之间的矛盾。我们所面对的学生正是在美好生活中成长起来的，他们是改革开放成果的受益者，但是如果单纯地告诉学生"如今你们生活得多么幸福"并不能让学生完全信服，也不能激起学生的主人翁意识和爱国情怀。因此作为教师,我们应当引导学生意识到当前我们享受到的高质量生活,是父母一辈人脚踏实地、努力拼搏出来的,但是光靠一辈人的努力是远远不够的,需要一代又一代的中国人接续奋斗;我们应当使学生从原来仅是受益人的角色转变为接班人,成为国家发展的参与者和建设者,在参与中增强责任意识和使命感。

(二)有助于学生了解有序参与公共事务的途径、方式和规则

不少学生对于高中政治果的认识仅仅停留在死记硬背上。诚然,政治的许多知识点的确需要识记,然而识记仅仅是起了"搬砖"的作用,更重要的是要学会思考问题的方法和提高思维能力,只有理解、掌握并学会在实践中加以分析、应用,才能建起"高楼大厦",否则只能是一堆毫无用处的"砖"。

随着上海高考制度的改苴,高中学生由原来的"3+1"选课模式,转变为"3+3"的选课模式,即语、数、英之外,在政、史、地、理、化、生六门中任选三门。以往"3+1"模式下还能够靠死记硬背生搬硬套的方式来学习,而如今"3+3"的压力下,时间和精力都不允许学生走老路。故而对于是否选择政治这门课出现了两极分化:一类学生认为虽然目前政治成绩不错,优于其他几门小科目,但考虑到高三学习时,政治的背诵会占用自己大量的精力,因此不会选择,这就让政治学科流失了许多质优生;另一类学生目前政治的成绩不算好,但自己的其他几门小科目成绩都不出彩,在排名中没有优势,选无可选之下选择了政治。这在无形之中,加大了政治教师的教学难度。

面对这一现状,教师在关于公共参与等政治常识的教学过程中,应该做出积极的转变。如果一味地靠满堂灌、题海战术只会让学生产生排斥心理,与政治越走越远。教师首先要做的就是尊重学生在教学中的主体地位,激发学生学习政治的主动性,拉近学生对公共参与的心理距离,才能让他们在积极主动的思维中逐步提高思维能力,进而愿意参与课堂教学中。

例如,沪教版教材《思想政治》高二年级下册拓展型课程"政治参与"中的教学内容相对于来说较为枯燥,为了引起学生的兴趣,笔者在教学设计时以当时的热点新闻"PX"事件为背景材料,让学生讨论、猜测当地民众表达诉求的方式。有学生脱口而出静坐、上街游行等,其他学生哄堂大笑,而当告知上街游行是公民的权利,并且《中华人民共和国集会游行示威法》以法律的形式保障了这一权利

的实现,课堂里一片哗然,因为在学生已有的认知中将上街游行这一行为打上了负面消极的标签。但当笔者随即追问学生:"如果你采取上街游行的方式来表达自己的诉求,那么在此之前需要做哪些准备?"此时学生的答案大都不太确定,这说明学生对于公共参与的方式和规则存在着盲区或者是误解,当被问及"如果你是当地民众,你会如何表达自己的诉求?",大部分学生选择通过他们比较熟悉的网络渠道,但也有学生担心网络传播会因断章取义而造成原意曲解甚至不可控的情况出现。在本课的最后,笔者将知识内容与学生实际生活相结合,询问学生对于校园生活有何意见和建议,学生回答得非常踊跃,诸如食堂的饭菜不合口味、图书馆的开放时间过短、希望增设社团的数量等。但当问及是否向学校反映时,学生都表示不知如何反映,当笔者再问及班级里是否有学代会代表、团代会代表时,学生都恍然大悟。

可见,学生其实并不了解如何有效地表达自己的诉求,这就说明了解有序参与公共事务的途径、方式和规则是培育高中生公共参与素养的必要前提。这就需要政治教师通过贴近学生生活和心理需要的课堂教学和实践活动取消学生心中的成见,从而帮助学生更好地了解有序参与公共事务的途径、方式和规则。

(三)有助于学生积累公共参与的实践经验

人的全面发展是马克思始终关注的问题,人的全面发展学说是马克思主义体系中最具生命力的部分,它是一个完整的思想体系,内涵十分丰富。

随着时代的发展,社会需要的人才也越来越多元化,对于人才的要求也越来越高。作为人才成长的摇篮,学校教育要顺应时代的变化并做出积极的调整,帮助学生积累丰富的公共参与实践经验,从而使他们在踏上工作岗位时能够灵活有效地应对未来社会的各种变化和挑战,能够有底气在未来全球化的竞争中占据主动地位。

在学生公共参与实践经验积累和能力培养方面,学校教育要以培养学生"扎实的学力"为着眼点,以促进学生终身发展为目标。这里的"学力"不仅指学习知识的能力,也指实践的能力、生活的能力。虽然我们的中小学也注重学生的社会实践活动,但成效并不理想。上海的中小学在寒暑假期间会要求学生以小队为单位前往所在街道社区开展"雏鹰假日小队"活动,旨在让学生在课余时间参与社区的公共生活,丰富自己的公共参与实践经验。但是在实际操作中往往得不到预期的效果。由于学生大多是在假期里被要求参与公共生活,因此能够或者愿意在街道提供志愿服务的连续性不足,这也导致了街道提供给学生的岗位往往是简单的打扫清洁类工作。加之每年的假期活动的形式雷同,久而久之学生参与社区公共生活的热情下降,效果自然就大打折扣。我们需要探寻行之有效的方式来帮助学生积累公共参与的实践经验。例如,可以在高年级开设缝纫、料理等课程,由高年级的学生为低年级的学生发放午餐,校园内公共场所(包括公共厕所)的打扫由学生自主完成。这些校园生活中的公共事务,可以培养学生的生活能力,帮助学生积累公共参与的实践经验,让学生以校园主人翁的角色主动参与公共生活。

(四)有助于学生提高对话协商、表达诉求、解决问题的能力

随着上海高考制度的改革和学生综合素质评价制度实行,"唯分数论"的价值观正在转变。当学生成为综合素质评价的主体时,学校和教师的角色和教育行为也要发生相应的改变,不应局限于知识本体的传授,还应为学生搭建更广阔的平台,让他们能有机会锻炼自己的能力,积累与人相处的实践经验,学会如何对话协商、表达诉求、解决问题。

社团是学生在校园生活中不可或缺的有机组成部分,也是让学生能够在学校内体验公共生活、进行公共参与的有效途径。社团活动形式多样,贴近学生的兴趣爱好,并且社团打破了固定的行政班的模式,学生可以跨年级、跨班级开展社团活动,这让社团成为学生展示自我的第二课堂,也为学生今后走上社会参与公共生活奠定了扎实的基础。不同于传统的班级管理,社团的日常管理、运行由学生自主完成,教师仅仅承担技术指导工作,这充分展现了"生本位"的理念。学生可以在社团活动中展现自己的一技之长,找到兴趣相同的伙伴,扩宽思维,增强团队意识和自信心。例如,笔者曾经指导过校内的模拟联合国社团,在这个社团中,学生需要扮演各个国家的外交官参与到"联合国会议"当中。通过亲身经历联合国会议的流程,例如阐述观点、政策辩论、投票表决、做出决议等,熟悉联合国的运作方式,了解国际大事。在社团活动中,社员们根据大会主题与本国立场撰写立场文件阐述本国的观点与诉求,并且通过有组织磋商或无组织磋商与其他各国对话协商,在此过程中求同存异发现问题,并尝试解决问题以尽可能多地争取到本国最终立场文件的附议者。立场文件形成的背后需要社员搜集大量

的资料,并且对当前各国的关系有一定的了解和判断,模拟与会的整个过程也是学生了解国际事务、表达观点的过程,并在公共参与的过程中提高了对话协商、表达诉求、解决问题的能力。

二、高中生公共参与存在的问题分析

为了更好地了解高中生公共参与的现状,笔者设计了一份高中生公共参与情况的调查问卷,内容涉及学生的基本信息、对于高中生公共参与情况的态度与评价、公共参与的主要途径等。该问卷通过问卷星平台发放,共计回收问卷268份(其中,受调查者的男女性别比例分别为43.28%和56.72%;高中三个年级学段比例分别为23.13%,42.91%和33.96%)。笔者通过分析问卷数据得出,当前高中生主要存在公共参与自主性不强、公共参与相关知识缺乏、公共参与渠道有限、公共参与能力欠缺等问题。

(一)高中生公共参与的意识不强

通过调查发现,90%以上的学生表示有过参与公共生活的经历,但其中有近一半的学生表示公共事务与自己关系不大。尽管上海的高考改革制度将综合素质评价体系中的社会实践活动学时作为高中学生被高校录取的参考依据之一,但在实际操作过程中,还是存在着学生被动参与的情况,这就出现了虽然高中学生公共参与的范围较广,但公共参与意识却不强的矛盾现象。

1.高中生公共参与的自主性不强

在对"中学生以学习为主,公共事务和中学生关系不大"的调查中(见图1),仅有54.48%的高中生明确表示不赞同这一观点,认为公共事务与中学生有联系。有超过30.00%的高中生(11.94%的高中生非常同意,20.52%的高中生基本同意)明确表示了同意这一观点,认为中学生与公共事务的关系不大。

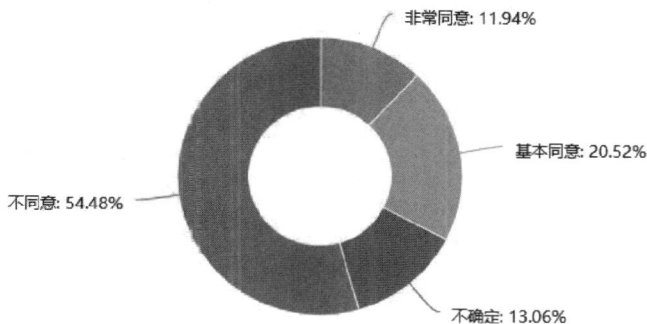

非常同意: 11.94%

基本同意: 20.52%

不确定: 13.06%

不同意: 54.48%

图1 对于"中学生以学习为主,公共事务和中学生关系不大"观点的态度调查

笔者认为,导致当前高中生公共参与自主性不强的原因在于:一方面,在现行的小学、初中的评价体系中,侧重的是对学生知识掌握水平和行为规范的衡量,而对学生自主参与社会公共生活缺乏及时性、量化性的评价。这就造成了不少学生会在主观意愿上认为除学习以外的其他事务与自己的关系不大。另一方面,学生的课余时间、精力多用于课业的学习,这就在客观上造成了学生除学习以外没有多余的精力和时间参与公共生活。基于此,高中学生较少存在自主自愿参与公共生活的情况,公共参与的自主性不强。

2.高中生公共参与的态度被动

尽管在之前的调查中,超过30.00%的学生表示中学生与公共事务的关系不大,但90%以上的学生都承认自己有过公共参与的行为(见图2)。这一数据的前后矛盾或与上海高考制度改革存在着一定的关系。

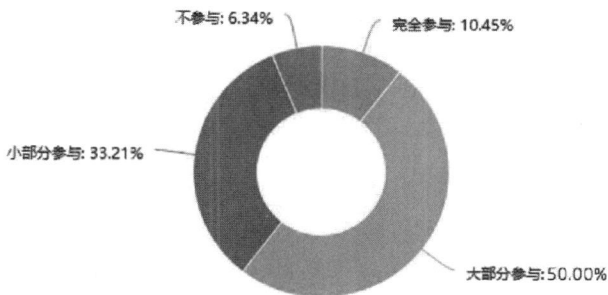

不参与: 6.34%

完全参与: 10.45%

小部分参与: 33.21%

大部分参与: 50.00%

图2 对高中生公共参与程度的评价

2014年起,上海在全国范围内率先实行了高考改革制度,新高考制度引入了高中学生综合素质评价体系。根据综合素质评价的要求,每一位学生在高中阶段都要完成60学时的社会志愿者服务。学生进行志愿服务的场所必须事先在博雅网上注册成为志愿服务基地,并由基地发布志愿者岗位,学生报名后需要基地确认方可进行志愿服务,完成志愿服务后再由学校导入学生名单,最后基地确认考勤。

在实际操作过程中,学生是无法通过本校注册的志愿服务基地来完成志愿者服务学时认证的,也就是说,学生必须走出校门进行志愿者服务活动,这让高中志愿者活动发生了积极的变化。首先是参与人群更广泛。原来的志愿者活动参与的对象主要集中在学生干部群体,现在拓宽到了每一位学生,大家都有机会走出校门体验不同的岗位。其次是服务内容更多元。志愿者活动不再局限于学校组织的校内活动,社会资源成了有力支撑,学生可以选择的服务岗位更加多元化;最后是数据统计更科学。过去的志愿服务记录多用"经常""热衷""积极"等较为模糊的词来给予学生评价,现在通过博雅网可以清晰地看到某位学生于何时何地参加了何种志愿服务以及志愿服务总时长,较之以往更加数据化、规范化。从一定程度上来说,高考改革为高中生公共参与提供了制度保障,在高中生公共参与主要途径的调查中,志愿服务的确成了高中学生公共参与的主要途径之一。

然而,现实中也存在着学校主动、学生被动的情况。在"高中生公共参与态度"的调查中(见图3),主动寻求机会参与的仅占总调查数的四分之一,剩余四分之三的学生处于"被动状态"。造成这一现状,既有学生自身的内部原因也有学校的外部原因。

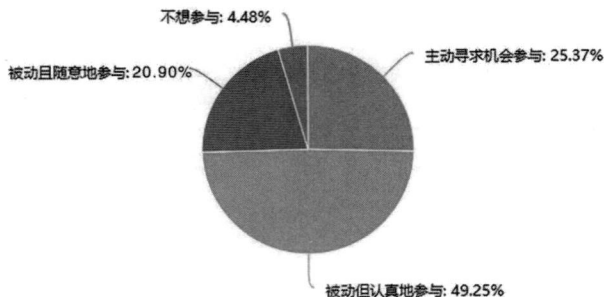

不想参与: 4.48%
被动且随意地参与: 20.90%
主动寻求机会参与: 25.37%
被动但认真地参与: 49.25%

图3 高中生公共参与态度

造成学生被动参与公共生活的内部原因在于一些高中学生存在着功利化的心态。由于部分学生持续参加志愿活动不是出于主动奉献的公益精神而是为了完成综合素质评价中提出的60学时志愿服务时长的硬性指标,所以就容易出现功利主义,即用"学时"作为标尺来衡量志愿服务的价值,学时多的志愿者活动就积极报名参加,学时少的志愿者活动勉强参加,没学时的志愿者活动不愿参加。在实际操作过程中,学校的许多大型活动都需要由学生担任志愿者,但出于公平公正的原则,博雅网系统目前还未认可学校发布志愿者岗位给本校的学生,如此一来,校内的志愿者活动就是没有"学时"的。零学时的志愿者招募常常会遭遇无人问津的尴尬。

由于基地发布的岗位量远低于在校学生的需求量,并且基地发布的时间大多是学生在校学习的时间,所以往往只能由学校帮助学生"抢"岗位,再告知学生可供选择的服务时间、地点、内容。可供学生选择的内容相对较少,这与想要学生根据兴趣和能力自主选择志愿服务的初衷有些背离,不少学生只能被动地参与兴趣不大的志愿岗位服务,或是在60学时内单一地重复同一岗位的志愿服务内容。因此就容易出现学生被动参与公共生活、缺乏公共参与主动性的情况。

(二)高中生公共参与的相关知识欠缺

通过问卷分析得出,高中生关心公共事务的出发点主要是个人的兴趣,即首先满足个人的兴趣爱好,而不是从一个社会人的角度出发,社会责任感较为缺失,并且高中学生受自身知识结构、思维水平的限制,对公共参与的认识具有局限性,不了解民主决策、民主管理、民主监督的方法和规则,所以出现了主观上疏远政治参与活动的现象。

1.侧重应试考虑,社会责任感缺失

在关于"关心公共事务的主要出发点是什么?"的调查中,有48.13%的学生选择了出于个人兴趣,有26.49%的学生是出于应试考虑,仅有25.00%的学生是出于社会责任感。调查结果见图4。

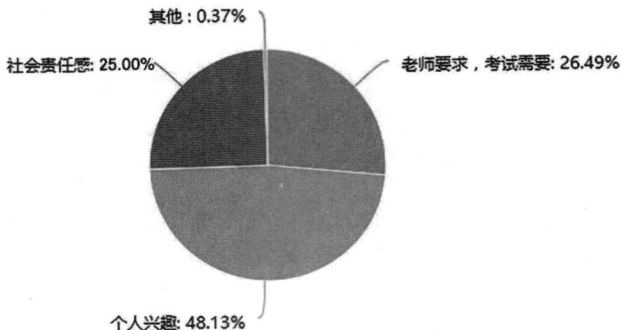

其他：0.37%

社会责任感：25.00%

老师要求，考试需要：26.49%

个人兴趣：48.13%

图4　高中生关心公共事务的主要出发点

近五成的学生选择根据个人兴趣来关心公共事务，这对教师来说，特别是教学经验尚浅的年轻教师来说是一个很好的启示。在备课的过程中，教师可以将近期学生的兴趣点与教材的内容相结合，从中挖掘出值得探讨的热点问题，这对于思想政治课教学的有效性和针对性会有很大的提高，但与此同时对教师的专业素养和教学智慧提出了挑战，教师在备课的过程中需要了解当前学生的思想动态以及与之相关的主流、非主流观点和信息，在上课的过程中要处理好预设和生成的关系，抓住学生思想的闪光点来解决学生的困惑，并且教会学生如何正确地看待问题，从而提高思想政治课的信服力。

除此之外，有超过四分之一的学生出于应试的角度关心公共事务，只有四分之一的学生出于社会责任感而关心公共事务。一些学校对学生的评价以考试成绩为主。一些家长在孩子在上幼儿园前就为孩子规划好了一条"牛娃"成长之路，为的就是要抢占优质的教育资源，公共精神的缺失在高中生的身上有所体现。所谓公共精神，"指的是一种关心公共事务，并愿意致力于公共生活的改善和公共秩序的建设，以营造适宜人生存与发展条件的政治理念、伦理追求和人生哲学。"①公共精神的缺失会表现为以自己的利益为中心，而漠视社会公共利益，社会责任感缺失，这既是独生子女家庭的孤独感造成的，也是学生受年龄阅历限制，不懂得要从社会一分子角度考虑问题造成的。

2.对于公共参与的认识局限，疏远政治参与

在"你主要通过哪些途径参与公共事务？"的调查中（见图5），仅有不到一成

---

① 胡象明、唐波勇：《危机状态中的公共参与和公共精神——基于公共政策视角的厦门PX事件透视》，《人文杂志》2009年第3期。

的学生选择了政治性途径。在教学过程中,笔者也发现相对于经济常识和哲学常识而言,学生认为政治生活离自己很遥远,因而对政治常识存在疏离感。事实上,学生在学校以班级为单位开展学习生活,由班内学生共同讨论制定班规,值日生负责在课间打扫教室卫生,这些都是在进行民主管理、民主决策即政治参与,但学生对于民主决策、民主管理、民主监督、民主选举等政治参与的概念在理解上存在一定的难度,并很难将抽象的知识与自己的实际生活相联系。这恰恰提醒了教师不能执着于传统的讲述式的教学方法,而要转变教师为主导的教学模式,"纯知识化"的教学已经远远不能满足现在学生的需求,强行灌输不仅会导致课堂气氛沉闷,也达不到预期的教学效果。因此只有让学生加入到课堂中来,鼓励学生思考并为他们提供思考的方法,让学生能够成为课堂的主体,才能达到提高学生能力的目标,进而达成培育学生公共参与素养的最终目的。

第10题:您主要通过哪些途径参与公共事务？ [多选题]

选项	小计	比例	
网络平台	185		69.03%
大众传媒	102		38.06%
学校组织的相关活动(社会实践、志愿者服务等)	192		71.64%
社区或组织	106		39.55%
座谈会、民意调查等社会性途径	37		13.81%
选举、评选、投诉、听证等政治性途径	26		9.70%
其他 [详细]	0		0.00%
不参与	8		2.99%
本题有效填写人次	268		

图5　高中生参与公共事务的途径

(三)高中生公共参与的渠道有限

当前高中生了解公共信息的渠道主要集中在网络平台,同时也主要通过网络平台进行线上的虚拟公共参与活动。现实生活中的公共参与实践活动主要是依靠学校组织的社会实践活动,但其内容比较单一,主要集中在环境卫生的维护、公共秩序的维护以及慰老助残等方面,对于诸如空巢老人、共享单车管理等社会生活中出现的实质性问题解决的公共参与渠道还比较少见。

1.公共信息获取的渠道多元

随着信息技术的迅猛发展,如今社会已经进入了"互联网+"的时代,现在的高中学生可以说是这个信息时代的准"土著居民",在他们成长的过程中,手机、平板电脑等新媒体终端已经成为生活不可分割的一部分,他们享受着网络时代带给他们的便捷。调查结果的数据显示(见图6),有超过八成的学生表示网络平台是他们获取公共信息的主要渠道。除此之外,电视广播、社区或政府公示、报纸杂志等也成为学生获取公共信息的渠道。由此可见,在信息爆炸的今天,学生获取公共信息的渠道正呈现多元化的发展趋势。

第6题:你主要从哪些途径了解公共信息? [多选题]

选项	小计	比例
社区或政府公示	133	49.63%
手机、平板电脑等新媒体平台	219	81.72%
报纸、杂志	116	43.28%
电视、广播	168	62.69%
道听途说	77	28.73%
其他 [详细]	5	1.87%
本题有效填写人次	268	

图6 高中生了解公共信息的主要渠道

2.公共参与的渠道局限

除了网络平台,学校组织活动是高中学生公共参与的主渠道。而选举、听证等政治性渠道以及座谈会、民意调查等社会性渠道成了"非主流"。一方面,随着信息科技的进步,手机和电脑已经成为人们生活的必备品,是学生获取信息的主要渠道,加之网络的匿名性、及时性、开放性,学生也习惯在获取信息的同时进行转发或者评论,表达自己的立场和观点。另一方面,由于高中学生一天中大部分时间是在学校度过的,学校组织的相关活动是学生接触社会获得信息的另一条主要渠道。但总体而言,学生的公共参与较为有限地集中在网络平台和学校两大渠道。

(四)高中生公共参与的能力不足

高中生公共参与的能力和知识水平会直接影响到公共参与活动是否能够达到预期或应有的效果。高中生只有在掌握了公共参与的规则和程序等,有了公共参与的实践经验,具备了一定公共参与能力的基础上,才能够真正做到依法、有序、自主、理性的参与,实现当家作主。就调查结果来看,当前高中生的公共参与能力尚缺,主要体现在辨别信息真伪的能力与理性参与的能力欠缺。

1.辨别信息真伪的能力不足

调查问卷的数据显示,在接受调查的高中生中仅有32.83%的学生表示需要通过理性分析来确认所获得信息的真实性。其余的近七成受调查者表示相信甚至完全信赖所获取的公共信息。调查结果见图7。

第8题：对于你从相关途径获取的公共信息，你认为 [单选题]

选项	小计	比例
非常真实，完全信赖	24	9.06%
基本真实，比较相信	154	58.11%
真实性有待考证，要自己分析	87	32.83%
本题有效填写人次	265	

图7 高中生从相关途径获取的公共信息的辨别真伪能力

如今信息渠道呈现多元化，价值取向也呈现多元化，由此产生的信息必然是大量且多元的。不少网络平台为了增加点击率，往往会用夸张的标题博取大众的眼球，与事实真相其实并不完全符合，想要在纷繁复杂的信息表象背后揭开事件的真相就需要有冷静的头脑、完备的知识和精准的分析判断能力以及丰富的生活经历，而这恰恰是高中生在现阶段很难完全具备的，他们尚处于世界观、人生观、价值观逐渐形成的年龄阶段，加之自身知识体系的不完善以及社会阅历尚浅。这些因素导致了高中生在接受信息的过程中会倾向于选择与自己现有价值水平和价值取向相契合的信息，而忽视其他信息，这既增加了对所获取信息辨别真伪的难度，也增加了对所获取信息的有效性做出合理判断的难度。

2.理性参与的能力不足

在对高中生通过相关途径了解到相关公共事务后，对行为的赞同程度进行调查的结果表明，虽然只有10.00％的学生表示不会对公共信息进行转发或评论，但仅有50.00％的学生明确表示不同意通过发表公共信息来发泄自己的情绪。可见学生在网络平台上获取的信息是非亲身经历而获得的感性信息。感性信息就有真实性与谬误性之分，需要用科学的思维方法辨别后，再表达自身的观点，才能确保观点的合理性。而学生由于自身阅历尚浅，理性意识不足，往往会出现人云亦云的情况。但这样的非理性表达并不能够达到有序政治参与应有的目的，有时反而起到适得其反的效果。

三、高中生公共参与素养培育的实践策略

笔者通过分析问卷数据得出，当前高中生公共参与主要存在着自主性不强、知识储备欠缺、表达渠道有限、参与能力不足等问题。

针对高中生在公共参与中存在的问题，笔者从高中生的思想热点与现实需

求出发,将马克思主义认识论的基本观点与自己的教学实际相结合,制定了"丰富社会实践活动形式,提高学生公共参与意识—改进课堂教学模式,加深学生对公共参与的理解—整合多方资源,拓宽学生公共参与的渠道—开展模拟活动,提高学生公共参与的能力"的实践策略,并在教学过程中加以落实,以此来探寻高中生公共参与素养培育的有效途径。

(一)丰富社会实践活动形式,提高学生公共参与意识

人对客观事物的认识总是从感性认识开始的,而感性认识获得的唯一途径是实践。因此,培育高中生公共参与素养就要从社会实践活动着手,让学生在实践中掌握大量丰富的感性材料。要培养高中生的公共参与素养,要将政治学科内容与社会活动相结合,开展丰富多彩的社会实践活动,促进课堂教学内容和课后实践活动的有机结合。

思想政治课需要密切联系社会实际,才能让这门课的魅力充分展现出来。关注时事政治是提高学生公共参与意识的一个有效切入点,笔者要求学生在每堂课上轮流上台交流收集到的时政热点,并且与学过的相关知识点相联系,这样做既能够督促学生关注国际、国内的重要时事,还能够帮助他们学以致用,巩固已学的知识,提高对文本的分析能力。

除了让学生在课堂上做时政热点的解读,教师还可以创造条件让学生能够走出课堂,开展实践活动,通过实践,来加深对书本知识的理解。由于过去学校组织的社会实践活动形式单一,内容雷同,使得部分学生长期处于被动参加公共生活的状态中,公共参与的主动性不强。针对这一问题,笔者认为可以通过提升社会实践活动的质量,来增强社会实践活动中学生的成就感与获得感,化被动为主动,进而培养主人翁的社会责任感。

1.不同身份的实践体验,感受"社会人"的角色

高中阶段的学生已有了一定的生活自理能力,他们即将迈入大学、步入社会,在这个转折阶段,学生需要通过高质量的社会实践活动来增强作为一名社会人的责任感与担当。

在沪教版教材《思想政治》高一年级上册第三课《产业发展与劳动就业》第二节《产业结构调整和劳动就业》第三框"劳动者的择业、就业和创业"一课中,笔者让学生来谈谈自己未来想要从事的职业。学生都有想要从事的职业,但存在着

个人职业志向与社会需求之间的不匹配、经济待遇与未来发展空间的不匹配以及职业岗位要求和自身条件的不匹配的认识误区。仅有少数学生在综合考虑之后，对自己的职业生涯做出明晰的规划，并且根据这一规划选择高考加试的科目以及大学的专业。

针对这一现状，教师可以开展内容丰富、形式多样的职业体验活动，将其作为课堂教学的补充环节，让学生从社会人的角度出发，体验不同的职业岗位，更好地参与到社会公共生活中，从而提升自己的公共参与素养。这既是对学生书本知识的补充，同时也能纠正唯书不唯实的认识偏差。

例如，在笔者执教的班级中，有不少学生都向往以后能够从事教师的岗位，并且有学生在暑假期间报名参加了爱心暑托班的助教志愿服务活动。在和学生交流的过程中，有学生坦言，自己不是独生子女，有照顾弟妹的生活经验，原本以为自己能够完全胜任这一岗位，但是当面对一个班级活泼好动的小学生时，还是觉得有些手足无措。他们感悟出要胜任这一岗位光凭爱心是远远不够的，还需要继续努力让自己更有耐心。

在职业体验的过程中，学生通过亲身实践获得大量有关职业生涯选择的外部信息，从而对自己喜欢的职业或专业进行更完整的心理建构。同时这是学生接触社会、体验生活、奉献自我的重要途径，也是培养学生社会责任感、团队协作意识、提高沟通能力、学会与人相处的重要载体。

2.不同生活环境的实践体验，感受当家作主的不易

从如今就读高中的学生出生年份来看，已经进入了"00后"的时代，他们中的大多数都是独生子女，从小在"6+1"的模式下长大，享受着"一家之主"的地位和待遇，但真正作为一家之主来当家的经历并不多。教师可以借助学生学农实践活动的契机，让学生有一次切实的当家人的生活体验。例如，笔者在本校学生前往五四农场学农期间，组织开展了"学农小当家"活动，让学生以6～8人为一小组，每组的活动经费为100元，自发前往学农基地周边市场采购食材，在基地附近的农家（事前联系）用当地的灶头烹饪一桌饭菜，并与农家共进午餐。由于经费的限制，在采购过程中，学生需要精打细算用餐人数和购买食材的数量。这个活动的灵感来源于热播的综艺节目《爸爸去哪儿》，因此很受学生欢迎。

活动一开始，学生对于自己终于掌握了"当家作主"的权力感到兴奋不已，但在活动过程中也开始对如何行使好"当家作主"的权力感到困惑。有不少学生走进菜市场时感到无从下手,或是面对琳琅满目的食材不知如何搭配才能尽可能满足所有人的口味,或是无法根据用餐人数准确地匹配出应购买多少量的食材以及如何进行荤素搭配,抑或是对于经费的使用没有进行合理的统筹计算,导致出现了赤字。采购完毕回到农家后,更大的问题出现了——如何将食材烹制成一桌人的午餐?小组成员在手忙脚乱中,倒也像模像样地做出了一桌菜肴。在活动的分享过程中,不少学生都谈到了这次真的深深地体会到了平日里父母的辛劳,也发自内心地感受到了当家人的不易,对"人民当家作主"有了更深层次的理解。

(二)改进课堂教学模式,加深学生对公共参与的理解

认识的真正任务是把握事物的本质和规律。这就需要把感性认识上升到理性认识,这是认识过程中一次重要的飞跃,实现这次飞跃需要具备三个条件:一是需要掌握大量丰富的感性材料;二是所掌握的感性材料要合乎实际;三是需要用科学的思维方法对感性材料进行加工。

学生通过社会实践活动获得对公共参与的感性认识,教师就应该在课堂教学中巧妙地将感性认识转化为对公共参与的理性认识,以此加深学生对公共参与的理解。

笔者在对高中生公共参与现状进行分析时发现,高中生有疏远政治参与的现象存在。由于生活经验的欠缺,高中生会觉得政治常识尤其是政治参与的内容比较深奥、晦涩、难以理解,加之网络已成为高中学生获取公共信息的主要平台,而学生辨别真伪的能力有限,所以很容易受到网络暴力及负面信息的影响。这就需要教师创设生活化的教学情境,引发学生的兴趣,继而主动地参与到课堂活动中来,再开展思辨性议题的讨论提高学生分析问题、解决问题的能力,为有效的公共参与打下扎实的基础。

1.生活化的选材引发学生兴趣

著名的教育学家杜威先生曾说过:"教育即生活"。教育就是学生生活的过程,而不是将来生活的预备,因此最好的教育就是从生活中学习、从经验中学习。为了降低学生对政治常识特别是关于公共参与知识学习的疏离感,教师应在上课的选材上斟酌一番,尽量从学生的生活入手,以提高学生的兴趣。

例如,笔者在上沪教版教材《思想政治》高二年级下册拓展型课程"政治参

与"中"扩大公民有序的政治参与"一课时,以学生非常关注的"彭浦夜市整治"系列案件为主线,贯穿课堂教学,追踪报道,动态分析。

彭浦夜市曾是许多学生周末休闲娱乐的去处,但由于流动摊位大量挤占了机动车道,使得途经的多条公交线路被迫绕道,并且油烟、噪音等问题也一直困扰着附近的居民,因此被政府部门依法取缔了。在事件中出现了多方利益相关者:附近居民、小摊贩、消费者等。提问学生:

①面对彭浦夜市整治,作为吃货群众,你是何态度? 如果你是附近饱受夜市扰民困扰的居民,你是何态度? 如果你是原来在夜市摆摊的小摊贩,你是何态度? ②"有什么办法能够尽可能兼顾不同群体的利益?"

这两个问题引发了学生激烈的讨论,他们站在不同利益相关者的角度分别思考了彭浦夜市整治的合理性,认识到他们原本对公共参与的理解(静坐、游行、键盘侠)是有偏差的,而且这些不理性的行为并不能在根本上解决问题,需要寻求的是如何通过有序的政治参与来解决问题才能够使多方利益相关者共同受益,在此过程中,学生也更深入地了解了民主决策、民主管理、民主监督的规则、方法。

又如,笔者在设计沪教版教材《思想政治》高一年级上册第一课《发展经济与改善生活》第三节《发展生产 改善生活》第一框"社会生产目的的最终实现"时,聚焦了当前的社会热点问题——共享单车。不少学生已经把共享单车作为自己出行的主要交通工具,但在日常生活中也时常会遇到共享单车带来的困扰。在教学过程中,笔者设计了以下问题:

目前共享单车遇到了哪些问题? 应该如何解决? 共享单车的乱象是谁之过?

通过课堂讨论,学生能够较为容易地得出,是骑车人贪图方便乱停乱放与共享单车企业过量投放共同导致了城市单车的乱象。笔者继续追问:

针对企业和个人的这些行为,应该如何预防和制止? 共享单车乱象问题,仅仅是企业和个人的责任吗?

此时,学生能够明白除了企业和个人这两大经济主体的行为需要纳入社会主义生产目的实现的轨道中来之外,政府部门的管理也应当更加科学化、规范化。

在教学设计的过程中,笔者选用学生关心的热点问题,采用"一例到底"的形式贯穿整个课堂教学,使得学生对教学的内容感到很亲切,也使得案例的剖析更加深入,给学生分析问题提供了清晰的思路,也使他们愿意从自己生活的小环境中走出来,以一个社会人的角度来了解、参与社会的大环境。

2.思辨性的议题引发学生深思

思想政治课的生命在于辨析。在课堂教学中,通过引出议题,引导学生就议题内容展开讨论,鼓励学生中出现不同的声音,甚至对立的观点,对同一问题进行多角度质疑,从而让课堂包容更多不同的声音,在碰撞中捕捉真理的火花,在争辩中展示理性的价值。要改变以往教师一言堂的局面,让教学活动在师生互动、生生互动的民主氛围中开展,提高学生一分为二看问题的辩证思维以及分析问题、解决问题的能力。

在实际教学中,笔者尝试在学生觉得比较抽象的政治参与内容中用议题的方式帮助学生理解并进行深层次的思考。2016年,笔者任教高三等级考的学生,当时正恰逢虹口区人大换届选举之年,有部分高三年级学生刚刚年满18周岁,第一次作为选民亲身经历了区人大换届选举工作。通过高二政治常识的学习,学生已经掌握了人大代表的含义、人大代表与人民之间的关系、人大代表具备的素质等基本知识,但仍有许多疑问亟待解决。根据学情分析,笔者在课前下发了任务单,让学生对本课尚存的疑问以条目的形式记录下来,并将学生的这些疑问整理成议题,围绕核心素养设计了沪教版教材《思想政治》高二年级下册第二课《国家机构　服务人民》第二节《人民代表肩负人民的重托》第一框"人大代表是人民权力的受托者"这一节复习课。

议题1:请参加选举的学生回忆区人大换届选举的过程是怎样的?为什么人民和人大代表的委托关系一定要经过选举呢?

参加过选举的学生反映:选举的过程有些烦琐,需要赶往所在选区集中进行,是否有这样的必要?(辅助材料展示:2016年区人大换届选举工作各时间阶段),由此引出整个选举的过程看上去很烦琐,并不高效。为什么人民和人大代表的委托关系一定要经过选举呢?引导学生认识到选举的过程在程序上保障了人民与人大代表委托关系,从而有利于人民权益的实现。选民应当要珍惜自己的选民身份,认真地行使选举权。

议题2:我国宪法第2条规定:"中华人民共和国的一切权力属于人民。"为什么人民不是直接行使权力,而是通过人大代表间接行使权力?这种间接民主的形式有何好处？间接民主可能会存在哪些问题？

通过讨论,引导学生理性思考接民主的利弊。有同学认为由于中国人口众多,人民委托人大代表行使权力能够省时省力,符合我国当前的国情,但也有同学认为可能出现个别人大代表不作为、不会作为、胡作为,不能保障人民利益实现的情况。这样做的目的是让不同的描述甚至对立的观点在课堂中展示,对同一问题进行多角度质疑,从而让课堂包容更多不同的声音。

议题3:当人大代表出现问题时,人民可以怎么办？为什么？是否曾经出现过这样的例子？

通过反面案例的讨论,引导学生概括出人民可以罢免人大代表是因为人大代表是人民选举产生的,代表权力是人民委托的,人民有权收回权力。不称职的人大代表被人民罢免不仅仅是人民监督权落实的个例,《中华人民共和国选举法》《中华人民共和国代表法》从法律上规范了人大代表的行为,从而保障人民利益的实现。公民在法律面前一律平等,政府的权力需要依法行使,并要接受人民群众的监督。在教学中让学生树立法治意识,作为普通的公民,我们要做一个遵纪守法的好公民,这是我们的一项政治义务。作为国家权力机关的组成人员——人大代表,受人民的委托行使国家权力,更加不应该触碰法律的红线。

议题4:假如你是全国人大代表,你有哪些权利？又要履行哪些义务？在国家召开两会期间,你会形成怎样的议案？

班上的部分学生曾有过参加区模拟政协活动的经历,学生以政协委员的身份解决身边问题。通过角色模拟,学生主动关心起自己的生活环境,并且对于参与政治生活有了很高的热情。这是一次成功的尝试。

在课堂上,学生又体验了一把人大代表的权利与义务,不仅能够锻炼学生熟练掌握并运用知识的能力,而且有助于培养学生的主人翁意识和社会责任感,提高学生观察和发现问题、分析和判断问题、解决问题的能力。

本课从学生的疑惑出发,围绕核心问题探讨,在问题的解决过程中让学生逐步体会高素质的人大代表认真履职对于人民权力实现和维护等方面的重要作用,体会人民是国家的主人,认同人大代表在维护人民当家作主所作的努力,在日常生活中关心和支持人大代表开展工作。

（三）整合多方资源，拓宽学生公共参与的渠道

学生通过校外社会实践活动以及课内学习公共参与的相关知识，对于公共参与的认识从感性上升到理性，这是认识发生的第一次飞跃，但寻求真知是一个从实践到认识不断循环往复以至无穷的过程，在这个过程中需要将理性认识再一次运用到实践中去。

在对公共参与有了理性的认识后，学生对于民主管理、民主决策、民主监督等参与公共事务的途径、方式和规则有了一定的了解，诸如环境卫生的维护、公共秩序的维护以及慰老助残等的社会实践已经远远不能满足学生的成长需求了，这就亟须拓宽新的公共参与的渠道来让学生有机会参与社会生活中出现的实质性的类似共享单车管理、智能化养老等公共事务的处理。

然而"纸上得来终觉浅，绝知此事要躬行"，课堂上学习的知识运用到实践中才能够有更加深刻的体会，所以有了知识储备还不够，还需要在实践中检验其是否具有真理性。

从之前的调查中可知，学生参与公共事务的渠道有限，主要集中在网络平台和学校组织的社会活动中。因此，教师要创造机会让学生能够参与公共事务，可以先从学生最熟悉的校园着手，努力挖掘校本资源，拓宽学生公共参与的渠道，使学生能够有机会获得参与民主管理、民主决策、民主监督的实践经验，再逐步扩大范围，鼓励学生将校园民主生活中获得的经验运用到社区中去，给予学生阶梯式成长的空间，让学生在成长的过程中能有更多的获得感，真正体会人民当家作主的幸福感和勇于担当的责任感。

1.结合学校特色，体验校内政治参与

笔者所在的学校是虹口区内唯一的一所中学学段的国际生态学校，这是学校的一大特色，也是学校工作的一大重要抓手。在日常的校园生活中，学校十分重视以学生为主体发现校园内存在的环境问题，并解决环境问题，从而提升学生的环保意识和探究能力。

在这其中涉及选举产生生态学校委员会成员、了解显存环境问题、制定解决方案和实施方案、过程监测与评估等多个环节，这与高二政治拓展常识中的政治参与的四种主要途径相类似，即民主选举、民主决策、民主管理和民主监督。

笔者在借鉴了无锡市第一中学"明伦复市"案例的基础上，结合学校的校本资

源,设计了以下方案(见表1),让学生有机会在校园里积累政治参与的实践经验。

表1　公共参与能力培养的校本化实践活动设计方案

实践活动	涉及学科知识	公共参与素养
活动1:选举产生生态学校委员会成员	参加选举是公民政治参与的最重要、最直接、最广泛的政治权利,是人民当家作主行使管理国家权力的主要途径	通过选举代表,体会行使民主权力的责任感,享受人民当家作主的幸福感
活动2:设计、发放、统计问卷,分析得出"节约用水"是当前亟须解决的校园环境问题	民主决策要科学化、民主化。科学,就是要调查研究、实事求是;民主,就是要面向群众、听取意见	通过问卷调查,能够更加真实地反映群众的呼声,了解群众的需求,以便做出正确的决策。在这个过程中体验民主决策的价值
活动3:生态委员会成员组织开展"通过宣传,树立节水意识;发挥先锋的力量,征集节水金点子;外出学习考察环保设计;征集、评选优秀节水方案"等活动	民主管理保证人民群众行使民主权利,是人民当家作主的社会主义民主原则在管理工作中的实施	学生通过组织管理相关活动来了解民主管理的程序,有助于培养热心公益事业、乐于公共服务的公共精神
活动4:生态委员会成员对学校用水量的数据进行实时追踪调查,并对每一楼层的用水量进行监督,并将数据及时公布	让人民通过行使知情权、选举权、参政权等来制约国家机关和工作人员的权力;公众的监督是各种监督机构发挥作用的基础	实行民主监督有利于增加学校工作的有效性,使学生真正有当家作主的感觉,让学生在实践中感受民主监督的作用

　　在此过程中,学生将课堂中学到的知识点在校园生活中得以运用,通过实践了解民主选举、民主决策、民主管理和民主监督的规则、程序,真正体会人民当家作主的责任与担当。

2.利用社区资源,拓展参与途径

　　随着新高考制度的改革,每一位高中生都必须撰写研究性报告,并上传博雅网进行公示,将来会作为部分高校录取的依据之一。对于学生而言,学校是他们进行研究的最理想的场所,但是由于学生数和学校资源的不对等性,所以有必要寻求其他途径来满足学生的切实需求。而社区是学生除了学校之外的主要生活场所,也是城市居民进行基层群众自治的重要场所。因此,社区是除学校外学生开展调查研究的理想场所,也是学生参与公共事务的理想场所。

在现实中,学生对于参与社区活动并不陌生,从小学开始学校就会要求学生在寒暑假期间走进社区开展雏鹰假日小队活动,每年的"3·5"学雷锋日也总能看到学生在社区中打扫卫生的身影,但是这远远达不到撰写研究性报告的要求。所以,需要利用社区资源,帮助学生进行不同于以往走进社区开展打扫卫生的服务内容,让学生能够发挥自己的一技之长,以主人翁的身份参与到社区的治理中去。而教师可以做的就是尽可能地将社区资源与学生的一技之长相结合。

笔者所在的学校经过长期的课堂教育以及教学活动的熏陶,环保理念已深入学生内心,学生的环境保护能力和研究水平也在逐步提高。因此许多学生都自主地选择了与生态学校创建为主题的拓展课研究,但学校的许多活动场地和教室是要提供给所有年级学生活动的,由于场地空间受限制,因此无法完全满足部分学生的研究需要。作为学校的团委书记,笔者经常带领学生在社区中开展志愿者活动,因此长期保持着与社区的沟通与联系。基于学生需要研究场地的现状,笔者主动联系了学校附近的凉五居委。在社区的大力支持下,学生的研究性实验数据翔实且具有科学性和实践性,同时也为改善小区的绿化环境提供了可行的建议。如在《改善小区土壤及其可种植的景观植物的研究》中,学生通过对比实验,分别尝试用网上购得的红蚯蚓和学校食堂的剩余菜叶来肥沃小区土壤,研究结果发现,将红蚯蚓与剩余菜叶结合时,土壤的肥沃度更适宜小区植物的生长。在《小区观赏花适宜生长条件研究》中,学生通过实验得出了结论:小区观赏花更适宜酸性土壤,喜阴,在土较松、没有蚯蚓的环境中生长。在《利用厨余废油制作手工肥皂的实践研究》中,学生运用研究课中所学到的化学知识成功制作了手工肥皂。在暑假期间,生态委员会的成员还以小组为单位走进社区学校,为居民带来生动的实验课,和居民分享他们的实验心得,掀起了一阵DIY热潮,参与活动的居民都感受到了利用身边的废弃资源变废为宝的成就感,这让学生也体验了一把人民当家作主、改善小区环境的幸福感。

(四)开展模拟活动,提高学生公共参与的能力

"不会辨别信息真伪,存在人云亦云的盲从心理;容易受到过激言论的影响,

非理性地进行公共参与;想要表达自己的想法,但缺乏自信。"这是前文提到的高中生在公共参与能力方面的欠缺之处。针对这些问题,笔者尝试开展模拟政协活动来提高学生公共参与的能力。这是一项以高中生为主体,通过模拟人民政协提案形成全过程并结合社会实践活动,着重培养和提高青少年学生公民意识、制度自信和社会实践能力的青少年教育实践活动。这对学生的公共参与的综合能力要求较高:通过调查走访,提高发现问题的能力;通过查找对比资料,提高筛选信息的能力;在数据分析中,提高理性表达的能力。

1.通过调查走访,提高发现问题的能力

提案是模拟政协活动中最重要、最核心的内容。而提案的选题就考验学生发现问题的能力了。这就需要教师进行培训,帮助学生打开思路发现问题。教师可以从学生比较熟悉的网络平台入手搜索,如,当下民众最关心的事、2018年两会关注的热点问题等,或者从自己的生活入手找寻问题,如,共享单车的管理问题。在发现诸多问题后还要根据问题的重要性和实际可操作性来筛选问题。如,通过分析比较、交流研讨,学生在若干议题中筛选出了"关于解决一线城市市区停车难问题,构建和谐交通环境的议题"。这一选题的灵感来源于学生在做交通安全志愿者服务时的问题发现。小组成员开展了调查走访,走入街头巷尾深入群众获得第一手资料。根据学生调查走访证实,随着人们生活水平的提高,自备车已成为许多家庭出行的主要工具,对停车位的需求量大增,但由于较多小区在建造时并没有设计地下停车库或是预留足够的停车空间使得停车泊位供应紧张,小区内的停车位长期处于供小于求的局面,许多车主出于无奈只能把车停到路面上,由此造成了路面随意停放现象比较严重。一线城市停车难已成为人民日益改善的物质文化生活中产生的新社会问题。

2.通过查找资料,提高筛选信息的能力

发现问题、确定议题后就需要查阅相关资料,寻找相关法律法规、方针政策以及国内外相似案例。在这个过程中,网络平台由于其便捷性和巨大的信息量毫无例外地成了学生青睐的获取信息的渠道,但随着调查的逐步深入,学生也发现了困惑之处:由于网络的便捷性与公开性,我们每个人既可以是信息的搜索者也可以是信息的发布者,我们在享受网络信息丰富及时的优点的同时也受到庞杂信息的困扰,而且不同的统计口径中车辆和停车位的数据都不尽相同。这就需要将获取的公共信息进行筛选和整理,去伪存真还原信息的整体性和真实性,在这个过程中学生可以逐步提升信息识别与筛选的能力。

3.通过数据分析,提高理性表达的能力

学生围绕议题掌握了大量的合乎实际的感性信息后,还需要分析数据、整理访谈资料,透过现象抓住本质,提出有针对性的建议,形成了有翔实数据支撑的提案初稿。如,关于停车难问题的解决,学生建议可以广泛、灵活地推行行政区、商业区、教学区等地的错峰停车制度,提高停车位的利用率;增设立体式、无避让立体新型的停车场;通过信息化平台提供多元个性化服务,大力建设发展"互联网+停车"项目;增加交通执法部门的从业人数;建设合理的停车收费制度;建立专项交通资金,用于增设新型高科技停车位;大力推行小户型私家车,增加优惠政策,增大补贴力度;呼吁绿色出行。最终,学生在翔实的数据和严密的逻辑下能够在台上自如稳重地理性表达。

以模拟政协为代表的研究性活动是政治课堂的有效延伸,是学生作为青年人参与公共事务的一次勇敢发声,也是当代青年人以国家"主人翁"的姿态进行公共参与,并为推动社会进步发展贡献的一份青春力量。

四、结 语

公共参与素养是学生应具备的适应终身发展和社会发展需要的必备品格和关键能力。这一素养的培育需要将理论与实践有机地结合在一起。作为一线教育工作者,我们既要立足课堂,转变传统的教育理念,优化课堂教学方式,以生为本,从学生的实际需求出发,加强学生公共参与意识,增加学生公共参与知识的储备。同时也要拓展思路,积极整合多方资源,拓宽学生政治参与的渠道,为学生提供优质有效的实践平台,让学生在实践中积累经验,提高公共参与的能力和水平。首先,通过开展丰富多彩的社会实践活动,促进政治课堂教学的内容和课后实践活动有机结合,使学生在社会实践中获得对公共参与的感性认识;其次,在课堂教学中通过思辨性的议题研讨帮助学生将感性认识转化为理性认识,以此加深学生对公共参与的理解;再次,努力挖掘校本资源,拓宽学生公共参与的渠道,使学生有机会获得参与民主管理、民主决策、民主监督的实践经验;最后,逐步扩大范围,鼓励学生将校园民主生活中掌握到的经验运用到社区中去,通过开展模拟活动提高学生公共参与的能力。通过这一系列策略的实施,给予学生

阶梯式成长的空间,让学生在成长的过程中能有更多的获得感,真正体会人民当家作主的幸福感和勇于担当的责任感,进而增强学生的公德意识、公共精神和参与能力,成为有担当的新时代中国公民。

在探究中培养学科核心素养

——刍议基于核心素养的高中思想政治课探究式教学的实施

上海市华东理工大学附属中学　黄　佳

2014年,教育部颁布的《关于全面深化课程改革　落实立德树人根本任务的意见》将"核心素养"置于深化课程改革的基础地位,由此吹响了"从学科教学走向学科教育"的号角。就高中思想政治学科而言,学科核心素养也即学生发展核心素养的思想政治学科化,是指学生在经过思想政治学科学习后逐步形成的正确价值观念、能够适应其终身发展和符合社会需要的关键品质和必备能力,包括政治认同、科学精神、法治意识和公共参与四个维度。具体而言,高中思想政治学科核心素养的培养注重的是,"价值引领(思想政治基础理论常识)、思维启迪(理论联系实际的学习方法和辩证思维方法)、品格塑造(主动参与社会生活的实践能力、正确作出价值判断和选择的能力、社会观察与分析问题的能力)"①。要有效培养学生的思政学科核心素养,以知识和教师为中心,依靠传统的讲解灌输式的教法显然是行不通的,那么,应该采用哪些有效的教学方法呢?这就成为每一位思想政治课教师面临的一个需要迫切解决的课题。笔者根据自己的教学实践和研究,试论"如何在课堂教学中运用探究式教学来培养学生的思想政治学科核心素养"。

根据任长松、张崇善、柴西琴等多位专家、学者关于探究式教学的论述可知,所谓高中思想政治课探究式教学即指教师在学生已有的知识水平和情感态度的基础上,根据高中生的身心特征,以高中思想政治课教材为基本探究内容,以学生周围世界和生活实际为参照对象,引导学生围绕经济、政治、社会、哲学与文化中的探究问题,采用多种探究形式,主动探索学科知识和认知策略,并将自主建构的知识应用于解决实际问题,在此过程中有效激发学生的创新意识,增强学生

---

①邱斌:《核心素养视野下高中思想政治学科教学策略研究》,《基础教育研究》2017年第1期。

的实践能力,升华学生情感,启迪学生思想的一种教学方法。该教学方法具有主体性、问题性、探索性、交互性和开放性五个特征,强调直接经验对个体发展的价值,既重视知识的建构,又重视对学生综合素养的培养。依据以上定义和特征,要培养学生的思想政治学科核心素养,课堂教学探究应该关注四个维度:探究目标、探究过程、探究结果和学习评价。基于此,笔者提出高中思想政治课探究式教学实施五步法(见图1),现阐述如下:

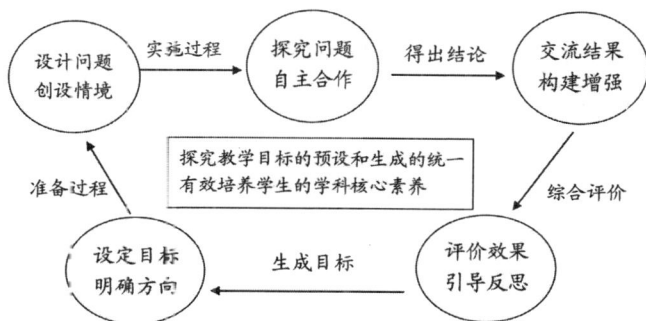

图1　高中思想政治课探究式教学实施五步法

一、确定探究目标,明确探究方向

所谓探究目标,即通过探究式教学所要达成的知识目标、能力目标和情感、态度价值观目标。探究目标是设计探究问题,选择学习资料,安排教学工具,创设教学环境的基本依据之一,它决定着探究活动的走向,是否达成探究目标也是判断学生学科核心素养培养成效的重要依据,因为"从形成机制来讲,核心素养来自三维目标,是三维目标的进一步提炼与整合"[①],因此设定明确的探究目标是实施探究式教学至为关键的第一步。

在设定探究目标时,教师要从纵、横两个维度加以考量,以保证探究目标的科学性和适切性。从纵向维度来讲,必须从整体上把握高中思想政治学科的知识体系,立足于对教学内容的系统分析之上,找准重点、难点,找准新知识的"生长点",从而设定探究目标。从横向维度来讲,要考虑客观的学情。学生是探究的主体,是落实探究教学目标的最终指向,因此学生的学习准备情况直接影响探

---

①余文森:《从三维目标走向核心素养》,《华东师范大学学报(教育科学版)》2016年第1期。

究目标的确定。在设定探究目标时，要从学生的最近发展区出发，综合考虑学生的认知结构、情感基础和技能储备等因素。

二、设计探究问题，创设问题情境

确定探究目标后，探究式教学就有了明确的方向，但学生的探究活动并不是始于探究目标，而是始于探究内容中发现的问题。问题是理性思维的起点，是探究学习的载体，问题意识也是思维启迪的重要基础。

探究问题的设定一般有三种方式：其一，由教师先根据探究目标提出与教学内容相关的探究问题，供学生自主选择；其二，教师根据探究目标与教学内容，启发学生提出问题，教师再据此设计探究问题；其三，学生先根据教学内容自主提出问题，然后教师指导学生对问题加以完善，形成探究问题。到底采用哪一种方式，教师应根据学生的学习准备情况、教学内容和探究目标的难易程度加以确定。若教学内容较难把握，探究目标较难达成，应倾向于采用第一、二种方式，反之则可采用第三种方式。当然，随着学生学习能力的不断提高，教师应从第一种方式逐渐过渡到第三种方式。正如美国教育家布鲁巴克所说的，最精湛的教育艺术遵循的最高准则，就是引导学生自己提出问题。

无论采取哪一种方式确定探究问题，教师都应重视问题的针对性，即探究问题要根据探究目标，结合教学内容，针对学生实际、社会实际来设计，尤其要注意针对情感教育的着眼点、理论与实际的结合点来设计问题。例如在沪教版教材《思想政治》高一年级上册第三课《合理消费　依法维权》第二框"倡导合理消费"的教学中，有两种提问方式：

探究问题A：生活中有哪些常见的不健康的消费心理？合理消费应当克服哪些不理性的消费行为？

探究问题B：淘宝网举行的"双十一"促销活动被戏称为"剁手节"。要避免"剁手"，我们应该克服哪些不健康的消费心理和不理性消费行为呢？

通过上述两种设问的对比可以看出，问题A的设计紧扣探究的知识目标，而问题B的设计不仅抓住了知识要点，而且以社会生活为背景，让学生感受到了所学知识的实用性，抓住了情感教育的触发点，从而兼顾到了探究的三维目标。

当探究问题设定后，如何将问题有效地在课上呈现给学生，实现由问题导入探究过程,这就需要教师创设合适的问题情境。教师可利用教材内提供的操作平台、相关链接,也可结合时政热点,或引经据典,或从生活实际出发创设问题情境。合适的问题情境要能引起学生认知冲突,动摇学生已有认知结构中的平衡状态,从而激起疑惑、诧异的情感,进而产生积极探究的愿望,主动投入到学习中。例如在沪教版教材《思想政治》高一年级上册第三课《产业发展与劳动就业》第二节《产业结构调整和劳动就业》第二框"现阶段劳动就业的矛盾与机遇"一课的教学中,为了引导学生探究"在当今时代背景下,正确的就业观应包含哪些要素",笔者从学生生活实际出发,让学生课前采访亲友们关于择业和就业的看法,并在课上以视频的形式呈现。采访中各异甚至相左的看法,瞬间吸引了学生的注意力,点燃了他们的探究热情。

三、围绕探究问题,自主学习合作探究

在此环节,学生就开始进入实质性的自主探究学习的阶段。学生围绕探究问题,通过不同的探究方法,展开自主学习与合作探究,不断寻找问题的答案。自主学习,主要包括学生自己阅读理解教材、收集相关资料并独立思考等。合作探究,主要包括学生围绕探究问题开展小课题研究、社会调查、访谈、课堂讨论等。合作探究可以是组内探究,也可以是全班探究。个性问题,也即建议和意见类的问题宜采用小组探究,而一般共性的探究问题,也即原理性的问题可采用全班探究。小组探究,要根据"组间同质,组内异质"的原理,确保各小组间力量均衡,这是确保探究效果的重要条件。例如,在沪教版教材《思想政治》高二年级上册第三课《民主政治 依法治国》第二框"民主与法制不可分"的教学中,笔者就"乱穿马路现象设计了探究问题:为解决乱穿马路的问题,从法治的角度出发,你会设计一个怎样的方案?据此,教师指导学生以课题组的形式,开展探究活动。在探究过程中,组内的同学各司其职,各显其能,又通力合作,有的制定整体实施方案,有的制作调查问卷,有的进行现场采访,有的负责录制视频、整理资料,还有的负责撰写调查报告和解决方案……不仅组内分工合作,小组之间为了避免重复调查,也及时进行沟通协商。学生对乱穿马路的现象进行调研,在收集、处理信息,撰写报告,制定解决方案的过程中,透过乱穿马路这一现象,得以发现现象背后的成因,如人们在一些习以为常的问题上的法律意识不强,现行的交通法规在细节之处有失严谨,部分执法者未能一视同仁,有执法不严之嫌等,从而更辩证更深刻地理解本课的重要知识点——"有法可依、有法必依、执法必严、违法必究"的内涵、四者间的内在逻辑关系及其现实意义。更重要的是,学生的社会实践的能力,公民的责任意识、法治意识,理性思辨的能力在探究过程中得到了增强。

正如叶圣陶所言,教学无非是教师帮助学生学习的一串过程。因此,无论是自主学习,还是合作探究,都离不开教师适时的指导:一方面,教师要合理地组织学生进行探究。包括指导学生开展探究活动的正确方法,比如如何收集材料,如何编写调查问卷,如何进行采访等。另一方面,教师要适时适度地答疑解惑。教师对学生的指导应如孟子所言"引而不发,跃如也",教师的指导要适时适度,从而帮助学生充分发挥学习的主体作用,不能越俎代庖,否则探究式教学也就失去了应有的价值。

四、交流探究结果,构建新知增强能力

当学生通过自主学习、合作探究完成了自我释疑,找到了自己认为的最佳答案后,就进入了交流自己的探究结果,并构建新知,增强能力,提升素养的重要环节。这一阶段,是学生对自己的探究结果不断去伪存真、去芜存精,感受和理解知识的产生与发展的过程,也是学生品格塑造的重要环节。因此本环节的实施必须慎重,特别要注意以下两点:

第一,交流形式要合理。交流形式是学生展现自己探究成果的载体,交流形式是否合理有效,直接影响交流的效果,影响探究目标的达成。探究结果的交流可以在课内进行,也可以在课外进行。课内交流的方式主要有小组合作演示、主题演讲、微课堂等,课外交流的方式主要有班级博客交流、班级微信交流等,具体采用何种交流方式,要视探究问题的难易程度、探究活动的具体方式、交流所需时间长短而定。一般而言,若探究问题相对简单,交流所需的时间较少,可采用课内交流,反之,则应采取课外交流。

第二,指导要讲求技巧。学生在探究过程中,难免会出现一些问题,这时就需要教师进行指导。同时,在探究式教学的过程中要培养的是学生独立思考的精神、创新意识和价值判断的能力,这就需要创设平等、尊重、民主、和谐的教学

氛围。因此，教师在指导时要讲究策略，不能一味以权威自居加以批判，而应在尊重学生主体地位的前提下，引导学生对自己的探究结果加以扬弃。教师可以采取设问的方式，引导学生自己找出正确的答案，也可以通过调动其他学生积极参与交流，在生生互动中发现问题，进而解决问题。例如在沪教版教材《思想政治》高一年级上册第四课《国家财政　依法纳税》第二框"税收的特征、构成要素和作用"一课教学中，笔者设计的探究问题为：请同学们根据自己收集的资料，思考问题"我理想的个税起征点应（填'高于'或'低于'）3500元"。在课堂交流环节中，一个学生认为个税起征点设定为3500元太低，他的依据是曾在某网站上看到上海市人均工资已达到9000多元，所以为了公平，个税起征点应改为10000万元。课上，笔者没有因为该学生的"狮子大开口"直接否定他，而是先对他能关注社会问题予以表扬，然后才从他所收集的数据的客观性、从我国经济发展的实际情况、从财政和税收重要作用的角度出发，引导全班学生思考。最后在大家的热烈讨论中，该学生认识到了自己答案的不合理性，并且这次交流也加深了全班学生对税收作用的情感认知，同时锻炼了学生的学科思维能力。

总之，对教师而言，应始终牢记，探究式教学的过程就是学生不断发现问题、解决问题、自主建构、主动体验的过程，而教师最大的作用就是引导、帮助学生发挥主观能动性，更有效地解决问题，在此过程中主动实现"知、情、意、行"的统一，从而自然地提升学科核心素养。

五、评价学习效果，引导反思促进发展

到第四步结束时，学生的探究学习就基本完成了，那么探究教学是否达到预期目标，学生的学科核心素养是否有所提升，这就是第五步需要解决的问题——如何对探究式教学中学生的学习效果进行客观评价并及时反馈，从而引导学生对自己的学习情况进行反思和总结，促进学生的主动发展？

核心素养教学是基于真实而复杂的世界，基于问题和学科的整合，其评价自然是综合的[①]。从学科核心素养角度出发的学习评价，应立足学生思想政治素养的提高，强调评价的教育性，突出评价的全面性、多维性和持续性，因此既要考查学生掌握和运用相关知识的水平和能力，又要考查他们的思想发生积极变化的

---

①刘敏、何泠樾：《西班牙核心素养课程及评价改革》，《教育测量与评价》2017年第7期。

过程,全面反映学生思想政治素养的发展状况。根据此项要求,笔者在探究式教学中对学生学习效果的评价主要采用作品评价法,因为学生的作品作为探究学习的结果,综合反映了学生的三维探究目标的达成情况。所谓作品评价法,也即对学生完成的作品及其形成的过程进行评价,作品可以是调查报告,也可以是小论文、时政小报等。在实施作品评价时,笔者设计了表1的评价测量表。

表1　探究学习质量评价

一级	二级	评价内容	学生自评(30%)				小组互评(30%)				教师评价(40%)			
		优占比:100% 良占比:80% 合格占比:60% 须努力占比:40%	优	良	合格	需努力	优	良	合格	需努力	优	良	合格	需努力
过程评价(52分)	参与态度(12分)	A.活动前,充分准备,积极参与小组分工和制订活动方案等(4分)												
		B.活动中,做好每一次活动记录;按时有效地完成自己的任务(4分)												
		C.活动后,能积极反思,并形成书面文字(4分)												
	活动中获得的体验(16分)	A.主动与组员、指导老师交流,感受尊重和理解(4分)												
		B.在遇到困难时迎难而上,感受进取的快乐和解决问题后的成就感(4分)												

一级	二级	评价内容	学生自评（30%）				小组互评（30%）				教师评价（40%）			
		优占比:100% 良占比:80% 合格占比:60% 须努力占比:40%	优	良	合格	需努力	优	良	合格	需努力	优	良	合格	需努力
过程评价（52分）	活动中获得的体验（16分）	C.发挥自身之长,感受自信（4分）												
		D.实事求是,承认并努力改正自身的不足,感受自省的快乐（4分）												
	活动中运用的学习方法和能力（24分）	A.运用至少两种以上方法收集信息(4分)												
		B.运用辩证思维的方法处理信息,并得出结论（8分）												
		C.运用合作学习能力,小组成员分工配合,共同解决问题(4分)												
		D.运用实践能力,开展社会交往和社会调查（4分）												
		E.运用创新思维能力,发散性思维,多角度思考和解决问题（4分）												

一级	二级	评价内容	学生自评（30%）				小组互评（30%）				教师评价（40%）			
		优占比：100% 良占比：80% 合格占比：60% 须努力占比：40%	优	良	合格	需努力	优	良	合格	需努力	优	良	合格	需努力
成果评价（48分）	成果展示（20分）	A.展示形式契合成果内容，能全面形象深刻地反映成果内容（可采用演讲、微讲座、辩论、课堂情景剧等展示形式）(8分)												
		B.观点明确，逻辑清晰，语言流畅(8分)												
		C.能体现小组合作精神(2分)												
		D.能借助现代信息技术(2分)												
	成果内容（28分）	A.反应对学科知识的正确理解和运用(8分)												
		B.体现探究的过程和方法(4分)												
		C.有创新之处，能引发思考(4分)												
		D.体现国家认同、理性精神、法治意识、公共参与（至少体现其中一项)(12分)												
总评(100分)														
反思总结		（探究性学习活动的收获、不足和感想）												

　　作品评价法不仅兼顾探究结果和探究过程,而且特别关注学生在知识建构过程中的体验、学习能力的提升和思想变化等动态情况,因而能较全面客观地对学习效果进行评价。本评价法还采用了多元化的评价主体,其中学生的评价在总分中的占比高达60%,有利于学生作为学习的主体更自主地对学习结果进行反思和改进。除了作品评价法以外,教师还可根据实际情况,综合运用作业检测法、考试检测法、情感评价法等评价方法,以确保评价结果的全面性和客观性,引导学生在"评价—反馈—纠正"中"知而信,信而行",不断增强思想政治学科的核心素养。

　　高中思想政治课探究式教学实施的五步法中,其中第一步是准备,第二、第三和第四步是实施,最后的第五步则是总结,环环相扣,实现了教学活动的整合,从而在一定程度上改变了以学科知识结构为核心的传统课程标准体系中过于注重"内容"和"结果"的弊端,使"活动"和"过程"成为通往目标的路径。探究式教学不仅让学生在探究中自主构建知识,更在探究中增强学科思维能力和实践能力,提升品格,为高中思想政治学科从教学走向教育,从"知识核心时代"走向"核心素养时代"提供了一条前行的小径。

协同网络视角下中小学社区
德育的经验分析与协同机制研究
——基于上海市"天平德育圈"的个案研究

上海师范大学马克思主义学院　陈　亮

　　广义的社区德育是以一定学校为核心,以一定社区为单位开展的以儿童青少年为主体、兼顾社区内全体成员的思想品德教育活动,它是学校德育的具体操作模式[①]。过去的社区德育理念通常带有一定的学校"自我中心"意识,忽视了社区、家庭以及驻区单位的作用与价值。随着社区德育实践的发展,这一理念制约了教育者们对社区育人作用的正确认识,造成学校德育与社区环境关系的松散状态,这样,社区优秀资源没能很好地在学校德育发展中发挥应有的作用[②]。近些年来,一些地方根据社区德育的基本规律,探索出社区德育协同网络的新模式、新实践,它的根本理念是统一性的、整体性的社区德育理念,在该模式下,不同的主体互相配合、协调,学校与社区互动,学校与家庭密切配合,幼、小、中、大不同学段的教育互相沟通、衔接,从而形成整体育人的合力[③]。笔者认为,社区德育是立足于社区这样一个载体、空间对受众开展的思想道德教育活动,涉及学校德育、社区工作者德育以及家庭德育等多个方面内容,从整体性德育维度来说,应该基于协同网络的视角推动中小学社区德育的建构和发展。

一、既有问题把脉:当前我国中小学社区德育的现状分析

　　当前,我国中小学社区德育,对青少年学生健康成长和学校工作起着导向、动力和保证的作用,并形成了一些符合德育特点和规律的社区德育新模式、新实践。但纵观既有的实践现状,还存在家庭参与不足、德育合力未竟,形式创新偏

　　① 刘平秀:《社区德育论》,华中科技大学出版社2011年版,第21页。
　　② 梁其贵:《环境德育论》,海燕出版社2013年版,第50页。
　　③ 刘平秀:《社区德育论》,华中科技大学出版社2011年版,第24页。

多、内容开发偏少,临时性活动偏多、常态化活动偏少,分层分类缺失、对接客体不精准等多重复合困境。

(一) 家庭参与不足、德育合力未竟

《关于进一步加强和改进未成年人思想道德建设的若干意见》中明确指出,家庭教育在未成年人思想道德建设中具有特殊重要的作用。中小学社区德育不仅是学校和教师的责任,社区与社区工作者的责任,也是家庭和父母的责任。然而,当前我国的中小学社区德育的现状之一就是家庭参与不足、德育合力未竟。一些家长思想意识上重视孩子的物质投入,忽视自身参与的作用。调查中发现,一些家长对于社区开展德育项目投钱的积极性较高,竭力支持孩子参与社区的各类活动,但亲自愿意参与的比例偏低,忽视了亲子之间的互动与交流。一些家长重视知识培养,忽视德育教育的作用。调查中发现,家长们对于孩子的学习成绩最为关心,普遍对于德育的作用认识不清,这表现在一些家长认为只要孩子好好学习,考出优秀成绩就足够了,至于社区德育开展的活动是否参加抱着无所谓的态度。另外在社区德育中,一些社区工作者们更愿意吸纳学校的参与,对于家庭的参与也存在认识不清的问题。相比学校数量少、好动员外,家庭通常数量多、异质化程度高,动员难度较大,特别是大量的家庭参与,对于社区工作者们也是很大的挑战。调查中发现,一些社区工作者们只习惯与学校合作,缺少与家庭合作的意愿,这是造成社区德育过程中学校、社会力量参与多,家庭、家长参与少的一个重要原因。

(二) 形式创新偏多、内容开发偏少

社区德育内容与形式是辩证统一的矛盾体。随着时代的发展,社区德育内容与形式要追求具体的、历史的统一,"既要防止只求内容更新而不讲形式创新的倾向,又要反对片面夸大形式的反作用而忽视内容更新的倾向"[1]。从调查的情况来看,当前我国中小学社区德育现状还存在一定程度的形式创新偏多、内容创新偏少的"形式大于内容"的现象。且不说传统的班会队会、晨会夕会、开学结业典礼、升旗降旗仪式等,也不说语、数、英等诸学科教学中的德育渗透活动,单就名目繁多的直接冠以德育主题的互动,如参观名人伟人故居、瞻仰烈士陵园、

---

[1] 高建平:《高校德育工作辩证论》,知识产权出版社2009年版,第132页。

观看主题图片展览、观看爱国教育典型等，名目繁多、形式纷繁，让人目不暇接；再加上各种科技节、艺术节、体育节、英语节、勤俭节约节以及文明礼貌月、感恩父母月、尊师重教月等，这样的活动看似轰轰烈烈，但缺少对德育内容的深层挖掘和系统构建，很难有很好的效果①。

（三）临时性活动偏多、常态化活动偏少

一般来说，常态化活动是推动社区德育品牌化、机制化的有效保障，然而从调查的情况看，当前我国中小学社区德育普遍存在临时性活动偏多、常态活动偏少的问题。一是社区德育活动多为反应式、跟风式的活动，缺少系统的设计。如，2017年党的十九大召开之后，各地围绕十九大主题召开各种形式的德育活动；2018年纪念改革开放40周年之际，各地又围绕此类主题召开纪念性的德育活动，这些重大节点的确是开展社区德育的良好契机，但通常是一段时间后，各个社区又会寻求下一个热点，缺少对于这些主题的深层挖掘，难以形成常态化的主题教育活动。二是一些德育项目尽管可能是中小学生需要的，但如果不在社区工作考核序列中，那么也很难被列入社区德育项目实施计划。三是社区德育活动多为应急性的，如某社区在发生了针对中小学生的社会暴力事件之后，围绕安全问题开展了多次临时性的社区德育活动，之前则很少围绕此类主题开展类似活动。

（四）分层分类缺失、对接客体不精准

在重视德育任务整体性时，还应该重视德育的阶段性、层次性的特点。由于每个学生的具体情况不同，即便是在同一阶段也会存在各种差异，这就需要在统一的德育目的下，对不同层次的学生，提出不同的具体要求，这个要求既不能过高、过急，也不能放松或降低标准②。调查发现，当前我国中小学社区德育还存在内容上分层分类缺失、对接客体不精准的问题。一是在性别上，社区德育内容还存在分层分类缺失的问题，没有考虑到男生、女生在接受社区德育内容上的心理、认知上的差异性。二是在年龄上，社区德育内容存在分层分类不精细的问题，有家长反映有的内容超过孩子的接受度，也有家长反映有的内容孩子早已习

---

① 黄春芬、罗刚淮：《让德育活动少一些形式，多一些实效》，《思想理论教育》2011年第2期下。

② 刘继南：《高等教育概论》，北京广播学院出版社1992年版，第169页。

得,会耽误孩子的时间和精力。三是针对特殊中小学生的差异化社区德育,目前还比较匮乏。调查发现,当前绝大多数社区开展的德育课程的受众基本上是智力发育正常的健康中小学学生,针对聋哑、智障者以及其他特殊情况中小学生的德育实践还有待进一步拓展。

二、走向协同网络:上海市"天平德育圈"的个案分析

(一)个案介绍与资料分析

天平街道位于上海市徐汇区衡山路—复兴路历史文化风貌区。这里有宋庆龄故居、陶行知故居、杜重远故居、新四军驻上海办事处等历史风貌保护建筑214处,其中国家级重点文物保护单位1处、市级文物保护单位5处,不可移动文物总量约占全区的40%。在徐汇区教育局看来,这些既是珍贵的文物,也是立德树人的生动教材。2014年,在徐汇区教育局的推动下,天平街道与上海社会科学院合作开展"天平30分钟德育圈"项目。300多位学生以上海市第五十四中学为圆心寻访天平社区文物故居,绘制成一张"天平社区30分钟德育资源地图",这幅地图以上海市第五十四中学为圆心,以30分钟路程为半径,由一红一绿两条线路构成观光和德育景点。红,即红色基因遗址12处,以红五星标出,包括中共江苏省委(地下党)旧址、新四军驻沪办事处旧址、华东保育院旧址等。绿,即人文底蕴遗存12处,以梧桐树标出,包括上海京剧院、宋庆龄纪念馆、中国民乐博物馆等。"天平社区30分钟德育资源地图"的绘制和设计,标志着天平街道社区公共德育圈的建成。紧接着,天平街道围绕未成年人健康发展的需求,整合社区文化资源,持续开展以"红色建筑和榜样人物"为载体,以"寻访和践行"为途径的未成年人各类德育实践活动,并创设成12个学生社会实践点。活动惠及辖区20余所中小学校和幼儿园过万名学生。目前,"30分钟德育圈"的互联网学习平台正式上线,该平台通过开发特色课程,分享优质教学资源,展示学生的绘画、科技作品,为学生发展兴趣特长提供了更多的机会。2016年初,以"老洋房课程"为特色的世界小学牵头各校,梳理了学区内20处可以进行参观考察的洋房或故居,制作微课程,这批课程在这个互联网平台率先上线,为全学区的孩子讲述身边的故事,将社区德育融入生活世界,取得了很好的社会反响。

（二）"天平德育圈"：一个协同德育网络

"天平德育圈"是一个协同德育网络，以社区为依托，区教育局、上海市社科院（智库）、街道、居委会、学校、驻区单位以及家庭的广泛参与，多元主体之间在资源上相互依赖。因而，每个主体都在该治理结构中作为一个节点而存在，节点之间的互动链条相对扁平，主体关系呈现出网络化的形态，在此网络化关系之中，虽然多元主体拥有不同的资源与权力，但注重的是行动者间的名誉、信任、互惠以及相互依赖性[①]。

"天平德育圈"的设计与实施是由作为智库的上海社会科学院及专家王泠一博士进行全程指导。以时任上海社科院党委副书记洪明荣（现为上海市地方志办主任兼党组书记），天平街道党工委书记王纪远（后为徐汇区委副巡视员）、时任街道副主任张健慈（现为副书记）以及杜育敏校长和王泠一博士为专家顾问，顾问团提供专业指导和智力支持。

"天平德育圈"推出之后，不仅社区辖区内的武警部队、党政机关、企事业等相关单位积极承担社会责任，为孩子们提供"四观"营养，辖区内的所有学校纷纷加入"少年中国梦"主题的德育实践，并不断根据新的形势做好"一带一路"、金砖峰会、依法治国、传统文化等内容进校园、进课程的相应工作，丰富了孩子们和家庭的积极认知[②]。随着社会影响力的扩大，一些域外机构如上海市徐汇中学、上海市西南位育中学等先后加入"天平德育圈"，逐渐从辖区内的协同德育网络发展为跨区域的协同德育网络。

"天平德育圈"作为一个协同德育网络，带动了学生的热情参与。学生利用假期担任居民区书记、主任助理等，亲身参与岗位挂职、职业体验；与社区里的邻里们、伯伯阿姨们一起打扫楼道、宣讲文明，做个公益传播者；到街道图书馆、爱心暑托班和阳光之家参与公益，教育孩子们助人为乐。学生在岗位实践和公益活动中完成德育体验，同时在发现自我、完善自我中实现自我展示。

"天平德育圈"作为一个协同德育网络，离不开街道、居委会的组织与参与。以桃源村居民委员会为例，它依托社区原有历史老建筑资源以及社区共建单位、学校学生志愿者、社区志愿者、年老居民等资源，利用他们对老建筑的了解和知

---

① Rhodes W.Understanding Governance:Policy Networks,Governance,Reflexivity and Accountability.Maidenhead:OpenUniversity Press,1997：52.

② 王泠一：《为天平德育圈打 Call!》，《新民周刊》2017年第45期。

晓,为前来探访的社区学生、家长进行解说或介绍老建筑的历史特色,或是通过走访居住在这些老建筑里的居民,为学生以讲故事的形式进行解说,吸引学生的目光,提高学生对于优秀历史建筑保护的意识,从而真正提高未成年人对于社区实践活动的认同感和对社区的归属感①。

三、实践经验启示:协同网络视角下中小学社区德育的协同机制构建

在新的时代背景下,推进中小学社区德育的发展,可以在借鉴"天平德育圈"经验的基础上,从挖掘社区资源,建立社区德育协同网络;注重内容开发,实现社区德育内容形式并重;总结常态化活动,推动社区德育的可持续发展;做好分层分类,精准对接学生需求等方面构建中小学社区德育的协同机制。

(一)挖掘社区资源,建立社区德育协同网络

"整合德育资源的第一步是提升德育衔接意识,搭建德育沟通平台"②,没有协同网络的存在,整合德育资源就变得不可能。从这个意义上来说,如果没有一定的协同网络作为依托,那么社区德育就无从开展和实施,更谈不上实效和长效,建立社区、学校、驻区单位、家长四位一体的工作机制和多方互动的社区德育协同网络是未来的基本方向。每个社区可以根据自身的特点和资源优势,构建多种协同网络组织,如"社区关心下一代协会""学生家长委员会""社区家教指导委员会""社区教育委员会""社区德育研究会""社区德育实践基地""社区德育家长联络会"等,将社区内有影响、有权威、有专长、有资源、有热情的单位和知名人士吸纳到社区德育协同网络的建设中去,打造社区德育协同网络的"闭环"体系。

(二)注重内容开发,实现社区德育内容形式并重

好的内容资源是开展社区德育的前提和基础,而灵活多样的形式有助于提升社区德育内容的表现力和接受度。内容开发并非是无源之水、无本之木,它只有依托社区、走出社区、引入社区,才能实现内容开发的广泛性、多层次性。对于

---

① 陈之腾:《天平"30分钟德育圈":让文化社区成为社会实践大课堂》,《上海教育》2017年11月A刊。

② 张益、罗艺:《大中小学德育一体化探析》,上海书店出版社2016年版,第157页。

每个社区而言,首先要做的是盘活社区的内容资源,对这些资源进行分类,然后组织专家进行开发,以此为基础形成各种类型的未成年人德育实践活动,创设一批具有社区特色的德育实践基地,精选一批具有德育教育价值和教育意义的活动,作为社区德育建设的载体。再次,将经过实践检验的、受各方欢迎的社区德育活动或课程,编成社区德育教材和案例。收集、整理社区德育活动的方案,进行修改、完善和总结,编写促进中小学社区德育教育、完善学生全面发展的社区德育教材。最后,注重形式多样性和表现力,拓展诸如知识讲座式、专题讨论式、展览教育式、兴趣小组式、考察调研式、参观访问式、岗位服务式、朋辈互动式、汇报演示式以及网络推送式等多种表现形式,提升社区德育内容的表现力和感染力。

(三)总结常态化活动,推动社区德育的可持续发展

一般来说,可持续发展教育的基本理念是:教育不是一时一地的工作,而是贯穿于一个人的整个生命的过程,并且有源源不断的动力来持续驱动。社区德育的可持续发展模式,意味着习惯的养成,具有可复制性、适用的广泛性、可推广性,容易被学生所接受和习得。具体来说,涉及以下三个方面:一是机构设置上具有可持续性,二是在服务群体上具有可持续性,三是取得效果上具有可持续性。"天平德育圈"的实践告诉我们,应该将制度化和激励机制有机地结合起来,总结常态化活动,推动社区德育的可持续发展。一方面,将一些关注度高、资源基础好、学生兴趣浓的常态化社区德育活动进行系统总结,制定相关活动的制度化机制,如《××社区德育活动管理制度》《××社区德育活动活动基地管理制度》《××社区德育活动安全管理制度》《××社区德育活动评价管理制度》《××社区德育活动操作流程与机制》等,逐渐完善社区德育常态化活动的制度体系,探索出具有可复制的社区德育模式。另一方面,实施社区德育激励卡制度,调动家长、学生参与的积极性。每年,由社区向学校、家庭发放社区德育激励卡,鼓励学生根据自身兴趣选择不同社区德育课程和活动,年末评选出"社区德育之星",给予积极性高的家庭和学生一定的精神奖励或物质奖励。

(四)做好分层分类,精准对接学生需求

从目前的社区德育实践及活动性质来看,其与学生的兴趣相差较远,符合学

生自身特色的内容不多,往往表现为一种被动性的参与,无法激发学生参与社区活动的积极性[①],为了满足社区中小学生差异化、个性化需求,当前的社区德育有必要针对中小学各年级段学生的特点与个性,对社区德育实践做好分层分类。针对低年级组(一~三年级)的学生,主要培养学生的环境保护意识,重点开展诸如学生参与垃圾分类、社区爱绿、护绿行动、社区卫生洁净等社区德育活动,帮助他们从小树立从我做起、从身边小事做起的环境保护意识。针对中年级组(四~六年级)的学生,主要培养学生的爱心、感恩意识,重点开展诸如参与社区公益活动、进入敬老院"陪伴老人一天""我为老人做一件事"等活动,培养学生尊老爱幼的爱心、感恩意识。针对高年级组(七~九年级)的学生,主要培养学生规模、合作意识,重点开展诸如爱心暑托班当志愿者、参与岗位挂职、职业体验、志愿服务;与社区里的邻里们、伯伯阿姨们一起打扫楼道、宣讲文明,做个公益传播者;街道图书馆、爱心暑托班、阳光之家参与公益等社区德育实践活动,培养学生规模意识以及协作、合作、责任意识。

---

① 梁其贵:《环境德育论》,海燕出版社2011年版,第51页。

思想品德学科社会实践学习活动的实践与反思

——以七年级下册第八课第二框"社区为家庭、学校服务"为例

上海市东华大学附属实验学校　杨凤一

一、案例背景

　　思想品德是一门显性的育人学科,其育人价值在于培养学生的核心素养,使其成为一名合格的公民。一名合格的公民,首先要做到关心身边的人、关注身边的事,做到关注社会,热爱生活,有社会责任感。

　　加强社会实践活动的学习可以有效地引导学生关心身边的人和事,关注社会。在进行沪教版教材《思想品德》七年级下册第八课《文明社区　家家奉献》第二框"社区为家庭、学校服务"的教学设计时,笔者以贴近学生生活的各类社区资料为素材,努力做到思想品德学科教学中常倡导的"三贴近"(贴近生活、贴近社会、贴近学生),赋予课堂生命与活力:引导学生多去关注社会,同时培养学生的观察和实践能力,增强其社会责任感。

　　本课是《思想品德》七年级下册第八课《文明社区　家家奉献》的第二框。本框探索家庭、社区、学校三者的关系,让学生认识到家庭与社区的关系是密不可分的,旨在培养学生的社区、社会责任意识,是本册及本课中承上启下的重要一课,是七年级教材的落脚点,同时为学生八年级学习社会公共生活做铺垫。学好这一框,有利于教师单元化教学,更利于学生系统性学习。

二、案例过程

【新课导入】

　　师:请同学们来观赏一段视频,并说说你看到了哪些上节课我们所学的

社区机构和设施？

【播放宣传片《魅力方松》片段】

生交流：图书馆、志愿者服务机构、医院保障机构……

师：那么这些都是为谁服务的呢？

生：社区中的每一个人。

师：是的，社区为我们居民提供服务，为家庭、学校提供服务。

【新课讲授】

师：课前，我们同学分小组从卫生保健、劳动就业、便民利民、治安调解和文化体育这五个方面进行了"社区面向一般居民的服务"的课前调查。下面请同学们来交流自己在实践中获取的信息和经验，完成学习单一。有请任昊小组汇报他们的调查结果。

师：感谢任昊小组对久阳小区的环境和开展的活动为我们做介绍，生活在这样的小区里真是一件幸福的事。下面有请成殷君小组汇报他们的调查结果。

师：谢谢成殷君小组非常全面的汇报。从同学们的调查情况展示中，我们可以看到，社区工作看似琐碎却很重要。社区在为居民提供众多服务的同时也需要我们积极地参与到社区活动和建设中去。既然我们做了这么多调查，就要学以致用。如果在生活中，你遇到了以下情况该怎么办呢？请同学们完成学习单二。

生交流：①办理户口去哪儿——派出所户籍室/居委开具证明

②下水道堵塞——找物业

③晚上想跳广场舞，找不到合适的地方——居委/业主委员会

④去街道医院看病，配药不方便——社区卫生服务中心

师：看来同学们颇有生活经验，课前的小调查也给大家带来一定的帮助，希望同学们在今后的生活中可以活学活用，真正做到"社区服务我知道、我用到"。除了一般居民，社区还有着这样一些特殊居民。我们有一个小组专门对社区为老年人提供的各项服务做了一个调查。有请包柳依小组汇报他们的调查结果。

师：谢谢包柳依小组为我们带来的调查结果。社区中的特殊居民除了老

年人,还有哪些人?

生:残疾人、特殊困难家庭。

师:没错,老师也为大家带来了一些社区为特殊居民服务的资料,请同学们仔细阅读学习单三,完成社区服务"连连看"。

生:讨论。

师:那我们来看看你们是怎么解决的。

生:略。

师:我们在做"连连看"的时候都觉得很容易,但这些特殊居民的生活却不容易,社区为他们提供了这么多的服务更是不易。那请同学们想一想,社区为什么要提供这些服务呢?

生:帮助有困难的人、他们是弱势群体、奉献爱心……

师:那这样的服务和奉献爱心的行为会营造出什么样的社会氛围?

生:友好、友善、和谐……

师:这是我们在践行——

生:社会主义核心价值观。

师:没错,这是我们社会主义国家优越性的体现。反之,我们也要为社区、社会建设出一份力。通过前面的学习,我们看到社区提供了很多的服务。青少年作为社区一员,其成长也离不开社区。那么,社区又为我们青少年提供了哪些服务呢? 让我们来一起思考探究,完成学习单四。

生:讨论交流。

师生总结:增长课外知识,锻炼实践能力,培养实干精神,榜样引领传承。

师:请同学们来看一看,我们在社区中增长课外知识、锻炼实践能力、培养实干精神和榜样引领传承,这些体现了社区对我们青少年的什么功能?

生:教育。

师:没错。社区是我们青少年接受校外教育的重要场所。社区环境直接影响着我们的成长。既然社区有这么多的功能,我们在享受这些功能的同时,又该做些什么呢?

生:爱护社区,参与活动,更好地建设社区、奉献自我,实现自我价值,为建设文明和谐的社区、社会出一份力。

【课堂小结】

师：那就让我们积极投身社区，在社区组织的富有教育意义的社会实践活动中学习做人、学会生活。

【课后作业】

拓展金点子：找一找、想一想、做一做。

【课后反思】

对于一名刚走上教学岗位的新教师来说，每一次的公开课都是一次锻炼和成长的过程。所以我非常感谢也很荣幸能够在见习期间向全区老师做一次新教师的汇报课，感谢师傅陈梅老师和教研员陶秀妹老师以及市教研员吴永玲老师的悉心指导和精彩点评。通过这次公开课，我充分认识到了自己需要改进的地方，也为今后的学习和教学指明了方向。

下面先说说我最初的教学设计和想法。本课讲述了家庭与社区、学校与社区的关系，内容与学生生活息息相关。在讲授社区为居民提供的服务时，我采用了学生调查探究呈现成果的方式，这既可以充分调动学生的自主探究意识，同时也提高了学生参与课堂的积极性，体现学生是课堂的主体。接着，我以几个生活中常见的问题作为情景再现，让学生在调查了解过后真正做到学以致用、活学活用。真实的案例和数据是最直观的呈现方式，为了让学生感受到社区组织给我们带来的"老有所养、幼有所托、孤有所扶、残有所助、贫有所济、难有所帮、需有所供"，课前我翻找了大量方松社区的活动资料与数据，还请一个学生小组专门做了"社区为老年人提供的服务"的调查。在突破本课的难点"社区是校外教育的重要场所"上，我采用了小组讨论、教师引导的方式，旨在增长学生课外知识、锻炼实践能力、培养实干精神。然而理想是丰满的，现实是骨感的。在之后不断的磨课中，我也遇到了很多问题，如学生调查呈现不够、难点不够突出等，但在师傅陈梅老师和教研员陶秀妹老师的悉心指导下我一一进行了调整。

在听了吴老师的精彩点评和各位参与教师对于本次公开课的评课后，我有以下的反思和思考：

首先，学生是课堂的主体，教师是主导。在学生调查后，教师应该给予精到的点评与总结，引导学生去思考。其次，教学板书的书写，比如什么时候写,怎么写都是我在今后的教学中要去不断感悟和总结的。最后是关于资料的运用,为了丰富课堂和让学生更好地理解,我总是会找很多资料,但在呈现的时候就会出现资料的堆积问题,怎么把丰富的材料用到位、用"尽",是我要不断摸索和探究的。

学习是一个细水长流、源源不断的过程。通过这次新教师汇报课,我学到了很多。对于教师而言,课堂教学是一个不断通过创新而实现自我价值的过程;对于学生而言,课堂教学是一个在教师引导下进行自主探究和不断创新的过程。我将以此作为我的"起点",不断学习、钻研教材,不断丰富充实自己,为学生带来一节节好课。

三、案例分析

1.用好学生的生活资源

科尔伯格的认知发展理论指出,学校环境、课堂的气氛以及学生的生活等对学生价值观的影响不亚于所学的知识。因此,在本课的教学中,笔者坚持理论联系实际的教学方针,构建贴近学生生活实际的课程内容。同时,充分利用好教材以及各种网络资源,最大限度地发挥这些教育和生活资源的作用。

2.重视学生的实践和情感体验

我们要让学生经过思想品德课的学习后,除了加深对理论知识的理解外,还要提高学生分析和解决实际问题的能力,培养其热爱祖国、热爱人民、热爱中国共产党、热爱社会主义的情感。而这些能力的提高和情感的培养都是在学生的实践体验中完成的。所以,我们要重视在学生的体验和感悟中落实学科育人价值,积极组织学生开展实践活动。如本课中笔者让学生多去观察并调查身边的社区生活和能给居民提供的各种服务,同时再通过情境创设这种间接实践渠道,让学生快速直接"实践",让他们体会到社区为我们生活带来的各项便利。

3.正确处理学生活动,引导学生深入思考

叶澜教授提出,把课堂还给学生。而学生活动则是把课堂还给学生的关键。为了丰富学生的情感体验,笔者会用很多时间来策划一节课的学生活动,但往往课堂效果呈现得很"繁荣",课后检验却发现学生没有真正落实知识。经过这几个月的教学,笔者发现了问题所在,那就是笔者总是为了设计学生活动而设

计,没有认真考虑过这一部分是否真正需要,设计这个活动对教学重、难点的解决有何意义,活动的主旨又是什么。所以才会使教学过程表面上十分丰富,实际上却没有给学生思考的空间。本节课中避免了没有实际意义的课堂活动,尽量设计为教学重点和难点而服务的活动。如让学生分小组亲自到社区中去调查社区带给我们的各项便利服务,从而避免了老师满堂灌而学生不知所谓的情形。在调查过程中,学生遇到了各种问题,如问题的设计、组员分工、如何汇报等,在解决这些问题的过程中,他们不仅学到了知识,也锻炼了综合能力,真正落实了核心素养的培养。

思想品德学科作为一门显性的育人学科。教师可以将社会实践活动和思想品德的内容学习相联系,通过实践活动的形式让学生真正参与课堂,培养能力、培养责任意识,进而实现情感、态度与价值观的教学目标,真正落实对学生核心素养的培养。

基于学科核心素养的初中思想品德
实践性作业研究报告

上海市东华大学附属实验学校　　陈　梅

在市级课题"基于学科核心素养的中学德育课程教学、评价改革理论与实践研究"的引领下,笔者认真研究课标、教材,设计与初中思想品德教学内容相对应的实践性作业,并在课题实践中以案例、论文的形式呈现。

一、课题研究的背景

(一)课程改革的需要

2014年教育部颁布《关于全面深化课程改革　落实立德树人根本任务的意见》,教育部组织研究提出各学段学生发展核心素养体系,明确学生应具备的适应终身发展和社会发展需要的必备品格和关键能力。

历时三年集中攻关,并经教育部基础教育课程教材专家工作委员会审议,2016年9月13日上午,中国学生发展核心素养研究成果发布,确立了六大学生核心素养。综合表现为人文底蕴、科学精神、学会学习、健康生活、责任担当、实践创新六大素养,具体细化为国家认同等十八个基本要点。

课程标准积极倡导学生在"做"中"学",注重与学生体验和社会实践的联系,倡导学生主动参与、乐于探究、勤于动手,扩展知识技能,完善知识结构,提升生活经验,培养学生搜集与处理信息的能力、获取知识的能力、分析和解决问题的能力以及交流和合作的能力。提高学生综合素养,培养学生社会实践能力是思想品德课的主要任务,为此,要特别关注实践性作业的设计。

(二)目前教学中存在的问题

目前初中思想品德的作业设计局限于学科知识范围,作业形式单一,绝大多数学校采用配套练习册。上海初中思想品德课作为会考科目之一（九年级），虽然不计入中考总分，但对学生升学有一定影响（市示范性高中录取要求合格以上）。所以，许多教师布置的作业仍以书面型的填空、选择、问答、材料分析题等模式呈现，这样的作业只强调知识性，少有实践和体验性，学生学习的积极性不够。六～八年级虽然没有会考的压力，但我们评价学生应该更注重过程性，即过程的体验与能力考验，使作业真正成为"培养学生创新精神和实践能力"的载体。

二、课题研究的价值

作业是课堂教学的延伸与继续，是提高课堂教学效率的重要手段和保证。实践性作业立足于课内外结合，贴近社会和生活，让学生观察体验，锻炼能力，更重要的是提升他们的情感、态度与价值观。

其一，实践性作业是"学以致用"的最好解释。在实践体验中，学生可以学到书本上、课堂中学不到的知识，并加深对理性知识的理解。

其二，实践性作业在实施过程中，学生大胆质疑、探究，锻炼和提高了大胆质疑、主动探究的能力，培养了实干精神，"明理导行"，重在践行。

其三，实践性作业将书本外、课堂外鲜活的生活引入作业，激发学生的求知欲，在"做"中学，提高"自主学习"能力。

其四，有利于培养学生搜集与处理信息的能力、获取知识的能力、分析和解决问题的能力以及"交流合作"的能力。

其五，作业的"评价多元"化，教师评价与学生评价相结合，有利于学生增强自信，培养健康的心理品质。

其六，在设计和研究实践性作业的过程中，教师的理论素养与教学经验不断增强，"师生成长"，实现师生之间的良性互动。

三、课题研究的目标与内容

（一）课题研究目标

实践性作业是开放性作业的一种，是指学生在教师的指导下，结合教材知识，积极开展实践活动，用亲身感受来获取知识或加深对知识的理解，培养各种能力的一种开放性作业。

思想品德学科的实践性作业，可以通过收集和整理资料、观察社会现象、开展社会调查、参加社区公益活动、进行小课题研究等形式，引导学生参与社会实践活动，在体验中感悟，在感悟中成长。

本课题研究的主题是"基于核心素养的初中思想品德实践性作业研究"，其核心概念是实践性作业。

（二）课题研究内容

研究知识与技能、过程与方法、情感与态度等的实践性作业活动，努力提高学生的实践能力和学科素养。学生注重体验和过程，多一点生动与智慧，最终体现"明理导行"的学科育人价值。

根据本课题研究目标，进行六～九年级有价值、有意义的实践性作业设计。作为一线教师，研究教材知识体系和教学方法是自己的本职工作。基于学科核心素养的中学德育课程教学，以及上海市东华大学附属实验学校学生的实际情况，展开本课题深入思考和实践探究。

四、课程研究的方法

调查研究法：通过问卷调查的形式掌握初中各年级思想品德作业现状，为设计合理的实践作业做准备。

行动研究法：通过发现问题、解决问题，使实践作业设计更加有实效。

合作探究法：实践性作业必须重视学生的合作学习，引导学生合作探究。

经验总结法：在研究过程中对经验加以分析与总结、归纳与提升。

教学案例法：根据研究方案的实施步骤进行实践研究，及时写出教学反思，在此过程中，归纳总结教学案例，认真分析取得的成功之处和存在的不足。

五、课题研究的过程和成果

（一）调查表

表1   与其他学科相比,你对思想品德书面作业的喜欢程度(2017年10月)

	喜欢	比较喜欢	不太喜欢	很不喜欢
六年级	6.6%	45.8%	40.3%	6.8%
七年级	5.2%	39.6%	47.3%	7.2%
八年级	4.3%	36.2%	52.0%	6.9%
九年级	3.8%	32.8%	57.2%	5.7%

表2   与其他学科相比,你对思想品德实践作业的喜欢程度(2018年6月)

	喜欢	比较喜欢	不太喜欢	很不喜欢
六年级	12.9%	53.4%	28.3%	4.7%
七年级	10.4%	45.8%	37.9%	5.3%
八年级	9.7%	41.9%	43.1%	4.9%
九年级	7.5%	38.3%	48.7%	4.8%

表1是2017年10月进行的四个年级问卷调查。结果显示,学生不太喜欢的比例较高,尤其是随着年龄增长,低年级向高年级成长,对书面作业的喜欢的比例逐渐降低。所以,书本化的思想品德作业缺少了过程、情感体验和能力提升,忽视了学生实践的锻炼。

表2是2018年6月教师指导学生实践性作业的问卷调查。很明显,喜欢的人数增加了。九年级的学生虽然有中考压力,但是对设计有意义、有价值的实践作业,还是很感兴趣的,尤其是2018年高考改革和2020年上海中考改革,都非常重视学生的实践探究能力的培养。所以设计与社会生活、个人成长和个人品质相联系的实践性作业是有必要的。

（二）实践作业分类

基于学科核心素养的中学德育课程教学以及本校学生的实际情况,笔者对思想品德学科实践性作业进行了以下分类(见表3)。

表 3　实践性作业分类表

分类	设计意图
观察类	提高观察能力,丰富生活积累
调查类	关注现实生活,培养合作精神
收集类	收集整理资料,锻炼表达能力
体验类	锻炼实践能力,培养实干精神
反思类	反思以及实践,促进自我成长

(三) 实践性作业设计

依据教学大纲,思想品德课六、七年级每周1课时;八、九年级每周2课时。根据每周课时和学生平时的学习任务,每框内容设计实践性作业是不现实的,还要考虑到教材的内容、学生的学习和生活实际,设计出有意义和有质量、促进学生成长、培养实践能力的作业。具体情况详见表4、表5、表6和表7。

表 4　六年级上、下册实践性作业

单元	名称	类别	实践性作业设计	设计意图
第一单元	我们的新学校	观察类	组织学生利用课间、午休的时间参观校史陈列馆,了解教学楼的由来;在课堂上利用小组汇报的方式,展示学校的发展、荣誉和办学特色	激发学生的爱校之情,达到知校爱校的教学目标,同时增强主人翁意识
第三单元	尊敬老师友爱同学	收集类	"我为你点赞",每位学生将这学期其他同学为班级或他人做的好事收集起来并写出来,装点美丽的"点赞树",布置班级的黑板报	有效引导学生珍惜同学之间的友谊,建立和谐、真挚的同学关系,帮助学生初步树立正确的友谊观
第六单元	生活俭朴行为文明	调查类	以小组为单位,在年级中开展"压岁钱的使用情况调查",对调查结果进行分析讨论	激发崇尚俭朴的精神,养成勤劳俭朴的生活习惯

表5　七年级上、下册实践性作业

单元	名 称	类别	实践性作业设计	设计意图
第二单元	珍惜生命 热爱生活	收集类	展示自己成长历程中各个阶段的照片,在班级中交流	激发对生活的热爱,培养对家人、对社会的感恩之情
第三单元	关爱父母 学会孝敬	反思类	学生探究"初中生离父母有多远"的课题	知道孝敬是对父母或长辈的孝顺和尊敬,是中华民族的传统美德,结合家庭生活具体事例,分析说明我们应该怎样尊重、孝敬父母长辈
第五单元	家事烦恼 心理调节	调查类	了解学生所知道的有关家事变故及自己的想法	能正确看待、处理家事变故,培养敢于面对困难、挑战困难的勇气和信心
第八单元	文明社区 家家奉献	调查类	调查社区为居民提供哪些服务,小组合作完成	课堂延伸至了社区,让学生走进社区、了解社区、感悟作为社区一分子所享受的福利和应当承担的责任

表5　八年级上、下册实践性作业

单元	名 称	类别	实践性作业设计	设计意图
第二单元	生态环境 呼唤保护	体验类	学生参加小区"垃圾分类 电子账户"的实践作业	增强环境保护意识,培养环境保护的行为习惯
第三单元	公共设施 情系大众	调查类	合作与探究:以小组为单位,进行实地考察,了解生活的小区公共设施遭到损坏的情况并用PPT的形式在班级交流	明理导行,重在践行。青少年在日常生活中自觉爱护公共设施,确立爱护公共设施的道德意识和法律意识
第六单元	群体行为 分辨泾渭	体验类	体验与成长:参加"松江百姓义工"志愿者团体举办的——走进敬老院"义行送蛋糕"志愿者活动	体验参加公益活动对提高交往能力、培养合作精神的意义。增强社会责任感,用自己所长服务于社会

续　表

单元	名　称	类别	实践性作业设计	设计意图
第八单元	公共生活法律护卫	观察类	我是安全小能手：从硬件设施、日常行为、规章制度等对校园生活进行观察，试着找出安全隐患，并提出相应的安全措施	增强责任意识，做校园小主人，同时掌握自护自救知识，锻炼自护自救能力

表7　九年级上下册实践性作业

单元	名　称	类别	实践性作业设计	设计意图
第二单元	全面建成小康社会	调查类	以小组为单位调查访问，展示一下我们身边的成就	明确历史使命，对全面建设小康社会这一伟业充满信心；增强社会责任意识，以实际行动，为家乡、为全面建设小康社会做出应有的贡献
第四单元	着眼未来永续发展	调查类	"家庭节约用水，我们应如何承担责任？"让学生实践探究：在班级进行分组，以小组为单位进行调查问卷、分析原因、实践观察、制订方案	明白节约不是停留在口头上，而应该落实在行动上，从身边的小事做起，落实可持续战略

　　这些实践性作业紧密联系学生实际和社会生活，在教师指导下，学生通过观察、收集、调查和反思，经历多方面的活动体验，不断培养实践能力，逐步提高分析问题、解决问题的能力，潜移默化中渗透了学科育人价值。

（四）课题研究成果展示

　　在本课题开展的过程中，结合思想品德教学内容，形成了一些案例、小论文等成果（见附件1和附件2）。

六、课题研究得出的重要结论

（一）实践性作业必须围绕教学内容而设计

　　初中思想品德课是一门综合性的必修课程，实践性作业的设计必须以教学内容为指导,紧扣教学目标,这样才能增强实践性作业的实效性与针对性。任何脱离了教学内容的实践性作业都是无源之水,难以收到学以致用的效果。学生用所学的课本知识在日常生活的真实环境中体验,才能巩固所学知识。

(二)实践性作业必须有明确的指向性

实践性作业必须有明确的指向性,紧扣教学内容和目标,体现学科的育人价值。对于初中学生来说,他们很单纯,又很热情,但缺乏主见和实践经验,明辨是非、善恶的能力不强。所以,教师设计的实践性作业,要有正确的价值取向,应引导他们自主地做出正确、合理的选择,使其内化为他们的行为规范,树立正确的价值观。

(三)实践性作业必须立足于学生实际

在教学中,要面向丰富多彩的社会生活,选取学生关注的话题。因此,教师在设计有效作业时,要把它作为一个话题,训练学生的思维,让学生在潜移默化中感受思想品德课的魅力,在愉悦的环境中获取知识,在趣味无穷的氛围中享受作业的乐趣。

七、本研究引发的思考

实践性作业是连接学校、家庭与社会的纽带,是学生的另一块更加广阔的创新天地。这种学习方式给学生搭建了一个平台,给教师传递了一种理念,学生与教师都有收获。

学生通过亲身体验,了解了国情与社会,正确认识自己,增强了运用所学知识解决实际问题的能力,养成务实的学习态度和生活作风,不断完善个性品质。教师教学能力、育德能力、反思能力都得到提升,对学科育人的功能有了进一步认识,教学研究的意识得到显著提升。

实践性作业注重过程和体验,但是不能流于形式,要具有实效,所以还要重视对评价环节的研究与改革,这是笔者下一步积极研究探索的方向。

与时俱进,开拓创新,希望我们把好的方式和方法继续用在以后的统编教材中,我们仍在学习的路上。

附件1

我为你点赞
——解析《建立真挚的同学友谊》实践性作业的育人价值

【单元内容分析】

"建立真挚的同学友谊"是沪教版教材《思想品德》六年级上册第三课《尊敬老师 友爱同学》第二框。这一框内容,学生只有了解"什么是真正的友谊"才能产生"建立真挚同学友谊"的迫切愿望,才能扩大交往圈,为增强班级凝聚力而努力。

六年级的孩子,正是树立世界观和人生观的最佳年龄,由于刚刚进入新的环境和集体,同学之间由陌生到熟悉,内心都渴望交朋友,但在实际交往中又往往存在不少问题,例如:容易以"自我"为中心,不善于为别人着想;只看到同学的短处,而看不到长处;学习中有竞争但缺乏合作意识,同学取得进步时会产生嫉妒心等。这些问题如不能妥善加以解决,将成为学生接触社会、走向社会的障碍。

因此,笔者设计了实践性作业,有效引导学生珍惜同学之间的友谊,建立和谐、真挚的同学关系,帮助学生初步树立正确的友谊观。

【作业设计】

交流与分享——"我为你点赞"。每位同学将这学期同学为班级或他人做的好事收集起来并写下来,装点美丽的"点赞树",布置班级的黑板报。

【课堂实录】

师:好人好事是值得大家去点赞的。上堂课结束时,老师给每位同学的桌子上放了一张树叶形的便笺纸,你们通过观察,写下你夸奖的人是谁,收集他(她)为班级或他人他做了哪些好人好事。接下来大家分享交流,把美丽的树叶贴在"点赞树"上。

生1:我点赞的是班长顾樱姿,午餐的时候她严格要求我们要光盘;上课很吵的时候,路见不平,一声吼啊! 把我们班的纪律管理很好。

师:非常好! 请你把它贴在"点赞树"上。我们的班长尽职尽责,这是一种"敬业"表现。

生2:我要点赞的人是我们班的沈一同学。在下课时,她经常帮助其他同学解决数学难题,她这种乐于助人的精神,能使大家共同进步。

师:学习上互帮互助,这培养了大家勤于思考的能力和科学精神。

生3:我想为张寒同学点赞。有一次,张寒同学在回教室的路上,看到一个小朋友摔倒了,她把小朋友扶起来,安慰她,并且把她送回了教室。

师:非常好!学校一、二年级的小弟弟和小妹妹,是需要我们去保护的。助人为乐的精神值得大家学习。

生4:我们班有四位同学参加了"义行松江送蛋糕活动",关爱老人。

……

师:同学们都有一双发现美的眼睛,我们用实际行动践行社会主义核心价值观,老师也要点一个大大的赞。我们点赞别人的时候,也要向榜样学习。从朋友那里得到赞美,我们会感到喜悦。赞美朋友的优点,我们同样也会感到喜悦。这样同学间的友谊会更加纯洁,更加牢固。

学生作业展示:

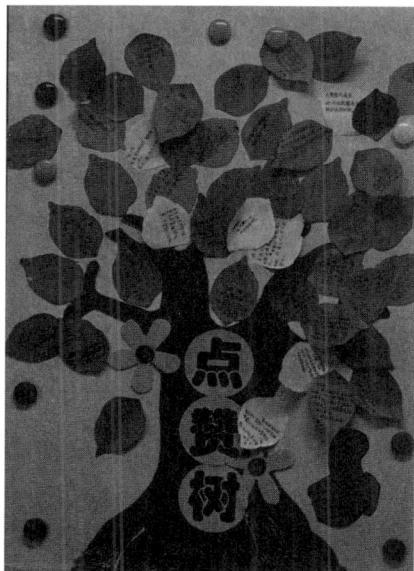

【意图效果】

在发现他人长处的过程中,学会欣赏别人。懂得培养和谐人际关系、同学之间友好相处的重要性,体验亲密无间的同学友谊,激发关爱同学的情感。

【解析价值】

"点赞"这个词是现在很流行的用语,就是对好人好事的夸奖,对正能量的肯定。这个活动可以提高学生观察、收集和发现"美"的能力。我和同学们一起"打扮""点赞树"。"点赞树"活动的效果很好。"点赞树"枝繁叶茂,特别漂亮。这个活动调动了学生的积极性,培养了学生的判断与选择能力、交流与表达能力。

【总结反思】

本次实践作业的经验:教师在教学中要关注学生的生活经验,从学生乐于接受、善于学习的角度,指导学生明理导行,有效实现了教学目标。这既调动了学生的积极性,激发了学习兴趣;又落在实处,讲究实效,彰显了学科育人魅力。思想品德课以清新、活泼、赏心悦目的新姿态,以其丰富多彩、富有时代气息的内容成为具有魅力的课程。

附件2

单元教学实践性作业设计探索
——以《公共设施 情系大众》为例

【单元内容分析】

《公共设施 情系大众》是沪教版教材《思想品德》八年级上册第三单元的内容。本单元的教学目标是学习爱护公共设施的相关知识,正确认识公共设施与社会生活、青少年成长的密切关系,懂得爱护公共设施是社会公德的要求,也是每个公民应尽的责任。这一单元的学习,重要的是让学生观察周围的公共设施,体验公共设施的发展给人们生活带来的巨大变化,确立爱护公共设施的道德意识和法律意识。所以,在学习这一单元之前,笔者给学生布置了实践性作业。

合作与探究:以小组为单位,进行实地考察,了解生活的小区公共设施遭到损坏的情况并用PPT的形式在班级交流。

学生作业展示:

实地考察记录表
(1) 小区名称 海德名园 八(4)班 朱冯怡 胡佳璐 金毛毛 桂心怡 张济菡
(2) 文化娱乐设施:健身器材8个,包括儿童设施 使用情况:良好 完好情况:两个损坏
照明设施:路灯 很多个 使用情况:好 完好情况:调查下来有两个损坏
基础设施:停车位 每幢楼前都有 使用情况:不太好 完好情况:停车位那的杆子已经锈掉

【意图效果】

青少年在日常生活中自觉爱护公共设施,培养爱护公共设施的行为习惯。体验公共设施的发展给人们生活带来的巨大变化,确立爱护公共设施的道德意识和法律意识。明理导行,重在践行。

实践性作业分析：以生活为本，作业面向学生生活，增强体验性。

本单元教学内容是思想品德学科教学，要关注学生生活和体验，从学生的生活实际中寻找教学的切入点，让课堂贴近生活。笔者在教学设计时特别关注学生的心理特征、年龄特征与认知水平。现在的初中学生学习压力大，很少有时间去关注社会生活，有些同学甚至连最贴近我们生活的公共设施是什么，有哪些都不了解。因此，布置这一实践性作业的目的就是从学生的实际出发，引导学生关注我们身边的公共设施，认识到公共设施是保障社会生活正常运转最重要的基础设施，与我们青少年的成长有着密切的关系，让学生通过观察与体验，学会感恩，感谢我们生活的松江、我们学习的学校为我们的成长提供的良好环境和设施，最后把爱护公共设施内化成为一种自觉的意识。

新课程呼唤教学要向生活世界回归，提出"在生活中体验，在体验中感悟，在感悟中成长"的理念，这就要求作为课堂教学延伸的课外作业也要关注学生的生活体验，贴近学生的生活实际。因此，在设计思想品德课外作业时，我们必须注重联系学生的现实生活，通过课外作业引导学生在鲜活的日常生活环境中发现学习资源，把生活世界提供给学生去实践，让学生在体验生活的过程中巩固知识，发展能力，形成良好的思想品德。

【教学反思】

在课堂教学中，笔者对于教材难点的处理，还是比较满意的，但是发现一个问题：学生交流的内容不丰富。这说明学生平时对生活的观察太少。作为一线教师，笔者认为需要进一步了解学情，研究教材内容体系和教学方法。怎样优化设计单元教学实践性作业呢？

其一，实践性作业必须关注学生生活。作业布置要贴近学生、生活和社会，既要紧扣文本又要联系学生生活实际，强调学生的亲身经历，在观察、实践等一系列活动中发现和解决问题，体验和感受生活，培养乐于动手、勤于实践的意识和习惯，切实提高学生的实践能力。作业内容要能吸引学生步步深入，促使学生从多个角度思考问题并寻找解决问题的最佳途径，充分挖掘学生的创造潜能。

其二，实践性作业必须关注社会时政热点。为了提高学生对作业的兴趣，教师可以将社会热点话题作为作业设计的素材。如，2018年3月14日，伟大的物理学家霍金逝世了，他把一生都献给了物理科研，虽然全身瘫痪了，但是他能以一颗乐观坚强的心去对待周围世界，敢于拼搏，不畏艰难。他在物理学里找到了一种自我满足的快乐,也找到了生命的意义和价值,从而让自己的生命焕发出了异彩。教师可以利用这个话题布置课后作业:要求学生联系《让生命焕发光彩》所学知识点,谈谈你的感受。此作业设计,让学生对生命的关爱得到了升华,这不仅是一种呼唤,更是对生命应有的态度。同时激发学生的情感,希望他们努力做到快乐地生活,以积极心态去面对生活,正确对待人生的磨难,增强战胜挫折的勇气和决心,让生命在迎接挑战中焕发光彩。

与时俱进,开拓创新,追求高质高效的作业,是设计有效作业永恒的目标。

析作业设计新模式 探核心素养之门道

——以六年级思想品德开放性作业为例

上海市延安实验初级中学 孔 琦

一、背景介绍

为落实"长宁区教育改革和发展十三五规划"中初中学段的教育教学改革，促进初中教育优质均衡发展，上海市延安实验初级中学探索开展了开放性作业的研究与实践。开放性作业可以给学生更加开放的学习空间，为发展学生的创新能力提供机会。鼓励学生参与开放性作业的设计，加深学生对学习内容的研究，提升其自主学习能力。作业完成的开放性重在发展学生创新思维能力，帮助学生掌握自主学习策略；作业评价的开放性，使不同层次和个性的学生都能找到合适的自主发展空间。通过对作业开放性的设计、实施和评价研究，探索实现促进学生自主学习的有效途径，通过作业环节的改革促进教师课堂教学的有效创新，实现初中学生学习的减负增效和创新型人才的培养。

结合长宁区开放性作业的研究和上海市延安实验初级中学学校核心素养要求，该校思想品德学科备课组根据实际在各年级开展开放性作业设计，下面将以六年级一课为例，呈现作业设计及调整的经过和反思。

二、设计及反思

上海市延安实验初级中学各学科曾探索设计的学科导学案，实现了课前导、课中学、课后反馈评价的模式，这是此次设计开放性作业的蓝本。以沪教版教材《思想品德》六年级上册第三课《尊重老师 友爱同学》第一框"尊敬老师是人类的美德"这节课为例，本堂课的教学目标是要求学生理解老师受人尊重的原因，引导学生自觉尊重老师,包括对老师有礼貌、听从老师教导和尊重老师教学劳动。如何将尊师重教道理和情感渗透到学生的具体行为中,是这节课需要解决的难点。于是教师尝试在一份导学案中设计了以小组为单位的联合暗访行动:悄悄观察一位任课教师一天的学校生活,并记录下他(她)的作息情况并谈谈观察感受。与过去几年的设计有所改进和不同的是:此次作业在目标和形式的设计、学生开展活动前的辅导和最后的作业评价上,根据学校开学初制定的学校核心素养框架中的"期望培养学生的能力"方面做了针对性调整,调整如下:

1.将"个人独立观察"变为"小组合作观察"

过去在布置同类型作业时,教师主要要求学生以个人独立完成的形式进行,这就会出现学生作业质量的明显悬殊;而此次教师要求学生以小组为单位进行联合暗访,其目的既是避免学生因事耽误而无法观察到位,又能通过组内补位加强学生的团队意识,形成生生在学习中的良性互动,即培养独立乐群的意识。

2.将"个人撰写作业"变为"小组协同撰写"

以小组为单位联合行动:悄悄观察一位任课教师一天的学校生活,并记录下他(她)的作息情况。

我们观察的是＿＿＿＿＿老师,他(她)在学校的一天是这样度过的:

时间	具体做的事情	观察一天的感悟
上班前		
上午7:30～8:25		
上午8:25～9:15		
上午9:15～10:10		
上午10:10～11:00		
上午11:00～11:40		
上午11:40～13:00		
上午13:00～13:55		
上午13:55～14:45		
上午14:45～15:40		
上午15:40～16:20		
下班后		

基于传统的作业观和部分学科的特殊性,学生作业往往需独立撰写,这是一

个学生独立思考的呈现，教师在评阅作业时便能了解学生的个体情况。而此次的开放性作业目的并不是要了解学生既有的元认知，而是要通过作业的完成过程实现学生对自己认知活动的自我体验、自我调节和提升，这是一个动态的过程，这时候同伴效应可以有效促进和加速这一过程。小组组长将表格中所划定的观察时间段分配到组内所有成员手中，分工明确，各司其职，在放学后集小组智慧完成自己作业单的观察内容，回家后独立撰写感悟。这样即便是少数那些照抄他人而没有完成自己任务的孩子也能在阅览同组同学的作业中获得点滴启发。有同学在观察感悟中就诚实地说道："我下课忙着订正，没法观察，但是看到同学们写的，我觉得老师很辛苦，我应该少给老师添麻烦。"

学生运用分析观察到的数据，结合个人经验形成自己的观点，并且进行口头或书面的交流，这正是该校核心素养敏于观察、勤于实践、乐读善思的素养培育。

3. 将"简单下发"变为"精工细作的前期准备"

六年级思想品德课每班一周仅一节，有限的教学时间一直困扰着备课组教师，过去作业布置大多伴随着前一周那节课的下课铃匆匆下发，而此次开放性作业在布置时教师抽出较多时间，带领学生做这样几个准备：①分组分工，组长汇报，当堂到位——就是要求学生在组长带领下5分钟内根据个人情况进行分工，比如到校比较早的组员可以承担前两个时间段的观察任务，正好轮到值日或家偏近的组员负责最后两个时间段的观察任务等；②设立"你问我答"，提出困疑，课堂解决；这一开放性环节显然是有必要的，因为学生在实践过程中确实提出了很多问题，比如：上课的时间我们如何去观察？老师上班前的时间我们怎么了解？等等。课堂提问时，学生集思广益，有学生说观察了老师的课表大致可以知道她每天的课程节数；如果老师没课，那么我们可以在下课观察一下桌子上的变化，比如作业是否批完、老师的电脑桌面上显示的是什么，据此推断老师上一节课可能在做的事情等；③教师点拨，启发灵感，激发兴趣。六年级学生的好奇心非常重，笔者告知学生，他们有了能够名正言顺明察暗访老师的机会，还可以借此与老师聊聊日常生活，了解老师上班前和下班后的打算，学生听后都非常兴奋。

在准备过程中，学生努力打破困境，提出新方法新设想，对作业设计开展批判性思考，发现并尝试解决问题，积极主动寻求帮助。学生通过这一作业形式发展了敢于质疑、乐于尝试、习究不懈的学习观。

4.将作业评价从"教师评价"变为"师生共同评价"

学生通过小组观察、体验感悟、交流探讨，获得了实践机会，并交出了结合小组力量和个人智慧的作业单。在作业评价阶段，教师没有一味地进行个人评价，而是将分享观察和感悟作为一项课堂环节，先要求组内各自分享感悟，再推选一位代表来交流发言。组内的自我评价使学生的思维和情感互相碰撞，最终的代表推选也是生生评价的一种形式。这样的转变不仅充分尊重学生，也培养了他们对自己和他人能力的客观评价，逐步树立自信自强意识。

5.将学科"作业设计"变为"师生共情"的有效形式

此次作业的评阅过程中，有学生写道："老师一天中陪伴女儿的时间都没有和我们在一起的时间多""原来我觉得自己一天很忙，但老师其实也没休息时间，一天都在批改作业""每天靠喝咖啡提神，老师真的非常不容易""老师付出的比我们更多，真该以优异的成绩回报师恩，让老师的付出真正有价值"……学生眼中和笔下的一线教师的呕心沥血令人感动，作业成了传递师生情谊的形式，无形中构建了良好的师生关系，以朴素真挚的情感推动学生形成自我约束力，培养遵规明理、尊师重教的个人素养。

最终全年级有43份作业获得了优秀评价，这些作业不仅充分具备了观察的真实性和有效性，且同一组内通过观察后的语言表达也各展其才。有些学生关注细节加以描写，有些学生通过符号表达情感，有些学生在撰写感悟中言语质朴却情真意切，对老师的观察、了解和情感表达在字里行间。

观察—记录—建立联系(分析思考)—个性化表达，这一系列的操作似流水般细腻却无声，为教学目标的落实建立了平台，也为培养学生核心素养铺设了基石。

三、总结展望

长宁区初中作业开放性研究目前已经取得了一定的成果，而实践研究的步伐始终没有停下，它正在为提升学生的自主学习能力拓展更加广阔的空间。未来，学生不再感觉做作业是浪费时间，而是提高学习效率，化被动为主动，让所学内容学以致用，对自己终身发展受益。这将是长宁区教师继续求索的目标，也是上海市延安实验初级中学思想品德学科备课组教师们继续努力的方向。

关于高中思想政治课开展社会实践活动探索与反思

——以高一年级下册第八课第二框"坚持对外开放基本国策"为例

上海市市南中学　徐轶铖

随着新高考的改革,在高中思想政治课堂的教学中,诸如理论与实际相结合等一些学科素养已经渐渐被师生接受并进入教学的过程中,教师会通过设置情境、引发问题等丰富多彩的课内活动,尽力让学生收获知识的同时收获快乐。但是因为课堂时间和空间的局限性,日常的教学方式上让学生通过自身的体验达到自我完善、自我发展的力度有限;教学内容过于局限教材,而缺少创造性、灵活性,使学习变得程式化,缺少活力。

在一段时间教学工作后,笔者渐渐意识到社会实践活动能极大地避免以上传统教学过程中的不足,做到以学生为主体,在课堂之外,联系生生活实际,结合学生已有知识背景和社会技能,开展学生社会实践活动。笔者结合自己的一节公开课对高中思想政治课开展社会实践活动进行探索与反思。

(一)高中思想政治课开展社会实践活动的意义

1.有助于激发学生对政治学科的学习兴趣

兴趣是最好的老师。现代心理学研究表明,人们对自己感兴趣的事物总是力求探索它,认识它,但是如何激发学生的兴趣成了许多教师的难题。笔者认为只有让学生在现实环境中通过自己的体验去感受政治,从内心认同政治学科对个人生活和社会发展的贡献,才能让学生对政治学习产生浓厚的兴趣。

学生通过观察、体验、分析等多种环节,充分体验社会热点话题的趣味性和时效性,同时教师可以通过午间广播或是课后探讨的方式让这些新闻成为学生课余饭后的探讨话题,一旦学生形成对新闻和话题的持续关注度,那么他们对于政治学习的兴趣就会被大大激起。

例如,在沪教版教材《思想政治》高一年级下册第八课第二框"坚持对外开放基本国策"的教学中,笔者安排学生在周末体验"没有外国元素的一天"让学生观察外国制造或是外国资本在中国市场中的地位。这个活动深受学生的喜爱,实践活动的新颖性以及体验忹立刻就让他们对中国市场中的外国商品产生了关注。小黄同学为了了解上海某条地铁是否为100%中国制造,通过实地采访和网络查询进行实践。学生善于思考、敢于质疑、自我发现问题的意识增强了,同时也能运用归纳、概括等方法对信息进行加工。这一系列的变化都得益于学生高涨的学习积极性。

2.有助于学生理解学科知识

知识的掌握是学生参与学校学习的一个重要目的,通过何种方法习得知识将对能否学以致用产生非常大的影响。死记硬背掌握的知识或许能通过考试的检验,但是对政治理论的认知过于单一,容易形成用理论论证理论的思维怪圈,使学生感觉政治教学空洞虚幻,政治理论华而不实,在面对社会问题时往往难以招架。在社会实践活动中,学生对社会现象进行思考,在教师的引导下将感性的现象认识自行提炼为理性的知识,再结合课本进行学习达到理解学科知识的目的。

例如,在收集2017年中国对外贸易进出口数据时,学生收集到了这样一条数据"2017年,我国机电产品出口8.95万亿元,增长12.1%,占我国出口总值的58.4%,当年贸易顺差为2.87万亿元。"其中,顺差是本课的教学知识点。学生通过计算进出口数据的差额之后就知道了顺差是出口值大于进口值,反之则为逆差。这样的方式或许比平常的教学方法花费更多的教学时间,但是却能让学生更好地对课本知识进行识记,因为这些知识是学生自己通过阅读、理解、运用、概括所得的知识,无意注意地掌握和熟记的知识更利于记忆。

3.有助于学生关注社会现象

高中思想政治课与其他课程相比有极强的社会性和时效性。生活中的热点问题对于学生而言是非常熟悉的,但是我们的学生往往因学业繁重或是缺乏观察力而忽视这些身边的学科知识。通过安排社会实践活动,可以从一定程度上引导学生去关注发生在身边却未曾关心过的社会现象。例如,学校周围的早餐摊贩为什么最近都不出摊了?为什么马路上新能源车越来越多?为什么同样是便利店,A家比B家生意好呢?学生通过社会实践活动寻找到答案后可以收获自信,并且认识到如何将学科知识运用到生活实践中,并产生"关注现象—实践体验—课本学习—解答疑惑"的良性循环。

在本课的教学中,笔者以中美贸易战为例,安排学生收集中美汽车、中美食品近年在上海售价的变化。学生通过作业,不自觉地会去分析价格的差异,再结合中美贸易战,就可以对生活中的这些现象进行分析,从而形成关注社会现象的习惯。

4.有助于教师牢牢把握课堂教学阵地

高中生对社会热点问题的好奇心极强,有着强烈的探究欲望,经常会提出一些有趣的问题,比如国际贸易如何解决争议,如何看待选秀节目,如何对待网络热点话题等。与此同时,网络上也存在某些社会事件的负面评论,此时需要教师进行适当的引导,否则学生会对教师失去信任,从而对思想政治课学习失去兴趣。社会实践活动的开展则能让学生通过亲身体验对事物有辩证的认识,此时再经过教师的合理引导和教学,让学生认同知识和教师的教学。

例如,在本课教学中,笔者安排学生观看一带一路成果视频汇编,以及采访在沪高校留学生,以此来了解一带一路给沿线各国人民带来的好处和福祉,从而进一步了解习总书记提出的"人类命运共同体"这个概念。

(二)高中思想政治课开展社会实践活动的要求

社会实践活动是让学生放开手脚大胆创新的实践活动,这些活动让学生身临其境,亲自动手,很多时候需要学生付出艰苦的努力才能得以完成。在此过程中,必须注意以下几点:

1.材料收集的真实性是社会实践活动的根

收集的资料对于社会实践活动而言好比树木的根,如果根部溃烂,那么整棵树也将不复存在。如果第一手收集的资料具有虚假性,那么整个实践活动的教育性和正确性就无法保障。学生可以通过网络查阅、实地采访调研等多种手段来获取资料,从而保证活动结果的有效性和真实性。

例如,在本课教学中,笔者设置了采访"外国人眼中的中国制造"活动,本次活动安排了4个班级的学生对在上海生活和旅行的外国人进行问卷调查和访谈,通过实地的采访确保第一手资料的真实性。同时,在随后的PPT制作时也是各个班级分开独立完成,并没有为了节省时间让4个班级共同完成。这样虽然费时费力,但能使学生从开始便具有真实严谨的科学态度。

2.学生体验的趣味性是社会实践活动的身

有根只能保证营养,有身方能枝繁叶茂。在设计社会实践活动时要充分考虑活动的趣味性,达到寓教于乐的目的。在实际的操作中可以采用一些"网红"资料来增加趣味性。例如,在这次教学中,笔者在设计课后作业时就借鉴了网络上的综艺节目《故事我来写》中的一个环节。请同学们阅读美国作家在2004年写下的《离开中国制造的一年》并猜想到了2025年如果作者再写一本《离开中国制造的一年2》会是怎么样的,请同学们进行仿写。这样的活动充分调动了学生的兴趣,让学生自发地进行实践体验,避免了对作业应付的态度,同时也极大提高了实践活动的饱满度和学生参与的积极性。

3.生成问题的思辨性是社会实践活动的魂

课堂外的社会实践活动给学生提供了独立思考和探索的空间,而如何帮助他们形成正确的价值观则是课堂内的重要环节。在课外实践的过程中,因为每个学生看待问题的角度不同,因此会产生不同的认识,如果此时教师依旧采用灌输式的教学方式,会打击学生的积极性。

例如,同学们通过体验"没有外国元素的一天"的活动了解了外国元素引进中国市场会对许多中国制造的商品产生冲击,这时笔者进行追问,"既然有那么多冲击为什么我们还要引进外资呢?"同学们经过讨论和思考,逐渐了解到了对外贸易互惠互利的理念。在实践教学过程中,教师可以选取国内外重大时事案例和学生身边的人和事,让学生在真实的学习情境中进行思辨讨论,从而给学生提供一个锻炼意志、培养毅力的平台和机会,有助于学生的全面发展。

内"传"于心外"践"于行 彰显课程育人价值

上海市光明初级中学 朱晓琳 陶鹏鹏

一、学校介绍

上海市光明初级中学地处上海中心城区黄浦区,毗邻豫园,前身是具有近百年办学历史的上海市明德学校。多年来,学校德育工作全面贯彻党的十九大会议精神和习近平新时代中国特色社会主义思想,以"立德树人"为总目标,以校训"明德臻理 创新务实"为工作理念,通过德育主题实践活动、课堂教学中的德育渗透、育人环境的营造等,实施规范、民主管理,努力推进课程建设,办人民满意、学生喜欢的优质学校!

二、学科组介绍

上海市光明初级中学道德与法治学科组由5位教师组成。学科组严格执行《上海市中学思想品德和思想政治课程标准》相关要求,立足校情、学情,关注学科核心素养的培育,引导学生通过道德与法治学习和实践,初步树立中国特色社会主义的理想信念,逐步形成正确的世界观、人生观和价值观,为终身发展奠定公民品德和思想政治素养基础。

三、经验总结

初中道德与法治课程在培养学生的核心价值理念以及良好道德品质方面具有重要的作用,也是学校德育教育的重要基石。教师在进行道德与法治课程教学的过程中,应该帮助学生树立正确的世界观、人生观和价值观,使道德与法治教学提高德育的有效性得到切实的提高。

《中小学德育工作指南》指出,初中学段的学校要教育和引导学生认同中华文化,传承和发扬中华优秀传统文化;《国家教育事业发展"十三五"规划》中明确要求,学校要充分发挥品德课、思想政治理论课主渠道作用,广泛运用情境教学、社会实践等方式,关注学生情感体验过程,引导和组织学生通过各种社会实践活动践行社会主义核心价值观。

因此,学校从中华传统文化教育和社会实践活动两方面入手,积极探索德育课程育人价值。

(一)弘扬中华传统文化,育文化传承之"心"

中华传统文化是由中华民族五千年源远流长的历史、文化凝结而成的,是中华民族的精神命脉,是涵养社会主义核心价值观的重要源泉,也是中国在世界文化激荡中站稳脚跟的坚实根基。培育和弘扬社会主义核心价值观必须立足中华优秀传统文化。党的十八大以来,以习近平同志为核心的党中央高度重视中华优秀传统文化的传承发展,为传承和创新发展中华优秀传统文化指引了方向。

基于上述认识,学校从课堂教学、校本培育和节日传承三方面开展中华传统文化教育,引导学生学习中华传统美德,弘扬中华传统文化。

1.关注中华传统文化课堂教学渗透,落实"一节课一道理"

课堂教学是传授系统知识、促进学生发展、全面实现培养目标的有效形式和基本途径。学生在校时间的80%以上是在课堂里度过的,而学科中的德育是学生最经常、最大量接受教育的中心环节。因此,在贯彻落实"两纲"①教育中,学校必须始终坚持和强化课堂教学中的德育渗透与融合。

初中道德与法治课是对中学生比较系统地进行公民品德教育的基础课程,是中学德育工作的主导渠道,其中中华传统美德教育就是一个很好的契机。初中思想品德课就是要引导学生实现自尊自爱、自立自强、诚信友善、学会交往、热爱生活、学会学习、明辨是非、崇尚科学、遵纪守法、情系祖国、立志成才、复兴中华的目标,在每一课的教学内容中都包含着相应的传统文化内容。教师可以以此为抓手进行教学。

---

① 《上海市学生民族精神教育指导纲要》和《上海市学生生命教育指导纲要》简称"两纲"。

其一,教学目标的制定。教学目标是教学活动得以顺利开展的关键,合理、科学的教学目标有助于学生学习。在制定教学目标时,教师不仅要关注知识技能的传授,而且要注重学生情感态度价值观的培养。

其二,教师的课堂组织管理能力。课堂教学组织管理能力是指教师在教学中充分发挥管理效能,调节教师与学生、学生与学生之间的关系,调动学生的学习积极性,师生共同完成教学任务的技能技巧。教师在课堂教学中,要根据教学目的、教学内容和学生的实际情况,用各种管理方法唤起学生注意,激发学生兴趣,活跃学生思维,使之自觉、积极、主动地参加各种课堂教学活动。在课堂教学过程中,教师既是知识的传授者,又是教学的组织管理者,而学生才是学习活动的主体,教师在教学中要尽可能地根据教学内容和学生实际,准备好充足的学习材料,为学生发挥主观能动性和创造性提供充足的时间和广阔的空间,让学生在自主、自觉、自由的活动中进行积极、主动、探索式学习。为了更好地提升课堂教学效率,教师可采取以下三种教学策略。

①情感暗示法。情感在课堂组织教学中发挥着动力的作用。如果学生对老师、对课堂缺乏情感,就不能有效地进行学习活动。因此,我们要善于运用各种教学手段,培养和引导学生积极向上的情感,并让其在成功中产生新的学习动机。

②媒体变换法。在课堂教学中,单一的教学媒体容易引起学生疲劳和注意力分散,影响教学效果。因此,教师要根据需要适当变换教学媒体,通过多种媒体的交互使用,充分调动学生的各种感官去获取信息,不仅可以有效调控学生的注意力,加强学生对知识的感知度,而且有利于学生对知识的记忆、理解和应用,促进由知识向能力的转化。

③活动变换法。变换课堂活动方法可以有效调动和集中学生的注意力,提高课堂教学效率。课堂活动方式包括师生交流的方式、学生活动的方式和教学评价的方式等。在课堂教学中,教师应根据教学的需要适时变换课堂活动方式。例如,由教师讲变为学生讲,由机械操练变为交际操练,由集体听课变为小组讨论,等等。这些变化会给学生以新鲜的刺激感,强化学生的注意力,激发其参与的兴趣,进而达到提高教学质量的目的。

2.建立中华传统文化校本培育模式,确立"一年级一主题"

学校立足多年实践、探索形成的"以中华传统文化教育为核心的德育体系",

在党支部直接领导和青年教师的积极参与下,开展了德育校本课程开发的实践性研究。研究过程中,青年教师始终坚持"以学生发展为本"的原则,创造性地将学校、家庭和社区教育资源整合并纳入课程开发的全过程,还把中华传统文化教育分年级核心内容与道德行为的达成目标、社会主义核心价值观公民层面的培育目标有机结合,形成分年级、分层次目标,从而使德育内容更加系统和规范。具体情况详见表1。

表1 中华传统美德分年级的核心内容与道德行为的达成目标

年级	教育主题	价值内涵	教育背景	培育目标
预备年级	尊师敬老的孝悌风范	友善	结合新生入学教育,引导学生从基础道德"孝悌"做起,走好人生第一步	尊敬师长学会感恩
初一年级	立志勤学的治学态度	敬业	结合中学课程学习的要求,引导学生从端正学习态度做起,走好成才第一步	勤学好问刻苦磨炼
初二年级	修身冶情的人格标准	诚信	结合青春期身心健康教育,引导学生从自我修炼做起,迈好青春第一步	开阔视野真诚交流
初三年级	爱国爱民的奉献精神	爱国	结合中考的相关要求,引导学生从树立爱国主义精神做起,成为对社会有用之才	和谐发展立志报国

通过努力,我校已完成了德育校本课程的开发并初步通过了实践检验,青年教师也在实践探究中开阔了眼界,育德意识和育德能力得到长足的提高。如Z教师在预备年级以中华传统"二十四孝"故事为例,开展了传统文化主题教学实践:

【故事呈现】 "二十四孝"美德小故事之《黄香扇枕温被》

汉朝时期,孝子黄香的母亲早逝,他知书达理,在炎热的夏天,用扇子扇凉席子让父亲睡,冬天则先钻进被窝温热被子让父亲睡。

【学生思考】

①黄香为什么要替父亲"扇枕温被"?

②如今我们还需要学习黄香,替父母"扇枕温被"吗?请说明理由。

针对问题1,学生回答:"因为黄香的父亲工作很辛苦""因为黄香从小没有了母亲,是父亲把他抚养长大,黄香用行动表达对父亲的感恩之情"

等。学生能够达成"黄香的行为是对父亲行孝的具体表现"这一共识。在问题2的讨论中,学生的意见产生了分歧,主要表现为"要学习黄香才能彰显孝道"和"不需要学习黄香的"扇枕温被",因为如今已经有了空调、电热毯等设备让父母安心休息"。教师追问:"那么黄香的故事对我们而言还有没有现实意义?"从而引导学生懂得随着时代的变迁,行孝的方式因人而异因时而异,但表达这份对于父母的感恩之情,也应当从生活中的每一件力所能及的小事做起,大孝始于小事,只有从小树立行孝理念,才能长大"胸怀天下",成为对祖国、对社会有用的人才。

在上述案例中,教师运用传统文化小故事组织学生进行探讨与分析,提炼传统文化中所蕴含的美德精神的内涵,进而结合时代变迁,引导学生进行理性地辨析,懂得美德精神在新时代的价值和作用,这为学生学习中华传统美德,弘扬传统文化指明了方向。

3.打造中华传统节日文化传承机制,彰显"一节日一文化"

为引导学生进一步了解和感受中华传统节日的文化内涵和文化魅力,追溯节日的历史渊源和了解节日的民风民俗,更好地继承和弘扬中华优秀传统美德,提高学生对民族文化的认同感和自豪感,学校结合春节、清明节、中秋节、重阳节等中国传统节日,引导学生感受中华传统节日氛围,了解中华民族的民俗风情和节日习俗,从而学习和弘扬中华传统文化。中华传统节日教育内容详见表2。

表2　上海市光明初级中学中华传统节日教育内容

传统节日	教育内容
春节	写春联、品年味、传习俗
元宵节	猜灯谜、包元宵、做花灯
清明节	祭先烈、忆先贤、踏春景
端午节	包粽子、赛龙舟、做香囊
重阳节	登高楼、慰孤老、承孝道
中秋节	诵诗词、品月饼、享团圆

在中华传统节日的教育中,学校不仅关注丰富的教育形式,而且注重内容的创新性,将教育内容与多媒体形式有机结合,在传承传统文化的过程中,赋予传统文化的新时代意义。

（二）开展社会实践活动，导实践出真知之"行"

实践性是道德与法治课程的基本性质，是引导学生从感受、认识、理解走向行动的重要途径。《上海市中学思想品德与思想政治课程标准》明确提出，要将学生参与学校生活、家庭生活和社会公共生活的实践能力作为学科的核心能力进行培养。因此，在课内外开展各类社会实践活动有助于学生将课本知识与生活实际紧密结合，丰富学生体验，在将所学知识运用于实践的过程中，促进知识的理解和强化，从而增强主体意识，培养创新精神和实践能力，提高综合素质，发展健康个性。

基于上述认识，学校组织学生通过社会调查、探究性学习、职业体验三种方式开展社会实践活动，引导学生在实践中提升能力，促进道德成长。

1. 将社会实践活动与教材内容相结合，遵循"一单元一调查"

为了更好地帮助学生认识、处理"生活""知识"和道德与法治学习的关系，学校运用调查研究的实践策略，引导学生结合教材"探究与分享""拓展空间"等相关内容开展社会调查，通过问卷、访谈、资料搜索等方式，将教材知识与实际生活有效衔接，为书本知识赋予现实意义，提高学生的社会调查和实践的能力。六年级单元社会调查内容详见表3。

表3　上海市光明初级中学六年级单元社会调查内容

单元名称	调查内容	设计意图
成长的节拍	调查新校园的具体情况，分析初中和小学的具体变化	增强对学校的了解与认识，激发爱校情感
友谊的天空	调查中学生网上交友的普遍程度、动机、标准、方式、实践、影响，并写出一份简单的调查报告	结合热点现象，梳理网上交友的相关情况，树立正确的交友观
师长情谊	调查同学间尊敬师长的实际情况，制订尊师重教的行为计划	理性看待生活中师生关系的相关问题，树立尊敬师长的意识
生命的思考	采访身边的老人 请他们讲讲他们10岁、20岁、30岁……一路走来的人生故事，并写下你的感受	了解生命的成长意义，激发热爱生命的情感

社会调查，不仅使学生巩固和丰富学习内容，掌握内化知识的方法与途径，

而且促使学生基于调查结果开展生生经验、师生经验的交流,从而夯实和延伸道德和法治的学习成果,提升单元知识的学习效率。

2.将社会实践活动与时政热点相结合,开展"一主题一探究"

初中学生正处于特殊的青春转折期,具有思维独立性、叛逆性和情绪易感性等心理特征,在网络媒体和多元价值影响下,说教式、填鸭式的教学模式已经不能满足青少年对知识的学习和价值的认同,教师如何在有限的时间和空间中结合青少年自身学习、生活需要与党和国家需要,将主流价值观融入青少年的精神世界,从而实现"课程育人"的目标尤为重要。

为此,学校关注学生探究性学习能力的培育,结合各类时政热点,组织学生以小学合作学习的形式开展探究性学习,并将探究结果进行提炼总结,形成"在探究中学习,在学习中探究"的良性循环。时政热点探究性学习内容详见表4。

表4 上海市光明初级中学时政热点探究性学习内容

主题	探究性学习内容	探究性学习目的
培育和践行社会主义核心价值观	走近榜样人物 丰富价值内涵	理解社会主义核心价值观在生活中的现实意义,提升对核心价值的认同
学习党的十九大精神	学习会议精神 领会思想内涵	提升对"党领导一切"理论的认同感,懂得没有共产党就没有新中国
爱国主义教育	寻访红色基地 挖掘历史内涵	了解爱国主义基地历史,懂得幸福生活来之不易,培育爱国情感
纪念改革开放40年	走近家乡变迁 分析改革内涵	了解现实国情,理解改革开放为祖国带来的变化,树立民族自豪感

实践表明,组织学生开展探究性学习是一个系统而庞大的工程,在"成立探究小组→确定探究主题和具体内容→组内分工→制定探究方法→开展探究活动→结果汇总→形成探究小结"的过程中,学生不仅对相关的时政热点及其蕴含的知识有了更加深入的理解,而且提升了收集、处理和分析相关问题的能力。

3.将社会实践活动与社会资源相结合,落实"一学期一体验"

伴随"回归生活"的德育理念被广泛接受,淡化知识点的讲授、关注并强调学生的生活体验,是道德与法治课程教学的研究方向;与此同时,伴随着中考改革的推进,对于学生综合素质评价的要求更加明确,为初中生开展职业体验活动指明了方向。

为此,学校将职业体验与志愿服务有机结合,根据《道德与法治》教材确立的各年级主题,整合社区、武警部队、共建单位等各方资源,将课内知识学习与课外职业体验有机融合,通过"课内学习→经验小结→任务驱动→课外体验→知识内化"的过程,形成系列化、常态化的职业体验模式,拓展和充实学校德育教育的内容与内涵。具体情况详见表5。

表5　上海市光明初级中学分年级职业体验内容

年级	对应教材主题	职业体验内容	实施目的
六年级	自我认识	武警部队军人体验活动	明确自我要求,树立责任意识
		"环保小达人"——保护环境志愿服务活动	
七年级	与他人交往	轨道交通十号线引导员体验活动	提升交往能力,树立奉献意识
		"爱心小天使"——慰问孤老志愿服务活动	
八年级	社会公共生活	上海虹桥机场出入境边防检查站民警体验活动	参与公共生活,树立公民意识
		"交通小卫士"——维护交通秩序志愿服务活动	
九年级	国情国策教育及全球观念、国际视野	交通银行豫园分行金融理财师体验活动	提升国际视野,树立国家观念
		"法语小导游"——法国友人接待志愿服务互动	

职业体验和志愿服务活动,让学生开阔了视野,增长了见识,培养了兴趣,促进学生在体验中认识自我、走近社会、关爱他人、热爱祖国,提高参与社会生活的能力。

随着中考改革和初中道德与法治教学改革的不断推进,教师对于学生学科核心素养和核心能力的培育要求不断提升。作为中学德育教育的主阵地,学校还将不断探索和优化道德与法治教学模式,积极发挥道德与法治课程的育人价值,为学生身心健康成长保驾护航!

回归生活　实践体验　不断生成　提升素养

——上海市奉贤区致远高级中学生成性教育理念下
校本社会实践课程的构建与实施

上海市奉贤区致远高级中学　王　青

　　社会实践是实施素质教育、提升学生核心素养的重要载体和基本途径,它以自然和社会为课堂,让学生走出校园、走进自然、接触社会,培养学生良好的德性,是学生知、情、意、行四项要素并举的学习,是带动学生全部精神活动有层次、有深度、有应用、有实践的学习。

　　近年来,在基础教育课程改革中,在奉贤区"整体育人、人文育人、贤文化育人"的理念下,在建立"自然　活力　和润"南上海品质教育区的实践中,我校坚持立德树人,以生成性德育为引领,推动德育活动的生活化、序列化和课程化,从社会实践着手,依托学科知识,使学科德育、研究型课程与之整合,构建具有我校特色的社会实践课程,让活动与知识的应用、课程与学生的发展处在一个经过整合的共同的张力场中生成,发挥实践的张力功能,增强德育活动的实效性,有效促进学生的心智提升和人格升华,促进学生的自主和谐发展。

一、潜心研究,确立生成性德育育人指导策略

　　2009 年以来,我校开展了市教委规划课题"高级中学生成性德育的策略研究",从生成论的哲学与教育学的视角进行审视,强调德育的生成性,关注德育的过程性,探索德育过程中学生的内在的生成机制。我们认为:生成性德育,是教师以真诚的态度和为学生发展服务的心向,在育德过程中与学生进行平等对话,并根据学生行为、感受、兴趣与需要等做出及时价值判断,对教育行为及其出现的各种问题进行机智性调整与从容应对,以使德育过程深入持久地进行下去的育德形态。

在多年研究和实践过程中,全体致远人提炼总结了"脉动学生生成的德性起点、甄别学生生成的价值判断、激活学生生成的积极态度、催化学生生成的情感体验、引领学生生成的行为轨迹、收获学生生成的德行果实"的六范式,"关注歧态、关注差异、关注互动、关注情感、关注自主"的五关注和"及时采撷的情景体验指导策略、就地取材的实践体验指导策略、设身处地地移情体验指导策略、以联想为纽带的情感反刍体验指导策略"的四策略,与"学科德育融合的生成性德育内容的整合、学科德育融合的生成性德育形式的整合、学科德育融合的生成性德育管理的整合、学科德育融合的生成性德育方法的整合、学科德育融合的生成性德育评价的整合"的实践活动与学科德育融合生成性德育整合五措施。"六范式、五关注、四策略、五措施"的教育模式在实践过程中得以广泛应用,也取得很好的成效。

二、精心设计,构建生成性德育校本实践课程

生成性德育社会实践校本课程的内容主要包括构建核心价值观与成长融合的德育实践课程、构建团队合作与个体发展力融合的人文孕育课程、构建个体发展与核心素养培育融合的志愿服务课程和领航未来与塑造个性的生涯规划指导课程。

(一)构建核心价值观与成长融合的德育实践课程

德育实践课程从学生的内心需要出发,让学生直面现实生活,在富有人性化氛围的空间场所中,通过自身感受体验内化成长发展,在过程中培育核心价值观。

在国防教育实践课程设计中,除基础的军事技能训练、军事知识讲座和基地开发的团队合作项目之外,我校实施了与历史学科整合的"学史明志"实践课程和与生命科学学科、卫生与健康学科整合的"救护"实践课程。如"学史明志"实践课程包括自主探究人民军队的辉煌历史、英雄人物和经典战役等。学生根据小组研究课题,收集挑选专题片、制作军事主题板报、开展红歌接唱等。丰富多彩的主题活动让学生核心价值观培育达到了自觉生成。

在农村实践课程设计中,我校构建了与语文、艺术和地理学科融合的"在希

望的田野上"农耕文化诗歌吟诵创作课程和"赤足走在田埂上"音乐创作课程。在农耕文化诗歌吟诵创作课程中,从荣获全国百家优秀国学社团的上海市中学中职优秀社团的校"贤韵"国学吟诵社"谁知盘中餐 粒粒皆辛苦"古诗吟诵,到"在希望的田野上"每班一首原创诗歌吟诵,学生由被动学习逐渐走向自主学习,同时直观感受到祖国发展离不开农业振兴。

在对外交往和国际理解课程中,弘扬中华文化成为每一位致远学子的神圣使命。每一次机场候机、每一次住家交流、每一次团队活动,都展示中华礼仪与中国学子的风采。在2016年德国之行中,我们在马克思故居驻足良久,看到了马克思的一生充满了流亡、困窘和无奈,但他那种为共产主义奋斗终生、矢志不渝的革命信念始终让我们难以平静。

在这样的实践活动中,我们看到了一群快乐而自信、有个性有才华且身心健康的学生在核心价值观与成长融合的德育实践过程中生成。

(二)构建团队合作与个体发展力融合的人文孕育课程

人文孕育课程引导学生在实践过程中,将价值判断(理性认知)、体验感悟(感性认知)升华为道德情感,把对生活、对家乡、对祖国的热爱融入血脉之中。

在庆祝中国共产党成立95周年、纪念红军长征胜利80周年之际,为走好新时代的长征路,我们力图让红色之路不是仅停留在一个仪式、一次活动的层面上,而是让它融入学校社会实践校本课程,成为一条致远学子意气风发的成长之路。

在南京,拜谒中山陵,探访总统府,参观侵华日军南京大屠杀遇难同胞纪念馆,我们不忘历史,但更有开创未来的决心! 在遵义,同学们自主设计重温入团仪式,那铿锵有力的誓言,就是我们对革命先辈的无限敬意! 在嘉兴,我们戴上成人帽,手捧宪法,迈向成人门,用高昂的誓言宣告我们已经成人。

全体高二年级还分组确立了50多个研究小课题,进行实地考察研究。许多小组写出个性化调研报告,如"南京地域性建筑分析""夫子庙商业特色的形成和成因"等。从历史人文到科技创新,他们走出课本知识的框架,学会了如何自己做学问,也实现了自我价值。

在贵州,我们开展了"学生主动学习能力培养"课程,在群山环绕的务川,致远高中正式和务川民族中学签约,同学们也设计了两校联合主题班会、学生论坛,同叙情谊,其乐融融。在贵州的山野间,我们寻九天母石,访龙潭古寨,感受仡佬族厚重的文化积淀;我们扛着米、提着油,带着自己制作的礼物,沿着山间小道翻山越岭探望伙伴。

我们组织学生干部参观如新集团大中华创新总部园区,采访如新对外事务总监。奉贤的发展前景广阔,历史悠久、文化令人心动,同学们真正感受到了"东方美谷"的魅力所在,感受到我们正在一步步实现"奉贤美、奉贤强"的战略目标。

在此,我们看到了一群努力向上、有想法会钻研、思维活跃的学生在团队合作与个体发展力融合的人文孕育过程中生成。

(三)构建个体发展与核心素养培育融合的志愿服务课程

在志愿服务课程中,学生从实践体验入手,在丰富知识和塑造个性的同时,提高未来进入社会的适应能力。我们以"全面发展的人"为核心,以职业体验为抓手,开设职业体验课程、公益服务课程和实践技能等志愿服务课程。

"守护美丽汉文字"啄木鸟行动志愿服务,既增添了一抹属于传统文化的亮色,又让学生在策划和实践过程中了解了语言文字工作者的不易,获得了策划人员、销售人员等的职业体验。"分一分"绿色公益积分兑换,将志愿服务对象延伸到了社会大众,在公益劳动的同时,承担着财务记账、社区管理和巡逻劝导的工作。"心语社团进社区"则标志着学校特色学生社团有了自主组织实施志愿活动的行动力和独立性,社团成员们也获得了小小心理咨询师的职业体验。

爱心暑托班、爱心早教、帮残助老、图书整理、社区指引、纸艺普及等几十种岗位志愿服务深受同学们的喜爱,暑期期间,我校参加公益劳动又参与服务的有800多人,人均劳动38小时。

我们看到了一群勤奋又睿智、有理想有抱负、奉献青春的学生在社会实践与职业体验融合的过程中生成。

(四)构建领航未来与塑造个性的生涯规划指导课程

学生生涯规划指导,让学生尽早认知自我、认知职业,学会职业决策,在不断提升学习能力的同时,对自己的三年学业进行规划,理性思考,找到自己的成功之路。生涯认知、生涯体验、生涯探索、生涯规划和生涯护航课程组成了具有校本特色的生涯规划指导课程。

　　我校不同年级有不同的课程主题和内容。高一第一学期是适应期，以"适应高中　生成生涯意识"为主题，让学生尽快适应并融入高中生活，学会自我了解、认知生涯规划。第二学期是体验期，以"体验职业　提升生涯信念"为主题，让学生体验并建立与职业世界的连接，学会自我接纳、确定目标、提升学力。高二为探索期，以"探索职业　生成生涯态度"为目标，让学生实践并探索职业领域的价值，学会自我评估、明晰学业规划、决策选考。高三是抉择期，以"规划生涯　生成生涯发展"为目标，让学生关注并整合职业兴趣及能力，学会自我觉察、确立升学目标、规划生涯发展。

　　在这里，我们看到了一群积极又专注、有目标会规划的学生在领航未来、塑造个性的生涯规划课程过程中生成。

三、体验感悟，收获生成性德育校本社会实践实施成果

　　丰富校本课程，提升教师理念。我们构建了校本社会实践课程，将其内容与学科教学内容整合，汇编了《学科德育生成性策略案例集》、《生成性德育过程的实践与思考论文采撷》、学生校园花絮《在生成性教育中成长》和由上海科技出版社出版的专著《生成性德育策略》。其成果获中国教育学会2014（首届基础教育网络成果博览会）一等奖，上海市教委2014年、2017年教育成果奖评比二等奖。此外，我们更大的收获是，教师在一次次的理论指导、一次次的实践探索、一次次的讨论交流中提升了教育理念，改进了教学方法、注重了教育活动的生成，提高了自己的育德能力。

　　生成良好德性，凸显育人质效。在校本社会实践课程的实施过程中，不难发现学生学会了正确处理与他人、与社会的和谐关系，团队协作能力、主动探究能力也得到充分发挥。有一位志愿服务带队老师曾这样说道，在志愿服务中，她收获了对95后、00后的全新认识，在学校里扫地时，孩子们居然这么用心，即使不会做也会耐心地学，遇到挫折也会笑着面对，那是属于志愿者的独特光芒，就在一步步的内化化育中，育人质效得以彰显。

　　营造育人氛围，提升学校文化。社会实践课程的探索与实施，在促进学生德性发展、为学生搭建个性发挥舞台的同时，推动了我校德育品牌项目和特色工作的形成，体现了学生作为学校文化建设的主体角色，期望营造良好向上的学校氛

围,在先进文化的浸润下养成高尚的道德修养,学生行为文化和价值文化的内涵不断拓展和延伸。

整合教育资源,共筑美好家园。实践活动中,我们发掘了区域、社区和家庭教育资源,奉贤区图书馆、奉贤区档案馆、奉贤区博物馆、南桥镇学生社区实践指导站等30多家单位成了我校社会实践基地,建立了社区共建有效机制。每年家长开放日,我们都会举行职业生涯规划论坛,邀请多位优秀家长为我们开设职业体验微课程,不断拓展了社会德育资源库,密切了学校与家庭和社会的联系,整合了多方教育力量,形成了社会育人合力。

四、反思总结,完善生成性德育社会实践校本课程实施机制

下一阶段,我们将继续探索:①以跨学科整合为单位的学科德育与社会实践课程机制创新,完善社会实践课程的评价体系。②利用社会资源开发设计校本特色的社会实践课程,完善学生核心素养与生成性德育育人自然融合。③加强带队教师、指导教师的专业化建设,引领每一位致远教师成为优秀的德育工作者。

一个新的教育正在向我们走来,课程在不断指向生命与真善美。

我们认为,最好的教育是让学生真正拥有丰盈的思想、淡泊的心灵、健康的生活和钻研的精神,而我们一直在路上……

十年来,我们学生发展中心致力于课程创新,源于对教育的责任、对事业的执着,更源于对学生的热爱。我们相信,只要我们不断实践、不断探索,校本社会实践活动课程一定会越来越受到师生、家长的喜爱,一定会成为进一步培育学生核心素养的有效载体,真正引领学生自主健康发展、精彩学生未来人生!

为学生的健康成长撑起一片湛蓝的法治天空

——记上海市华东理工大学附属中学
"校院共建,走近检察官"青少年法治教育特色课程

上海市华东理工大学附属中学　黄　佳

青少年是祖国的未来和希望,正处在生理和心理的快速生长发育阶段的中学生,可塑性很强,从小培养法律意识,进行普法教育,可以预防和减少违法犯罪,更重要的是能促使他们养成依法办事、遵纪守法的良好习惯。因此,华东理工大学附属中学(以下简称"华理附中")以党的十八届四中全会所提出的"把法治教育纳入国民教育体系"为指导思想,继续秉持依法治校的理念,积极开辟新思路,将司法教育的力量引入学校教育,制定并实施"校院共建,走近检察官"的青少年法治教育特色课程,进一步构建"学校、家庭、社会和司法"多位一体的教育网络,以普及法律知识,提高全校学生的法律意识;保护未成年人健康成长,有效减少、杜绝行为偏差生的出现,形成遵规守纪、积极向上的良好校风;营造学校人人知法、懂法、守法、用法的法治氛围。华理附中"校院共建,走近检察官"青少年法治教育特色课程于2015年12月被评为上海市法治教育特色项目。下面就让我们走进"校院共建"为学生健康成长撑起的那片湛蓝的法治天空。

一、华理附中"校院共建,走近检察官"
青少年法治教育特色课程学科组介绍

本课程由华理附中校长童立贤担任课程组组长,由党总支书记诸秋萍担任执行组长,党总支副书记、分管德育工作的副校长张宇为副组长。组员为政教、团队、未保教师和各年级组长。同时,特聘徐汇区检察院未检科科长、高级检察官季冬梅为顾问,聘请康相鹏检察官(法学博士)、赵争先检察官等为任课教师。由校政教处负责课程具体开发和实施。

二、华理附中"校院共建，走近检察官"青少年法治教育特色课程实施情况简介

1.实施过程

（1）准备阶段：领导重视，制度保障

为了提高学校法治教育工作的实效性，2013年初，校领导专门邀请区里相关领导和检察院专业人员来校共同研讨法治教育工作的形式与内容，获得了许多实际有效的意见、建议与支持。在此基础上，华理附中于2013年1月18日与徐汇区检察院签订共建协议，为课程的开发和实施提供了制度保障。

（2）实施阶段：有序开展，讲求实效

自2013学年初课程正式实施以来，学校根据共建协议和课程实施计划，有序地邀请徐汇区检察院检察官和法学专家来校面向全体师生做系列主题法治讲座，并按照实际情况组织部分行为偏差生和检察官进行面对面的辅导交流。同时，组织初一师生共赴徐汇区检察院，进行实地的参观学习。具体情况详见表1。

表1　华理附中"校院共建"法治教育活动

时间	地点	形式	内容	对象
2013年1月21日	华理附中	"微讲座"式座谈会	《青少年违法犯罪的危害性》（主讲人：徐汇区检察院未检科科长　季冬梅）	部分行为偏差生
2013年5月24日	徐汇区检察院	社会实践与个别交流	观看《青春防线之校园里的大哥大》法治教育片；参观《为了祖国的明天》的法治教育专栏	初一年级全体学生
2013年9月26日	华理附中	主题教育	《未成年人犯罪情况分析及自我保护技巧》（主讲人：徐汇区检察院未检科科长　季冬梅）	全校学生
2013年10月16日	徐汇区检察院	社会实践与个别交流	观看《青春防线之在警钟敲响之前》法治教育片；参观《为了祖国的明天》的法治教育专栏	部分行为偏差生
2014年3月6日	华理附中第二会议室	"微讲座"式座谈会	《青少年违法犯罪的危害性》（主讲人：徐汇区检察院未检科科长　季冬梅）	部分行为偏差生

时间	地点	形式	内容	对象
2014年5月24日	徐汇区检察院	社会实践	参观徐汇区检察院及观看《为了祖国的明天》法治教育专栏	初一年级全体学生
2014年10月21日	华理附中第二会议室	"微讲座"式座谈会	《青少年违法犯罪的危害性》（主讲人：徐汇区检察院检察官、法学博士　康相鹏）	部分行为偏差生
2014年12月4日	华理附中	主题教育	《未成年人犯罪情况分析及自我保护技巧》（主讲人：徐汇区检察院检察官、法学博士　康相鹏）	全校学生
2015年3月27日	华理附中	主题教育	《未成年人犯罪心理情况分析及预防》（主讲人：徐汇区检察院未检科科长　季冬梅）	全校学生
2015年4月10日	徐汇区检察院	社会实践	参观徐汇区检察院及《为了祖国的明天》法治教育专栏	初一年级全体学生
2015年12月4日	华理附中	主题教育	宪法宣传讲座（主讲人：徐汇区检察院未检科检察官　赵争先）；"浩然"学生法治社成立	全校学生
2016年4月13日	徐汇区检察院	社会实践	观看《青春防线之在警钟敲响之前》系列法治教育片；参观徐汇区检察院学习基本法律知识	初一年级全体学生和部分初中年级行为偏差生
2016年12月2日	华理附中	主题教育	法治讲座《未成年人要知法懂法用法》（主讲人：徐汇区检察院检察官、法学博士 康相鹏）；法律咨询	全校学生
	徐汇区法院	颁奖和汇演	2016年徐汇区模拟法庭	"浩然"学生法治社成员

2. 主要特色

（1）课程资源，司法教育助力学校教育，"请进来"和"走出去"双向进行

学校充分开发和利用专业资源，与徐汇区检察院联手共建，引入司法教育助力学校青少年法治教育。通过"请进来"和"走出去"双向模式，形成互动的课程实施网络。"请进来"：邀请徐汇区人民检察院检察官赴我校展开法治主题教育讲座或座谈会。"走出去"：组织学生到徐汇区检察院实地参观考察，让学生亲眼观

察,亲身体验,帮助未成年人树立积极的人生观、价值观,增强他们的免疫力、自控力,做到知法守法、远离犯罪。

(2)课程内容,有的放矢,面上预防,点上攻破

面上预防,课程面向全体学生普及法律知识,提高学生法治意识。一方面全校师生共同参加法治主题教育讲座,学习法律常识,通过专设的校院共建"法治信箱"解决法律困惑,从而增强法律意识。另一方面针对初一年级学生处在身体与心理发育剧变初期的特点,着重安排初一年级学生"走出去":参观检察院,观看法治教育片,让他们"走近检察官",感受"法"、亲近"法",有效预防和抑制偏差行为萌生。点上攻破,聚焦个别行为偏差。组织部分行为偏差生前往徐汇区检察院参观考察,开展面对面交流,一对一帮教,实行针对性教育,争取"个个击破"。

(3)课程实施,化被动为主动,生生互动,共同发展

组织对法律感兴趣的学生组建"浩然"(社团名称来自华理附中的校训"一身正气,自强不息")学生法治社团,并聘请徐汇区检察院检察官担任指导老师,同时学校又聘任法治社的骨干成员担任学校行为偏差生的法治辅导员,开展一对一辅导,由此拓展了课程实施的渠道。通过生生互助,提升教育实效,从而进一步调动学生在课程实施过程中的主观能动性,发挥学生的主体作用,引导学生从"被动式"接受教育向"兴趣型""探究性"的主动学习转型。

(4)课程推进,活化教育形式,法治与道德教育互补并行

华理附中一贯重视全体学生的思想道德建设,并形成了"五心"(爱心、信心、责任心、恒心和红心)德育校本课程。为有序推进"走近检察官"的法治教育特色课程,在"五心"课程的实施中,针对不同目标人群、不同目的,学校将这两大课程有机结合,开展了主题教育、座谈会和社会实践等一系列课程活动,从而实现了法治建设和思想道德建设相互补充,相互促进,学生的思想道德水平由此进一步提升,法治观念进一步增强。例如,在开展责任心主题教育时,针对行为偏差生,学校聘请检察官教师来到学校,向学生及家长开展零距离谈心式的微型讲座,分析青少年违法犯罪的危害性,告诫孩子们要成才首先要成人,要对自己负责,对家庭负责,对社会负责,同时劝导家长也要加强责任心,做好家庭教育管理,并应积极、主动地配合学校,形成家校合力。

3.基本成效

（1）意识增强，新风蔚然

本课程广受华理附中学生的欢迎，同学们纷纷表示聆听讲座增长了法律知识，实地参观检察院则更"震撼人心"。学校校园广播电台主动增设了"法治专题"，越来越多的学生在校园法治宣传栏前驻足……华理附中与徐汇区检察院共同创建的法律知识信箱，也深受师生喜爱。学校政教处将出现率较高的具有普遍性和基础性的问题筛选提取，汇总成"法律知识问答集锦"，在学校广播中播出，不仅解决了同学们的疑问，更是一次有效的普法教育。

尤为喜人的是，随着课程的有序推进，华理附中学生的思想道德觉悟和法律意识也愈发提高：对于禁毒教育活动有了较深刻的认识，法治社团的成员参加徐汇区禁毒模拟法庭大赛荣获一等奖，在徐汇区法院一号庭的获奖作品汇演得到市禁毒办的高度表扬，主演还接受了《上海法治报》专访；法治社成员撰写的禁毒文章不仅登上了"上海头条"，同时被《上海法治报》转载；校园内抄袭作业的现象少了，考试时的作弊"发案率"也同步减少，拾金不昧的人数节节攀升……不仅如此，学生的正义感、责任感也逐渐增强，涌现出许多见义勇为的光荣事迹。如2016届高中生何同学在156路公交车上见窃贼行窃，个子矮小的她毫不畏惧，大喝一声，当场制止其偷窃行为，并在公交车司售人员和其他乘客的协助下擒获窃贼。公交公司为此致电学校，希望对该生见义勇为的高尚行为予以表彰。

（2）问题个例，悄然蜕变

课程实施以来，曾经的行为偏差生变化喜人，成功转化案例比比皆是。"他们"中有的已经升入初三。比如"那时候"被劝导去上海市龙漕中学（针对一般九年义务制初中阶段学校和家庭教育确有困难的学生进行帮助教育的寄宿制学校）就读而因故未去成的王同学，现在发型回归了"学生头"，每天穿校服来校上课，成绩明显进步，种种改变令人刮目。又如担任体育课代表的田同学，上课捣蛋早成"过去式"。前不久，他捡到一个苹果手机并上缴学校，师生对其拾金不昧的精神予以高度赞扬。这样的转化实例，还有许多，曾经存在问题，甚至成为"问题"的学生已经在悄然蜕变。

（3）增强免疫力，保护自我

如今，社会上电话、网络诈骗等现象常常存在。而未成年人往往成为它们主要的行骗对象。华理附中的学生在学习了检察官们在课上传授的"防骗小妙招"

后,几乎没有再出现受骗事件。学生还会自觉交流了解到的防骗技巧,从而增强了自我保护的意识和能力。有了学校的教育和法律的保护,一些"弱小"学生遇到校外不良少年欺负后不再忍气吞声,而是勇于向家长和学校反映,寻求警方帮助。学校周围环境也得到了净化,更加安全和谐。

三、反思与展望

在"校园共建,走近检察官"青少年法治教育特色课程实施过程中,华理附中通过探索与实践取得了一些很好的经验与做法,促进了学生"知法、懂法、守法、用法"的法治观念的形成,学生的思想道德素养也得到了提升。但在欣喜于收获的同时,学校在反思着教育过程中存在的困惑与不足,如怎样保持法治教育的长效性,怎样深挖"校院共建"的教育价值,如何进一步丰富法治教育内涵等。在下一阶段,学校将根据活动开展的现实情况,结合学生特点,积极探索,进一步拓展项目实施的有效形式,从而引导学生真正做到将遵纪守法内化于心、外化于行,并形成终生的行为习惯。具体将从以下几个方面加以完善:

①培养学生法治辅导员。组织以各班团支部书记为主体的学生干部定期赴徐汇区检察院,接受检察院未检科检察官的辅导,学习以未成年人保护为主的法律知识。经考试,成绩合格者将由学校向其颁发法治辅导员聘书,聘请他担任学校行为偏差生的法治辅导员,开展一对一辅导,通过生生互助,提升教育实效。

②开展主题为"我与检察官同行"的评比活动。根据学校和学生的实际情况,每学期有选择地开展一次法治征文评比、法治小报评比、法治网页制作评比等,以激发学生主动学法、用法、宣传法律的兴趣,让学生在自我体验中进一步增强法治意识。

③及时对课程实施进行阶段总结,并通过徐汇教育网、华理学区平台,校园网、校园广播等途径对外宣传,以扩大课程的影响力和教育辐射作用。

《中庸》有云:"唯天下至诚,为能尽其性;能尽其性,则能尽人之性。"华理附中人将一如既往地怀着一颗至诚之心,在积极行动中不断完善课程内容,丰富课程内涵,将学校法治特色教育推向一个新的高度,并使之成为华理附中的特色文化之一,让法治观念深化到孩子的内心,让他们在自律自强中更自由地成长!

瞧，这些春天的故事与成长的痕迹

——上海市田家炳中学"厉害了，我的国"寻访改革足迹主题活动

上海市田家炳中学　　王丹旸

2018年6月至今，在学校大队部、专业社会组织（青少年公益学院）、学生社团（红领巾小社团雪融公益社）的联合项目设计后，上海市田家炳中学的学生在区少工委、相关街道、专业社会组织、被调研企业的支持下，带领着上海市田家炳小学的12位学生代表，一起寻访改革开放40年的变化与发展的故事，一起感受微课题调研、社会实践带来的成长痕迹。

一、项目简述

改革开放40年来，我国社会、经济、文化、教育等各项事业取得了巨大成就。本项目为了深化中国梦和社会核心价值观教育，以学校、家庭、社会生活为切入点，以微课题调研为载体，让学生从"工业之美""成长之乐""生活之趣"三方面进行调研，寻访各行各业的改革开放亲历者，从他们的学习、工作、生活经历出发，以少年的心与手记录改革开放40年的变化，加深学生对改革开放的认识、领悟改革开放的精神，帮助学生由"访"到"学"到"行"，提升综合能力的同时，树立远大抱负，承担时代使命。

二、项目实施

（一）微课题申报阶段（2018年6月）

6月初，在学校各年级布置该项目，学生以自由组合的小组为单位，通过网络、报纸等初步信息搜索，寻找改革开放40年给学校生活、家庭生活和社会生活

带来的小变化，将"小变化"作为调查的切入点，经过讨论，确定各组"微课题"。

该阶段共征集到37个课题，涵盖社会生活及社会生产的诸多方面。这些课题经过大队部和专业社会组织的筛选与整理，被分为"生活之趣""成长之乐""工业之美"三个类别。依据类别和各小组申报的需求，学校邀请专业社会组织对参加活动的学生进行分类培训，联系共建单位、相关企业提供调查支持。

上海市田家炳小学作为试点，甄选了四年级和五年级共12学生代表，分成3个小组，选择"工业之美"分类中的3个微课题进行参与。

（二）微课题调研阶段（2018年7月～2018年8月）

暑期期间，各微课题调查小组根据培训时所教授的课题调研流程，自主开展微课题调研。

"生活之趣"——该分类下的小组，以资料搜集与线下走访相结合，捕捉改革开放对生活习惯、思想观念带来的细微变化。如："垃圾分类"变迁史调查小组，对临汾街道所有社区进行了实地走访，统计了临汾街道垃圾分类执行情况地图；"宠物与流浪猫狗"小组，通过问卷星的线上问卷，采访宠物店经营者的方式，了解改革开放至今"宠物"功能的变化，以及目前社会上对宠物与流浪猫狗的观念冲突……

"成长之乐"——该分类下的小组，以线上问卷与线下访谈相结合，探寻改革开放对个人成长带来的变化。如："阅读习惯"变变变小组，线下通过与不同行业背景、不同年代的人的个别访谈，了解他们的阅读习惯；通过线上问卷，对我校初中生目前的阅读习惯进行调查与排摸……

"工业之美"——该分类下的小组，以实地参观与结对访谈为主，寻找改革开放对彭浦地区（老工业区）带来的变化。如："临港新业坊"前世今生小组，以"临港新业坊"汶水路园区的设计、改造作为切入点，在了解彭浦地区工业遗迹的基础上，通过采访与这些工业遗迹有关的工厂老工人、目前在该地区相关行业或该企业从业的年轻人等，寻访工业智造与工业转型的故事……

（三）微课题总结展示阶段（2018年9月）

经过一个暑假的微课题调查，学生将调查搜集到的大量资料、访谈记录进行分析、比较和归纳，形成极具个性化、创造性的展示方案。列举这些展示方案中的几个，以供了解：

"宠物与流浪猫狗"小组，将微调查成果以校园TED讲座的形式呈现，并在讲座后进行关爱流浪猫狗的口号征集活动，最后将征集到的口号配上绘制的漫画，提供给专业的社会机构进行宣传。

"垃圾分类"变迁史调查小组，则是依据目前学生对垃圾分类的了解现状，在学校开展"垃圾王大比拼"，开展回收学校中最多见的纸张比赛，并通过后期比赛内容（即回收内容）的迭代，以周期性的比赛帮助学生将垃圾分类从意识变成行为，并逐渐成为他们的行为习惯。

"临港新业坊"前世今生小组，一方面以临港新业坊前身：冶金矿厂的工人们的故事制作成系列广播剧，呈现出彭浦地区工业发展曾经的辉煌；另一方面以四格漫画、短文的方式，呈现出目前临港新业坊区域工业智造与工业转型的故事。

三、经验特色

（一）项目设计紧扣时代主题，聚集多方合力

项目设计紧扣时代主题，以庆祝"改革开放40周年"为契机，帮助学生通过项目的开展，回望过去的路，看清脚下的路，展望未来的路。

同时，在项目设计之初，邀请专业社会组织（青少年公益学院）、学生社团代表（雪融公益社）共同参与设计，尝试将服务学习与社会实践相结合。通过学生代表参与项目设计，使项目做到切实从学生实际成长需要出发；借助专业社会组织的专业能力，在提升项目专业化程度的同时，形成具有高可操作性、高推广复制性的项目实施流程。

（二）项目实施创新形式，体现学生自主性、评价纪实性

项目实施通过"设计—试点—迭代优化"这一路径分批次开展，以"工业之美""成长之乐""生活之趣"为三个线索，分批次、分小组实施，借助试点小组的情况反馈即时对后面小组的实施流程进行迭代优化，保证了项目实施过程的可操作性和实效性。同时实施过程结合纪实性评价，关注学生在项目参与过程中的参与、体验、反思、感悟，通过小组《活动手册》客观记录学生在项目实施过程中的

成长痕迹。

整个项目实施中，除了学校大队部进行管理外，专业社会组织也提供了保障。所有微课题均经过大队部审核，正式进行课题调查前，所有组员均接受了专业社会组织的相关培训（信息搜集培训、访谈技巧培训等），部分小组还接受了相关企业的行业背景培训。

所有微课题的实施环节充分体现学生自主性。学生自由组合形成小组，学生自主选择课题，学生自行选择调查方式，学生自主开展课题调查，学生自由选择课题展示方式，学生自行设计后续项目……学生的社会调查能力、合作能力与自主管理能力在活动中得到了明显提升。

（三）项目开展广受好评，具有辐射引领作用

项目初期便受到《上海中学生报》关注，该报记者进行了跟踪采访，将分期通过该媒体公众号和报纸进行报道。区文化局认可该项目意义，在项目实施阶段提供了部分优质资源，如临港新业坊、冶金矿厂等被调研单位。

通过项目的开展，学校也进行了专业社会组织与学校社会实践活动合作的尝试，并在尝试中形成了具有高操作性、高推广复制性的实施流程，该流程可应用于微课题调研、主题社会实践设计与实施。本项目在上海市田家炳小学进行试点，受到了该校教师、学生及家长的一致好评。

四、社会评价

本项目从设计到实施，得到了区少工委、相关街道、专业社会组织、被调研企业、访谈对象的大力支持与好评。《上海中学生报》、临港新业坊、我校微信公众号都对该活动的开展进行了报道；上海市田家炳小学部分学生也组成3个小组，参加了项目中"工业之美"的部分微课题调研。该项目还在2018学年第一学期作为"拥抱新时代　静安领巾·心Style"静安区红领巾庆祝改革开放40周年系列活动中的一部分在全区进行推广。

下编　教学设计

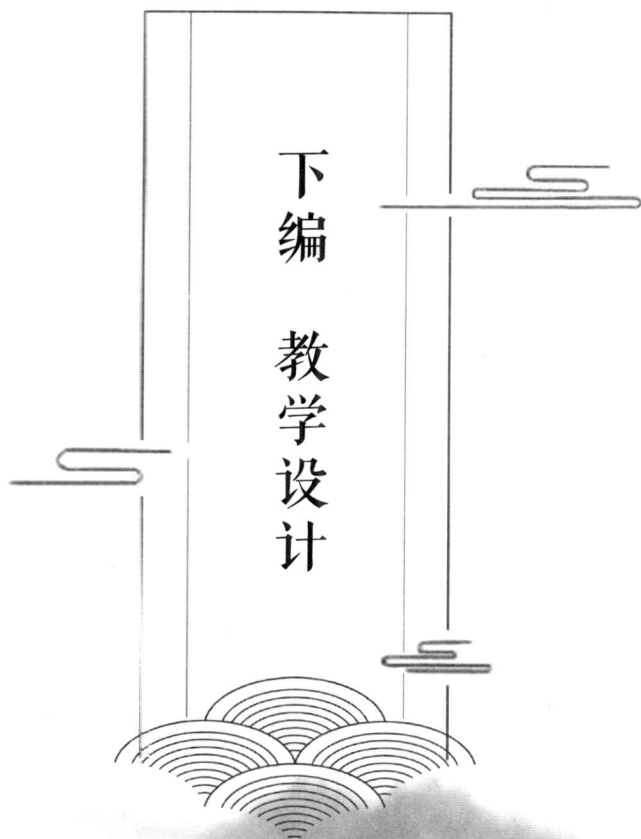

《严格遵守交通法规》教学设计

上海市光明初级中学　朱晓琳

一、教材内容结构

本课是沪教版教材《道德与法治》八年级上册第四课《交通安全　牵系万家》第三框"严格遵守交通法规"的内容,旨在引导学生在认同和理解交通对现代社会重要作用的基础上,懂得法律法规对于保障交通顺畅、维护交通安全的重要意义,树立在交通出行中自觉遵守法律法规、维护自身和他人安全的意识。

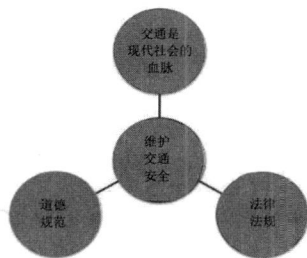

图1　本课知识结构　　　　图2　本框知识结构

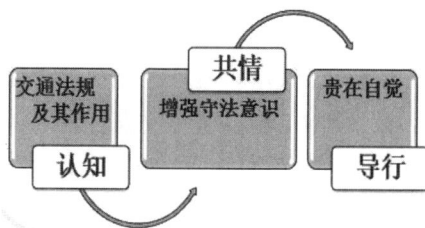

二、学情分析

八年级学生通过各自的生活经验和以往的学习体验,对于交通对现代社会的重要作用已经形成了一定的认识,有了一定的以己之力维护交通安全的道德认知基础,但对于"哪些交通法规保障交通安全?""哪些行为属于交通违法行为?"等问题存在一定的困惑。

因此,本框教学有助于学生通过社会实践和案例分析,懂得法律法规对于保障交通安全的重要作用,学会观察与分析各类交通违法行为及其产生的严重后果,树立运用法律法规维护交通安全的意识,从而培养法治意识和理性精神。

三、教学目标

①知识目标:知道交通法规的含义和我国相关的交通法规;理解遵守交通法规的重要性;学习评价他人和纠正自己的行为的方法。

②过程、方法与能力目标:通过法律条文学习和数据解读,理解遵守交通法规的重要性,提高材料阅读和获取信息的能力;通过时政案例剖析、同伴和自我行为检测,分析影响和制约人们遵守交通法规的因素,逐步培养分析和处理公共生活中的有关实际问题的能力,增强遵守交规的意识。

③情感、态度和价值观目标:感悟交通法规是人们生命安全的重要保障;增强严格遵守交通法规的意识,激发珍爱生命的情感,逐步培养维护良好交通秩序的责任意识。

四、教学重点、难点

①教学重点:增强遵守交通法规的意识。

②教学难点:学会分析交通违法行为屡禁不止的原因。

五、教学方法

问卷调查法、社会实践法、案例分析法。

六、教学过程

教师播放公益短片《遵守交通法规》引出"交通安全"这一话题。

师:城市交通犹如人体血脉,血脉畅则城市兴,血脉堵则城市衰。因此,维护交通秩序,确保交通安全就显得非常重要。维护交通安全不仅需要道德规范,还需要强有力的法律规范来约束。无论是走路、骑车还是乘车、开车,都要严格遵守交通法规。

(板书)严格遵守交通法规

【多媒体展示】第一部分:城市交通 以法立规——知道交通法规的含义

师:交通法规是国家机关制定的交通行为规范,它是有关道路交通管理的各种法律、法规和规章的总称。

说一说:你知道有哪些交通管理方面的法律法规吗?

师:国家制定和实施交通法规旨在加强道路交通管理,预防和减少交通事故,提高通行效率,保护公民的人身安全和其他合法权益,是现代交通发展和社会经济发展的客观要求。

【多媒体展示】第二部分:交通法规 安全之本——理解遵守交通法规的重要性

教师在多媒体展示1990年以来全国道路交通事故死亡人数统计表和2017年全国道理交通安全事故及造成的损失数据,并让学生思考:这些数据说明了什么?

师:一方面,1990年起全国交通飞速发展,交通事故也随之呈上升趋势。自2004年《中华人民共和国道路交通安全法》实施以来,我国的交通事故死亡人数出现了明显、持续的下降趋势,在减少交通事故、维护交通安全上发挥了重要的作用。另一方面,冰冷的数字背后,是一幕幕惨痛的画面,一条条鲜活生命的逝去和一个个家庭的支离破碎,究其原因95%竟然是源自人的违法行为。交通法规是安全之本,严格遵守交通法规,是防止和避免交通事故、维护交通安全和畅通的重要保证。有法不依必然导致法律变成一纸空文,形同虚设,最终损害每个公民的利益。那么,我们应该怎样严格遵守交通法规?

【多媒体展示】第三部分:安全为上 贵在自觉——增强遵守交通法规的意识

播放视频:《大巴侧翻 6乘客殒命》。

思考:①赵某的行为为个人、家庭和社会带来哪些危害?

②引发这起事故最直接的原因是什么?

③开车的时候捡对讲机是一种什么性质的行为? 依据是什么?

师:根据《中华人民共和国道路交通安全法》第二十二条"机动车驾驶人应当遵守道路交通安全法律、法规的规定,按照操作规范安全驾驶、文明驾驶"的内容来认定,"开车时弯腰捡东西"可以归纳为"驾车时有其他妨碍安全行车的违法行为"。

师:可见赵某的悲剧并不是个案。随着经济的发展和私家车保有量的不断增长,交通参与者的不良行为和交通陋习也逐步彰显,为了更好地规范司机、行人和骑车人的交通行为,《中华人民共和国道路交通安全法》于2007年和2011年先后两次修订,将诸如开车打电话、机动车不礼让行人等各类交通陋习和不道德行为通过立法的形式予以规范和制约。然而我们身边却仍有人不以为然,即使违法,也要将"交通陋习"进行到底。

说一说:①我们身边还有哪些"交通陋习"?

②这些"交通陋习"违反了哪些法律法规?

③分析"交通陋习"屡禁不止的原因有哪些?

图3 "交通陋习"及其对应的法律法规条文

师:这些生活中普遍存在的"交通陋习",事实上都属于交通违法行为,而全国95%的交通死亡事故是由于人们的违法行为造成的。那么这些违法行为屡禁不止的原因究竟是什么呢? 让我们来听听"违法者"们是怎么说的。

图4　交通违法者的"心路历程"

师:可见,交通事故之所以屡禁不止,既有客观原因也有主观原因。在客观上,我国的道路交通管理还存在着进一步优化的空间,相对于机动车违法的监管和处罚而言,对行人和非机动的处罚措施较少,由于监管难、取证难、追踪难和处罚难所造成的执法困难与执法不严的问题仍然存在。在主观上,无论是驾驶员、乘客、行人还是骑车人,存在着遵守交通法规意识淡漠、侥幸心理、麻痹心理等危害交通安全的心理,让看似微不足道的交通违法行为成了"潜在肇事行为",是危害交通安全的"不定时炸弹"。

(板书)增强交通安全意识、法律意识、社会责任意识;克服侥幸心理、麻痹心理和盲目从众心理;贵在自觉

【实践与探究】制作道路交通安全宣传活动方案。

【课堂小结】党的十九大以来,"科学立法、严格执法、公正司法、全民守法"的法治原则深入人心。交通法规要在维护交通安全,保障道路畅通上发挥作用,有赖于法律法规的健全与完善,有赖于交通执法的严格与规范,更重要的是有赖于交通参与者增强遵守交通法规的意识,自觉履行维护交通安全的义务,共同创造安全、畅通、有序的交通环境,最终受益的也将是我们每一个人! 希望在座的每位同学能够严格遵守交通法规,永远不做交通安全事故的"肇事者"和"受害者"。

七、板书设计

八、教学反思

本节课抓住社会热点,抓住学生遵守交通法规的现状,引导学生全面分析交通法规的重要性和遵守交通法规的基本要求,学生在原有学习水平的基础上有了进一步提高,学生的表达能力、辩证思维能力和小组合作能力也都有了提高。在取得较好教学效果的同时,笔者对如何进一步优化课堂教学有了新的思考。

首先,本节课对初中学生思辨能力的培养有了初步的尝试。但是,能力的培养是一个长期持续的过程,应该将思辨能力的培养作为日常教学中有目的有计划的实施计划,应该体现在日常教学的教学目标中。

其次,本节课主要以思考、讨论的方式激发学生的思维,让学生的思维充分地活跃起来。但是,针对初中学生的学习特点,本堂课的活动形式略显单一了,丰富的课堂活动形式是学生更愿意接受的。在今后的教学中应积极探索形式活动和思维活动的有机结合。

最后,本节课运用小组合作学习的形式,较好地培养了学生团结协作的能力,也使课堂学习任务完成得比较理想。但是,仔细观察后发现,各小组中还有个别学生没能积极参与,因为发言机会有限,不少学生想发言而没能获得机会。因此,在今后的小组合作学习过程中,要在参与机会公平的基础上更好地兼顾不同学习能力的学生,让每个学生都能在课堂上找到展现自己的机会。

《家的意味》教学设计

浙江省嘉兴市南湖区大桥镇中学　韩贤发

一、教材内容结构

　　本课是部编版教材《道德与法治》七年级上册第三单元《师长情谊》第七课《亲情之爱》第一框"家的意味"的内容,分为两目,第一目"生命的居所"主要介绍了家的含义、功能及特点;第二目"中国人的'家'"主要阐述了在中国的家庭文化中,家有着丰富的内涵,孝亲敬长是中华民族的传统美德,也是公民的法律义务。本课内容具有承上启下的作用,之前学生已经学习了与同伴、老师交往的话题,在学生不断扩展的社会生活中,家庭是他们最熟悉的生活领域,与家长的交往,更是他们学习与其他人交往的落脚点。而宝贵的生命来自父母,所以本课内容也为第四课《生命的思考》的学习打下了坚实的基础。

二、学情分析

　　七年级学生的责任意识还不够强,他们中的很多人会认为在家里父母所做的一切都是应该的,对于自己在家庭中应该承担的责任认识不足。同时,七年级学生的认知、理解等能力尚未成熟,要他们很好地理解中国家庭文化,学会并用实际行动来孝敬父母还有一定的困难。而本课所涉及的家庭知识与学生生活息息相关,学生在学习的过程中兴趣还是较为浓厚的。

三、教学目标

　　①知识目标:

　　知道——知道家庭的含义。

了解——了解家庭关系的确立情形和家庭的功能。

懂得——懂得孝亲敬长是中华民族的传统美德。

②能力目标：

语言表达能力——通过情境创设，培养学生在具体的情境中学会表达自己的感受。

合作能力——通过小组合作收集、展示"家规家训"，培养学生合作探究能力。

行为能力——在生活中，增强认识自己家庭的能力，提高辨别家庭传统优劣的能力，能够以自己的实际行动孝亲敬长，继承中华民族的传统美德。

③情感、态度与价值观目标：

体验——体验家庭的温暖、父母的情感，弘扬孝亲敬长的传统美德的责任意识。

认同——认同家庭的优良传统、家人的优良品质、孝亲敬长的优良美德。

（设计依据：根据新课标的要求，从新课程改革的理念出发，结合本课教学内容和七年级学生特点需要进行设计。）

四、教学重点、难点

①教学重点：认识中国家庭文化。

（依据分析：自古以来，中国的家庭重亲情、重孝，学生只有理解中国家庭文化的内涵才能从情感上继承孝亲敬长的传统美德，从而自觉履行自己的法律义务，并且为后续教学做好铺垫。）

②教学难点：懂得尽孝在当下，用实际行动尽孝。

（依据分析：大部分学生为独生子女，容易以自我为中心。他们接受父母的呵护而忽略对父母的孝敬，不懂得如何用实际行动去孝敬父母。）

五、教学方法

①基本思路：本节课依据建构主义理论提出的"要以学生为中心，让学生主动探索、主动发现和对所学知识的意义的主动建构"的思想和《课程标准》中提出

的"体会父母为抚养自己付出的辛劳,孝敬父母和长辈,增强与家人共创共享家庭美德的意识和能力,弘扬中华民族传统美德"之要求设计了"话说我家,体味亲情—晒晒家规,传承家风—孝亲敬长,学会践行"的教学过程,巧设情境,合作探究,激发学生主动探索、主动发现的热情,同时把课内知识与德育相渗透,在培养学生合作探究、表达能力的同时,潜移默化地实现情感、态度与价值观目标。

②教学方法:情境教学、启发式教学、联系阅读、分析归纳、合作讨论、活动探究等。

六、教学过程

(一)新课导入(教学时间约3分钟)

教师播放歌曲《我想有个家》,学生展示自己的家庭照片。

教师引导:每个人都有一个家,家是我们的乐园,是我们的避风港,是我们成长的地方。而家对我们意味着什么呢? 中国的家文化中又有哪些特点呢? 今天就让我们一起走进第七课第一框"家的意味"。

(设计意图:展示自己的家庭照片,让学生对"家"有直观的感受,在活动中提高学生的学习兴趣,为后继学习做好铺垫。)

(二)新课教学

活动一:话说我家 体味亲情(教学时间约15分钟)

1.生命的居所

教师引导:"家"是我们很熟悉的字眼,什么是家呢? 有的人说家是地域,有的人说家是住所,有的人说家是一群人,有的人说家是吃饭的地方。结合你的生活体验,说说你眼中的"家"是什么?

学生活动:学生思考自己眼中的"家"后回答。

教师点拨:家有广义和狭义之分,我们可以把学校、班级比作自己的家,歌曲《大中国》把中国比作我们共同的家,这些是广义上的家。狭义上的家与家庭有关,即"小家"。一般来说,家庭是由婚姻关系、血缘关系或收养关系结合成的亲属生活组织。那么,我们的家庭关系是如何确立的呢? 请同学们自主阅读教材

72页的"相关链接"。

学生活动:学生自主阅读,得出家庭关系确立的情形包括:依照法定条件和法定程序结婚,组成新的家庭;因生育导致的血缘关系结合成家庭;依照法定条件和法定程序收养而组成的家庭;随父(母)再婚组建新的家庭。

教师引导:家是我们身心的寄居之所。每个人都有一个属于自己的家,我们的生命是父母给予的,我们的成长也离不开家庭的哺育和支持。结合自己的生活体验说说家庭的功能有哪些?

学生活动:学生思考并回答家庭的功能:生产功能、人口生产功能、抚育和赡养功能、教育功能、休息娱乐功能。

(设计意图:让学生从自己的经验出发,谈谈对家的认识与理解,有利于提高学生学习积极性,并调动学生的思维。)

2.心灵的港湾

教师引导:每个人都有一个属于自己的家,可是有家的人却说自己没有家,这是怎么回事呢? 接下来请同学们欣赏小品《家在哪里》和《我又有家了》。在欣赏小品的同时请大家思考"富豪"为什么明明有家却不想回家? 中年男子为什么找到自己的女儿后说"我又有家了"? 你想要有个什么样的家?

学生活动:学生表演课本情景剧。

小品一:家在哪里(内容参考教材第73页,两位学生分别扮演"富翁"和警察)。

小品二:亲情(内容参考教材第73页,三位学生分别扮演中年男子、女儿和旁白),后小组交流,并请小组代表发言。

教师点拨:家是我们心灵的港湾。家不只是一所房子,家里有亲人,家中有亲情。亲情,激励我们奋斗拼搏,让我们的心灵有所依靠。

(设计意图:通过小品表演,调动学生的学习积极性,让学生在活动中理解家的根本特点,感受家是我们心灵的港湾,家里有亲人,家中有亲情。)

3.中国人的"家"

【多媒体展示】2018年春运图片

2018年春运图片

教师引导:家是我们心灵的港湾,"独在异乡为异客,每逢佳节倍思亲。"这种思念亲人的心情在中国春运得到了充分体现。中国的春运背后,流淌的却是最有中国味的浓浓亲情。你从春运时人们拥挤的身影和喜悦、期盼、焦灼等多样的神情中感受到怎样的情感? 为什么任何困难都阻挡不了远方游子归家的心?你有这样的经历吗? 谈谈你的感受?

学生活动:学生讨论交流,各抒己见。

教师点拨:在中国文化中,家有着深厚的意味、丰富的内涵。在中国人的心中,家是甜蜜、温暖、轻松的避风港。

(设计意图:在图片展示中激发学生的思考、回忆,体会中华文化理念下"家"的特点。)

过渡语:在中国人的心目中,家不仅是一个避风港,还是我们的天然学校。每个家庭都有一些值得我们继承和弘扬的优良家风,例如"家规""家训"。

活动二:晒晒家规 传承家风(教学时间约10分钟)

教师引导:你知道哪些我国传统文化中广为流传的"家规""家训",在这些"家规""家训"中,哪些内容应该继承并发扬光大,成为新时期的家风。接下来请各个小组为我们展示他们收集到的"家规""家训"。

学生活动:小组展示课前收集的"家规""家训",学生分组讨论,发表看法。

教师点拨:同学们说得非常好,在中国的家庭文化中,有精华也有糟粕,所以我们要做到取其精华、去其糟粕。我们应该继承和发扬孝亲敬长的传统美德。在法律层面上,我国法律对孝亲敬长也做出了明确的规定,所以,孝亲敬长也是每个中国公民的法律义务。

(设计意图:通过晒晒我的"家规""家训",培养学生的收集能力、合作探究能力,调动学生的学习积极性。在收集资料过程中可以让学生更加直接地体会到孝亲敬长是中华民族的传统美德。)

过渡语:孝亲敬长不仅是中华民族的传统美德,也是每个公民的法律义务。我们作为未成年人,孝亲敬长是否与我们无关? 若有关,我们又该怎么办?

活动三:孝亲敬长　学会践行(教学时间约8分钟)

【播放视频】《2016年最美孝心少年:捐髓救父的曹胤鹏》

教师引导:曹胤鹏的哪些优秀品质让我们感动? 他的行为对我们有何启发? 说说你平时是怎样孝敬父母的?

学生活动:学生讨论交流后回答。

教师点拨:尽孝在当下。孝敬长辈,关爱家人,不仅仅是长大成人以后的事,从现在开始,我们就应该用行动表达孝敬之心。

(设计意图:引导学生继承和弘扬孝亲敬长的传统美德,并落实到具体行动中去。通过讨论提高学生的分析概括能力和学科素养。)

(三)课堂巩固　学以致用(教学时间约4分钟)

详见附件1。

(设计意图:通过课堂巩固练习让学生学以致用,并及时反馈教学效果。)

(四)课堂小结　情感升华(教学时间约3分钟)

①利用思维导图对本节课的内容进行总结。
②播放《感恩父母》的公益广告视频,进行情感升华。

(设计意图:利用思维导图进行总结,使学生对本课的知识有一个整体性的了解。情感的升华,增强学生对父母的热爱,懂得尽孝在当下。)

(五)布置作业　提升能力 (教学时间约2分钟)

①查一查"家"在中国古代文字中有哪些写法,探讨文字背后的意义。
②选择自己熟悉的一门外语,从中找出一些与汉语的"家"相对应的词语,通过分析比较这些词语,探讨中华文化中的"家"有哪些意义。

(设计意图:通过调查、探讨中华文化中"家"的意义,培养学生的调查能力。)

七、板书设计

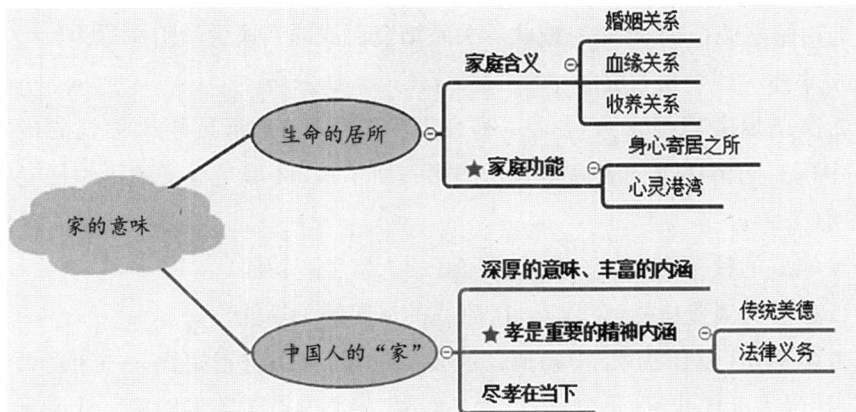

（设计意图：通过思维导图使学生对本课内容有一个整体性的知识结构，培养学生的逻辑思维能力。）

八、教学反思

本节课的核心教育价值是让学生感受家庭亲人之爱，学习家庭道德，增强与家人共创共享家庭美德的意识和能力。同时，强化法律责任意识，自觉履行孝亲敬长的法律义务。这些目标的实现，有利于落实社会主义核心价值观中个人层面"友善"的目标。因此，本课分为两个层次来进行教学：其一通过对家庭功能的分析和对亲情的情感体验，理解"家"的内涵和"家"的意义；其二通过体悟"中国春运"这一中国独有的社会现象，让学生理解在中华家庭文化中，家的深厚意味和丰富内涵。通过对我国传统文化中"家规""家训"的探究，引出中国家庭文化中"孝"的精神内涵，引导学生对家庭美德深入思考，进而引导学生学会孝亲敬长。

附件1

一、单项选择题

1.由婚姻关系、血缘关系或收养关系结合而成的亲属生活组织称为(　　)。

A.集体　　　B.家庭　　　C.亲情　　　D.家族

2.法国启蒙思想家卢梭说:"家庭生活的乐趣,是抵抗坏风毒气的最好良剂。"中国有句俗话说:"家庭是孩子的第一所学校,父母是孩子的第一任老师。"这说明(　　)。

A.家庭的教育功能　　　　B.家庭的人口生产功能

C.家庭的消费功能　　　　D.家庭的休闲娱乐功能

3.歌曲《让爱住我家》中唱道:"我爱我的家,弟弟爸爸妈妈——让爱天天住我家,让爱天天住我家,不分日月,秋冬春夏,全心全意爱我们的家。让爱天天住我家,让爱天天住我家,充满快乐,拥有平安,让爱天天住我家。"可见,歌曲的词作者认为家庭中最重要的是(　　)。

A.平安和快乐　　　　　　B.优越的物质条件

C.成员间的血缘关系　　　D.家中有亲人,家中有亲情

二、非选择题

七年级(2)班学习了第一框"家的意味"后,决定组织一场主题班会课,班会分为"孝""礼""爱"三个篇章。父母是孩子人生最初的榜样,他们言传身教,教会孩子孝顺家长、文明礼貌、热爱生命、坚强勇敢……开完班会后,同学们纷纷在班级微信群中发表感言。王敏说:"亲情流露,幸福有我——疼我孰知父母!"李东说:"感恩父母,中华传统美德!"……

1.请你为本次班会拟定一个主题。

2.为什么要孝敬父母?

3.你打算怎样孝敬父母?

《网上交友新时空》教学设计

河南省郑州经济技术开发区十一学校　朱丽蓉

一、教材内容结构

本课是部编版教材《道德与法治》七年级上册第二单元《友谊的天空》第五课《交友的智慧》第二框"网上交友新时空"的内容,旨在让学生在自主思考、案例分析、合作探究的过程中了解网上交友对中学生的利弊影响,明确网上交友需要注意的问题,在现实生活中能树立正确的网上交友观,做到慎重结交网友,珍惜现实生活中的友谊,不沉迷网络世界。

二、学情分析

七年级学生具有好动、好奇、好表现的年龄特点,本课内容贴近生活,学生有话可说。采用形象生动、形式多样的教学方法和学生积极、主动参与的学习方式,能达到激发学习兴趣,课堂敢于发言,整体上呈现出多层次的课堂反馈。

本班学生学业基础较好,思维和表达能力较好,但是分析能力有所欠缺,这也是本节课在案例和视频中需要加以强化的。因此,本节课需要创造条件,给予学生大量的体验机会。

三、教学目标

①通过观看视频、分享网上交友经历,能了解网络交往的特点,归纳出网上交友对中学生的利弊影响。

②通过观看视频、小组合作探究,能总结出网上交友中需要注意的问题,提

高自己的安全防范意识和辨别觉察能力,树立净化网络环境的责任意识。

③通过观看视频,培养既不回避也不沉溺于网络交往,恰当运用网络进行交往的意识。

四、教学重点、难点

①教学重点:网上交友的利弊影响。
②教学难点:慎重结交网友的做法。

五、教法方法

情景教学法、自主学习法、合作探究法。

六、教学过程

(一)新课导入

学习任务:自主预习后观看《网络时代的友情》,用视频中主人公提出的问题引出网上交友的感受。

设问:为什么"我"的好兄弟在现实和网络中差距很大?

教师小结:网络交往是一种虚拟行为的精神互动,"我"的好兄弟正是因为在网络上可以无所顾忌的表达内心真实的快乐、烦恼、愤怒的情绪,才会和现实生活中的他自己有所差别。网络交往中,人们可以根据自己的喜好来扮演角色,享受网络世界带来的平等感、自由感和虚拟补偿感,这对中学生来说具有一定的吸引力。

(设计意图:通过视频中主人公贴近学生生活经历的问题引发学生共鸣,激发学生的学习兴趣和对问题的思考,唤起学生的求知欲。)

(二)新课教学

学习任务1:分享自己网友交往的经历,了解网上交友的特点。归纳出网上交友对中学生的利弊影响。

设问:网上交友对中学生有哪些影响?

教师小结:网上交往具有虚拟性、平等性、自主性的特点。网络是一把双刃剑,一方面互联网开启了通往世界的一个窗口,它超越了时空的限制,开辟了人际交往的新通道,拓展了朋友圈;另一方面互联网却关闭与他人沟通的心灵之门,无法满足我们真实的心理和情感需要。

(设计意图:学生根据自身有苦有乐的经历和感受,了解网上交往的特点,归纳出网上交往的利弊影响。本环节主要通过学生自主学习、分析归纳问题,达到提高学生的自学能力和分析问题、解决问题的能力,培养学生辩证分析问题的能力。)

学习任务2:观看视频《见网友需谨慎》。小组合作探究出网上交友的过程中需要注意的问题,提高自己的安全防范意识和辨别觉察能力。

设问:网上交友的过程中需要注意哪些问题?

时间:5分钟。

要求:①每个成员都要表达自己的意见。

②由一名同学做好记录。

③派一名同学来分享本组的意见。

教师小结:网上交友,需要考虑对自己生活和学习的影响,学会理性辨别、慎重选择;面对陌生人的邀请,不轻易接受;不随意透露个人的家庭住址、经济状况、联系方式等隐私;要有一定的自我保护和安全防范意识;要提高自己的辨别觉察能力和抗诱惑能力;将网上的朋友转化为现实的朋友,需要慎重。

(设计意图:用真实的案例增强学生对于网络虚拟性的认识,使学生明白在网上交友时所遇到的问题以及应该注意的事项,增强学生的网络安全意识。通过小组合作,发挥集体智慧解决问题,营造民主、和谐的课堂氛围,激发学生学习热情和竞争意识,使他们具有将来融入社会的良好品质。)

学习任务3:观看视频《低头族》,说说感动的瞬间和启示。培养学生既不回避也不沉溺于网络交往、恰当运用网络进行交往的意识。

设问:①视频中最让你感动的瞬间是什么?

②对你有什么启示?

教师小结:我们不可能只停留在虚拟世界中,我们要学会在现实中与同伴交往,增强真实而贴近的感受,不让身边的亲人成为最遥远的陌生人。

（设计意图：通过视频让学生分析出沉迷网络的危害，在网络交往中做到化虚为实，掌握分寸，适度交友。）

（三）小结拓展

践行：通过宣誓齐读《网络文明公约》，树立净化网络环境的责任意识，将本课所学内容联系生活实际，学以致用。

（设计意图：通过学生宣誓，以亲身参与的方式，深化本课主题，并能对学生以后的上网行为起到引导作用。）

七、板书设计

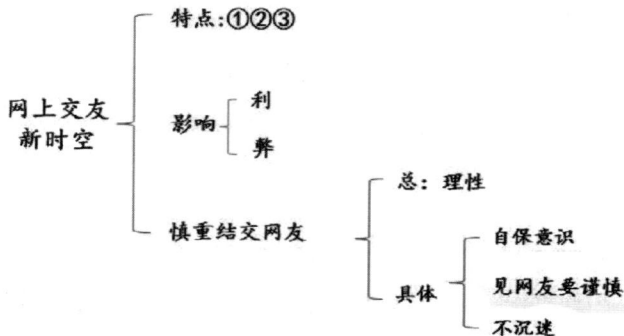

八、教学反思

网络交友是目前学生一种非常普遍的交友方式。本课内容围绕学生的真实生活情境而展开，解决学生交往中的实际问题，容易引起学生的共鸣，激发学习的热情，具有很强的针对性和重要指导意义。通过情景再现、案例分析和合作探究三个环节将本课知识点在活动中循序渐进地展开，让学生了解网络交往的特点，明确网上交友的利弊影响，学会在生活中正确利用网络，更加注重现实生活中的情感，最后的宣誓活动将课堂推向高潮，从课堂落向生活。学生课堂反馈热烈，参与度高，小组合作效率高，达到了知识与情感的双重教学目标。总体来说，这是一节比较成功的课。对于这节课的优点和存在的问题以及下一步的教学改进方向，笔者总结如下：

本节课的优点在于：

①本节课的导入是根据学生生活情境改编的视频，因而能激发学生的学习兴趣，让学生迅速产生代入感，有话可说，有话想说。这给本节课创造了一个轻松、活泼的课堂氛围，为接下来的教学活动的顺利开展奠定基础。

②本课的难点是"如何慎重结交网友"，并非只是为了活动形式需要讨论而讨论，这个难点在小组合作探究下让学生自然生成"在网络交友中应该注意的问题"的答案，鼓励学生不生搬硬套课本知识点，让学生把想说的、能说的、言之有理的都正确地表达出来。

③本节课的课堂气氛非常活跃，课堂问题的设计层次清晰也有梯度，让学生都有表达的欲望，在轻松又紧张的气氛下，学生非常投入地上完了这节课，听课的老师也被课堂上同学们的真实又不失精彩的表现吸引了。

本节课的缺点在于：

本课内容较为简单，重在引导学生自行生成知识点，因此课堂教学的形式有些单一。若把见网友的视频，用学生情景剧表达出来，课堂内容会更为生动，学生在理解见网友需谨慎这一问题上会得到更深的体验感。本课"网络"涉及当前的社会热点和国家建设网络强国的背景材料，需要拓展的内容比较多，由于课堂时间有限，还需要整合教材，优化教学资源。

下一步努力的方向：

①课程标准是课堂具体实施的依据。每一节课的教学设计要备课标，备教材，备学生，要因标施教。因此，今后有必要围绕课程标准展开教学，让课程标准落地，让课堂落地。

②对于新教材仍需反复研读。课堂教学内容必须建立在反复研读教材的基础上，不拘泥于教材原有的知识结构，根据学生认知水平和逻辑思维而设置的问题和环节才能让学生有表达的欲望。

③尽量采用开放式的设问，才能开阔学生的思维。

《我对谁负责 谁对我负责》教学设计

河南省郑州市第七十中学 田会敏 李涵清

一、教材内容结构

本课是部编版教材《道德与法治》八年级上册第三单元《勇担社会责任》第六课《责任与角色同在》第一框"我对谁负责 谁对我负责"的内容。本单元以"社会责任"为主题,在了解社会生活和社会规则的基础上,进一步引导学生明确社会责任,并积极主动服务社会和奉献社会。本单元内容是对第一单元、第二单元内容的深化,在逻辑结构上起着承上启下的作用。

作为本单元的第一节内容,意在为第三单元其他内容的学习做思想认知上的铺垫。本课在思想认识层面分别从"我的角色,我的责任"和"责任你我他"两个角度引导学生理解角色与责任的关系,以及社会责任的存在对社会发展的意义和价值。

二、学情分析

在意识上,大部分八年级的学生知道应该孝敬父母,认真学习,在社会上应该遵守法律法规。然而他们很少把这些应该做的事情归纳为责任,对自己的身份、所扮演的角色及所要承担的责任认识不够全面,同时,也很少能认识到自己现在享有的美好生活是他人主动履责的结果。在行动上,大部分学生能够承担对家庭的责任,帮助父母做力所能及的事情。在学习上,能够按时完成作业,尊敬师长,团结同学,但依然存在抄作业、作弊、逃避值日、逃避承担犯错的责任、对父母不懂感恩、不遵守交通规则、乱扔垃圾等现象,这些都是学生对自己、对他人、对社会不负责任的表现。学生对这些现象的认识不够深刻,没有体会到履行责任对自己、对他人、对社会的意义。

因此,应加强学生责任教育,引导学生认识到自己的身份和扮演的角色应承担的责任,探究承担责任的意义,由此影响自己的行动,做一个负责任的人。

三、教学目标

①通过观看视频、分析案例,学生能总结出角色与责任的关系。

②通过案例分析、合作探究,学生能说出承担责任的意义。

③通过小组合作探究,学生体会共享美好生活离不开责任的履行。

四、教学重点、难点

①教学重点:角色与责任。

②教学难点:承担责任的意义。

五、教学方法

①教法:发现教学法、启发式教学法、探究教学法。

②学法:自主学习法、合作探究学习法。

六、教学过程

环节一:游戏导入,激趣引题

游戏名称:我说你做——反口令。

游戏规则:①我说出命令,你们要做出相反的动作。

②第一轮全班参与游戏,第二轮每组推选一个代表参与。

(设计意图:通过游戏放松学生情绪,调动学生积极性;采访小组代表,初步引导学生认识责任的含义。)

过渡语:责任是一个人分内应该做的事。今天我们一起走近2017年最美孝心少年李家帮,看看他是如何用行动诠释责任的。

环节二：合作探究，解决问题

（1）慧眼识责任

播放《2017最美孝心少年李家帮》的视频（李家帮家庭生活），展示材料（李家帮的学校生活）。

设问：①同学们，这个视频中最打动你的地方是什么？

②李家帮承担对家庭的责任来自于什么？

③在学校，面对老师、同学，李家帮的身份、角色各是什么？

④视频中，李家帮分别应承担什么样的责任呢？

⑤你能否从中总结出角色与责任的关系？

学生活动：结合视频分析问题，可以请同伴帮助。

教师小结：责任体现在生活的点点滴滴，成长的过程就是学会不断承担责任、勇于承担责任、担当好这些责任的过程，这也是对自己负责的表现。

过渡语：李家帮扮演好了自己的角色：孙子、儿子、学生、同学，承担了相应的责任，做到了对自己负责、对他人负责。那么，他的这种担当精神对他的成长、他人、社会有哪些意义？

（2）协力析责任

学生活动：学生自主思考2分钟，小组结合视频进行合作探究4分钟，有人负责记录，并选出代表进行发言分享。

（设计意图："承担责任的意义"是本节课的难点。学生通过小组合作探究的形式，易于快速突破难点。）

教师小结：只有对自己负责的人，才能在承担责任的过程中提高能力和增长才干，才能承担起时代和国家赋予的使命，实现人生价值。一个从小逃避责任的人，很容易忘记自己必须要做的是什么，由于缺乏责任意识，将来进入社会之后，也很难扮演好自己的角色，承担好自己的责任，从而导致家庭不幸、事业受挫，甚至成为危害社会的害群之马。

过渡语：一家有难，八方支援。李家帮的家庭牵动了许多人的心，我们接着来看后续报道。继续观看视频（社会对李家帮的帮助）。

设问：①哪些人向李家帮的家庭承担了责任？

②在社会生活中，还有哪些人在为我们的成长承担者责任呢？

③我们能为他们做些什么呢？

（设计意图：层层递进，从李家帮到学生自身，让学生明白在我们的生活中，有许多人在为我们负重前行，从而增强责任意识，自觉承担责任。）

学生对第二个问题进行自由发言后，教师播放一组幻灯片，并充满感情地进行解说：辛勤劳动，为我们遮风挡雨无悔付出的父母；海人不倦，默默教书育人的教师；忠于职守，为我们创建安全环境的警察；风雨无阻，方便我们出行的交警；辛苦耕耘，为我们提供粮食的农民；不畏严寒酷暑，维护国土安全为国戍边的战士；无怨无悔，治病救人的医护人员；一心为国，坚持国家利益至上的科学家；妙手生香，做出道道团圆饭的厨师；远离家乡，用钢筋水泥浇筑思念的建筑工人……，他们总与担当责任撞了个满怀，在自己的岗位上尽职尽责、兢兢业业，只为你我幸福美好的生活、社会的进步、国家的富强。）

教师小结：我们享受的美好生活，无不受惠于他人对我们所负的责任。每个人承担好自己的责任，便是社会最大的财富。哪有什么岁月静好，只是有人在替你我负重前行。我们应该学会感恩，主动关心、帮助和服务他人。

过渡语：在我们身边有许许多多这样主动承担责任的人。你心目中的“责任之星”是谁呢？

（3）“责任之星”推荐

学生活动：学生推荐自己心中的“责任之星”，并说明理由。

（设计意图：这个环节深化了本节课的主题，让学生明白自身的美好生活离不开责任的履行，更加明确承担责任的意义，同时也明确自己的责任。）

教师小结：同学们，只有人人具有责任心，对自己、他人、社会负责，自觉履行应尽的责任，我们才能享有更加幸福的生活。社会和谐、民族振兴、国家富强，离不开你我他的责任和担当。少年强则国强，同学们，让我们用自己的行动书写一篇勇担责任的青春华丽篇章！

环节三：小结收获，回归主题

学生活动：谈谈本节课的收获。

（设计意图：发挥学生的主体作用，回归本节课的主题。）

七、板书设计

八、教学反思

本节课所依据的课程标准是"我与国家和社会"中的"积极适应社会的发展",具体对于的内容标准是:"知道责任的社会基础,体会承担责任的意义,懂得承担责任可能需要付出代价,知道不承担责任的后果,努力做一个负责任的公民。"

本节课要解决"我要对谁负责,谁要对我负责"的问题。明确要解决的问题之后,整合教材内容,设置情境,以最美孝心少年李家帮的事迹为载体,按照"是什么—为什么"的思路,通过游戏、合作探究、分享交流等活动,探讨"责任"这一话题。

在整个教学过程中,李家帮的事迹贯穿整个教学过程,使得教学过程更加流畅,学生更易理解教学内容,从而解决责任的来源、角色与责任的关系等问题,以达成教学目标。

在导入环节,采用我说你做——反口令游戏为切入点让学生在快乐的游戏中体会责任的含义。这样的设计符合学生特点,让学生有话想说,有话可说,充分调动了他们的积极性和主动性。

在主题活动探究环节,关于责任的来源和意义的知识点是比较抽象的,本节

206

课以李家帮的事迹为载体,通过分析李家帮的事迹,帮助学生更好地理解知识;同龄人的榜样示范作用,让学生更易于接受抽象的知识点。同时,教学设计基于学情,指向核心素养,突出道德与法治学科的学科思维、学科能力、学科语言,为学生学习创设相对真实而贴近个人生活经验的学习情境,"慧眼识责任、协力析责任、'责任之星'推荐"三个环节,使课堂有平缓的推进,也有感染动情的高潮,充分发挥了学生的能动性。本节课的学习目标很好地达成,课堂生成也亮点纷呈。

本节课的板书设计新颖简洁。五角星形暗含奖励、认可之意,五角星的五角呈现本节课的五个知识点,这种设计准确又形象地让学生对课程内容有一个整体性的理解。

本节课也留下了一些遗憾,有许多值得改进之处。如问题设置需要再次进行雕琢,教材处理时要面面俱到还是要深挖某一个关键点才能达到深化主题的目的值得深思。

《延续文化血脉》教学设计

河南省郑州经济技术开发区第二中学　樊战杰

一、教材内容结构

本课是部编版教材《道德与法治》九年级上册第三单元《文明与国家》第五课《守望精神家园》的第一框"延续文化血脉"的内容,包含中华文化的特征、民族复兴的精神动力、文化自信和传统美德的传承等,与第二框"凝聚价值追求"有着密切的承接关系,在实际教学中需要统筹安排,有所取舍,以期实现课程标准的要求。

二、学情分析

本班学生学业基础较好,分析、表达、思维能力都较好,经过九年级一个月的学习,具备了一定的学科思维能力和学科语言表达能力,但九年级教材内容话语体系相对比较专业,学生对许多专有名词的理解会有较大困难。从学科定位来看,增强学生的文化自信心和民族自豪感、责任感,是增强学生国家认同感的必要途径。因此,本课既要有专业解读,也需要创造条件,给予学生大量的体验机会。

三、教学目标

①通过观看视频、人物对比、小组讨论,能归纳出文化自信的来源、增强文化自信的做法。

②通过观看视频、书面表达,能感受中华传统美德的力量,表达践行传统美

德的愿望。

四、教学重点、难点

①教学重点：归纳文化自信的来源、增强文化自信的做法。

②教学难点：感受传统美德的力量，将美德的力量内化于心、践行于行。

五、教学方法

案例分析法。

六、教学过程

（一）感受

学习任务：观看视频《非物质文化遗产宣传片》，用关键词表达自己的感受。

设问：你最喜欢的一个画面是什么？请用一个关键词概括你最大的感受。

教师小结：中华优秀传统文化是中华民族的精神命脉，是涵养社会主义核心价值观的重要源泉，也是我们在世界文化激荡中站稳脚跟的坚实根基。

（设计意图：营造良好的文化氛围，在传统文化的视觉冲击中，感受中华文化的魅力，能初步用关键词定义自己对中华文化的认识。）

（二）初识

学习任务：观察、回忆、联想有关筷子的话题，提炼中华文化的特点，明确中华文化是由各族人民共同创造的。

设问：①你知道筷子的标准长度是多少吗？代表的意义是什么？

②你知道筷子为什么是一头方一头圆吗？

③你使用筷子有哪些禁忌吗？

④你从一双筷子中能感受到什么？

⑤谈到中华文化，你还会想到什么？

⑥是谁创造了如此辉煌灿烂的中华文化呢？

教师小结:中华文化源远流长、博大精深,是由各族人民共同创造的。

(设计意图:以小见大,在了解筷子文化的丰富内涵过程中,感受中华文化的博大精深和源远流长,并以此为契机,去联系、链接自己头脑中的文化烙印,列举中华优秀的文化名片。)

(三)领悟

学习任务1:观看视频《中国文化走向世界》,说一说文化自信的来源、增强文化自信的做法。

设问:①为什么中华文化这么受欢迎？看完这段视频,你最想说的是什么？

②结合教材,简要谈谈什么是文化自信,文化自信的重要性。

学习任务2:小组讨论"如何让我们的文化更优秀,从而增强文化自信？"

时间:5分钟。

要求:①每个成员都要表达自己的意见。

②由一名同学做好记录。

③派一名同学来分享本组的意见。

教师小结:文化自信事关国运兴衰、文化安全和民族精神的传承发展,是一个国家、一个民族发展中更基本、更深沉、更持久的力量。

(设计意图:通过视频分析、人物对比、小组讨论,让学生分析、归纳出文化自信的来源、增强文化自信的做法。)

(四)践行

学习任务:观看公益宣传片《筷子》,说说让自己感动的瞬间,表达传统美德带给自己的感动。

设问:①视频最让你感动的瞬间是什么？为什么？

②提到传统美德,你还会想到哪些？

③这些传统美德对我们的影响是什么？

教师小结:中华传统美德已融入中华民族的思维方式、价值观念、行为方式和风俗习惯,成为一种文化基因,是中华文明的精华所在,中华文化的精髓所在,已成为建设现代化强国的精神力量。

学习任务:在《三德歌》的音乐背景中,写1~2条践行传统美德的具体做法。

教师小结:美德的力量在于践行。

(设计目的:通过听和写,让学生将传统美德由内而外进行文字表达,将践行传统美德的行动写出来,增强道德践行的意识。)

七、板书设计

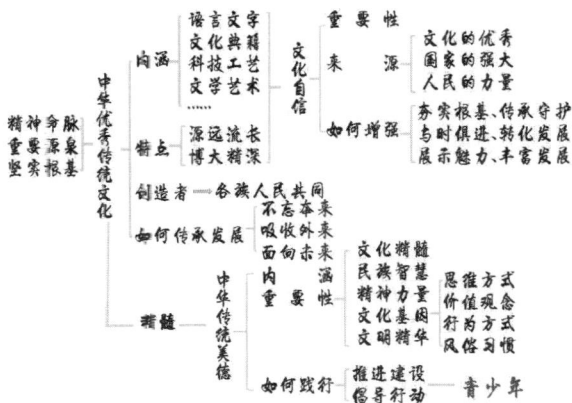

八、教学反思

本节课以筷子为切入点和线索,帮助学生以小见大、逐步深入,从更加多元的视角展开对文化血脉的理解和认识,从而增强文化自信,传承中华美德,成为延续文化血脉的重要源泉。

本节课力求基于学情,指向核心素养,突出道德与法治学科的学科思维、学科能力、学科语言,为学生学习创设相对真实而贴近个人生活经验的学习情境,让学生综合运用跨学科知识,体会文化自信的来源,并基于对历史的分析,为当下中国文化自信寻找新的突破口,从而让学生打通历史关节,用更加宏阔的眼光审视当下中国文化的发展现状,从而客观辩证地增强文化自信,自觉做文化的传承者和建设者。

本节课更加注重道德的浸润和滋养,在传承中华传统美德部分,没有设计生硬的说教和虚假的探讨,而是更加注重自然的渗入和熏陶。播放《筷子》的视频旨在让学生寻找道德延续的脉络,感受美德在家庭、学校和社会生活中所彰显的巨大力量；让学生在情境中有所感悟，在感悟和感动中体悟传统美德薪火相传、生生不息的无限生命力，最终在深情触动中感受美德是文化基因、民族智慧，也是中华民族走向伟大复兴的精神力量，从而产生自觉传承中华民族传统美德的意识。

本节课也存在一些不足，如在文化自信的人物对比上，所选取的人物和时代背景是否合适，需要继续推敲。

传统与现代

——《传承中华优秀传统文化》教学设计

上海市田家炳中学　王丹旸

一、教学目标

① 知识目标：知道中华优秀传统文化的基本内容，理解传承中华优秀传统文化需要与时俱进、内外兼修。

② 过程与方法目标：通过现象分析和问题讨论等学习活动，感知传承中华优秀传统文化的现实困境，感悟如何传承中华优秀传统文化；锻炼观察社会、分析问题的能力，提高思维品质。

③情感、态度与价值观目标：认同中华优秀传统文化，激励自己传承中华优秀传统文化，让中华优秀传统文化内化于心，外化于行。

二、学情分析

本节时事政治课设计的过程中恰逢党的十九大召开，在备课的过程中，原本以为学生是"两耳不听窗外事，一心只读圣贤书"，但在进行课前调查时，笔者出乎意料地发现，他们非常关注国内外发生的大事，国家政策的制定，他们所关心的和知道的远比我想象的多得多。党的十九大的召开，共享单车、环境问题、科技发展、时代楷模、优秀传统文化的传承等都是他们津津乐道的，学生不仅能讲出很多讯息，而且有自己的见解和判断。

但是，在与学生的沟通中，不难发现，在信息量骤增的信息时代，他们还缺乏正确处理这些碎片化信息的能力，他们还不擅长在这些信息中寻找关联进行深度思考。正是如此，他们需要更全面更真实地了解、认识国家大事。而时事政治课堂正是最好的教育契机,通过教学搭设桥梁,让学生独立思考和理性分析。

三、教学重点、难点

①教学重点:如何传承中华优秀传统文化。

②教学难点:优秀传统文化传承要与时俱进。

四、课前准备

①搜集、整理相关时政新闻材料。

②制作课件。

五、教学过程

环节一:走近中华优秀传统文化

导入:播放上海市民王震华用7108个零件,全榫卯结构复刻天坛祈年殿的视频。

问题:①市民王震华传承了什么?请具体说明。

②除了这些,你还了解哪些中华优秀传统文化?请介绍你了解的中华优秀传统文化。

教师小结:在五千多年文明历史中孕育的中华优秀传统文化,不仅有物质文化,也有非物质文化,它包括传统习俗、传统建筑、传统思想、传统文艺等,是我们中华民族共同的精神记忆和中华文明特有的文化基因。

(设计意图:引导学生通过对王震华视频的思考,认识到文化不仅有物质文化,也有非物质文化;通过介绍自己了解的中华优秀传统文化,进一步加深对传统文化的认识,了解其主要表现形式。)

环节二:关注中华优秀传统文化

活动:根据视频材料,进行小组讨论。

问题:年过半百的王震华选择用5年的时间去研究榫卯结构。你认为他的选择值得吗,并说明理由。

教师小结:这个视频告诉我们,传承中华优秀传统文化并不是一件轻而易举的事情。和榫卯结构一样,我们有许多中华优秀传统文化正面临着现实生存的困境。

（设计意图：通过对王震华的选择是否值得的思考，引导学生认识到目前中华优秀传统文化的传承正面临着现实生存的困境。）

环节三：传承中华优秀传统文化

活动：阅读新闻材料《没想到你是这样的故宫》。

问题：①你们对故宫卖萌怎么看？

②今天的故宫为什么要这样做？

教师小结：这些都在传达一个信息：年岁渐长的故宫，并未停止追赶时代的脚步。它跟随着我们日益增长的美好生活需求，继承创新，融合传统与现代，展现了中华优秀传统文化新时代的风采。

（设计意图：通过对故宫卖萌案例的分析与思考，引导学生认识到传承中华优秀传统文化需要与时俱进。）

问题：①在我们身边，我们的学校、家庭、社会生活中，还有哪些传承中华优秀传统文化的方式？

②学校运动会入场式时，大家穿上汉服、舞舞剑、打打拳，这是不是传承中华传统优秀文化？

③在实际生活中，我们如何去传承中华优秀传统文化？

教师小结：传承是一个由外而内的过程，当我们把传承中华优秀传统文化落实到实际生活、实际行动中时，我们的传承就不仅是一个由外而内的过程，更是一个由内而外的过程。

（设计意图：通过辨析，认同传承中华优秀传统文化既要外化于行，更要内化于心。）

教师总结：传承中华优秀传统文化，需要我们在高度认可自己民族文化的同时，让优秀传统文化与时俱进，融入生活，找到新的生长点，这样才能文化兴国运兴、文化强民族强，把中国建设成为社会主义文化强国。

六、课后拓展

以小组为单位，选择一个传统文化，对其现状进行小调查研究，为传承这个文化提1～2个具有可操作性的小建议。

七、教学反思

本节课教学目标达成度较高,突出重点,解决难点。学生在体验、感悟的过程中形成认识,并对如何传承中华优秀传统文化有了自己的思考。本节课的优点在于:

其一,关注学生能力培养。教学中不是一味地关注学生对知识点的识记,也不是仅仅呈现学生对传统文化已有认知;而是关注学生思辨能力的培养,引导学生在时空的范畴内去了解传承中华优秀传统文化的意义和困难,使学生通过对王震华和故宫卖萌两个材料的分析,在思维碰撞中学会更全面、客观地看问题,进而形成正确的文化继承观。其二,优化教学素材的选择。在材料的选取时,一是从本地资源入手,选择了上海市民王震华使用榫卯结构复刻天坛祈年殿的案例,二是从学生兴趣入手,选择了故宫卖萌这个案例,两个材料都比较接地气,都能给学生充分讨论的空间。在课堂教学过程中,学生对材料接受度很高,他们的学习兴趣被极大提高。

本节课也存在一些不足,主要体现在:一是对学生课堂生成问题的处理不够及时。例如,在处理"王老伯在采访中提到的'我要活!'问题,我们能怎么做?"时,学生更多反映的是别人怎么做,而没有思考自己的责任,笔者在这里的适时引导还不够。二是导行环节还不够扎实。在课堂后半部分,处理"在我们身边,我们的学校、家庭、社会生活中,还有哪些传承中华优秀传统文化的方式?"和"在实际生活中,我们如何去传承中华优秀传统文化?"这两个问题时,没有体现出需要先外化于行,再内化于心的层次,需要进一步调整。

《关注我们的人文环境》主题教育实践

——改革开放40年之南京路的变迁

上海市光明初级中学　夏芝悦

一、教材内容结构

本活动方案依据沪教版教材《思想品德》八年级上册第二课《生存环境　呼呼保护》第一框"关注我们的生存环境"的相关教学内容而设计。这一框主要阐述了人类的生存和发展离不开自然环境和人文环境。对于人文环境的重要性，教材从三方面加以分析，并指出人文环境对于民族历史、社会文化以及素质培育的作用，强调激发学生增强保护人文环境意识的重要性。同时，教材通过图片和资料的展示来说明上海是一座具有优良革命传统的城市，有其独特的历史文化背景，并要求学生以小组为单位收集相关资料。

二、学情分析

八年级学生已经学过中国历史和上海乡土历史。2018年是改革开放40周年，值此之际，有必要让学生回顾中华民族的奋斗历史，了解身边发生的巨大变化，引导他们关心祖国的发展和进步，同时也为迎接初三思想品德课学习做积极准备。因此，本次活动让学生通过对南京路的实地考察与自主探究了解上海的近代史，感受上海特有的人文环境，唤起学生的民族自豪感和保护人文环境的责任感。

八年级学生具备了一定的小组合作、收集资料的能力，具备了独立思考、主动探求新知的意识。形式多样的课外活动，更能激发学生的兴趣，进一步尝试同学间的合作学习，提高观察社会和调查社会问题的能力。

三、活动目标

引导学生了解南京路的革命历史,感受新中国成立后尤其是改革开放以来上海取得的成就,领悟其中蕴涵的民族精神,从而激发珍惜和保护周围的人文环境的热情,培养社会责任心。

四、活动方案

活动对象:初中八年级学生。

活动准备:组成四个合作小组,确立组长。

活动过程如下:

活动一:"红色记忆"——了解南京路的历史

具体过程:

①教师准备"红色记忆事件单"(见附件1),发给每组一张。

②每个小组内成员分工合作,查找相关事件的资料,完成事件单的填写。

③各组查找并准备南京路的变迁历史的资料。

④全班交流发生在南京路上的革命事件,回顾南京路的变迁史。

具体要求:

①组内成员要形成合理分工,提高搜索资料的效率。

②填写事件的经过要准确、详细。

③小组内要积极交流,使每个组员都清楚地了解南京路的变迁历史。

活动二:"今日面貌"——南京路实地考察

具体过程:

①教师制作"南京路考察记录单"(见附件2),出发前发给各个小组,学生在考察过程中根据要求完成记录单的填写。

②教师带领学生前往南京路,学生分组自行考察2小时,在此过程中做好记录。

③学生准备相机,拍摄南京路的街头风貌。

④寻找南京路上的老字号商店并记录,了解其中一家的经营历史和现状;搜

寻南京路上的外国品牌并记录。

⑤街头访问游客(要求至少一名外地或外国游人),了解他们对南京路及上海的印象,记录他们的评价。

具体要求:

①外出前做好学生的安全教育工作,提醒学生不能擅自离队。

②各小组可事先查阅相关资料,有针对性地进行考察。

③在考察过程中应牢记考察目的,注意记录重要信息。

活动三:"城市印象"——考察体验与交流

具体过程:

①各组完成考察记录单的填写。

②每组选取一张最能体现南京路特点的照片贴在考察记录中,组长对所选择的照片进行解说,全班评选出一张最佳照片并粘贴在班级成长手册中。

③各组代表交流南京路上的老字号品牌与洋品牌情况,并向全班同学介绍一家南京路上的老字号企业。

④集体畅谈对南京路上的老字号品牌与洋品牌相互竞争的看法。

⑤各组交流街头访问情况以及考察评价,可相互补充,组长总结体会。

具体要求:

①小组所选照片必须能反映出南京路在当今时代的某种风貌或特点。

②可通过交流访谈或查找相关资料的方式了解老字号品牌的经营历史。

③每个学生可以积极发言,各抒己见,教师注意维持发言秩序。

活动四:"出谋划策"——对南京路未来的建议和畅想

具体过程:

①小组总结出考察评价中所反映的南京路现存不足之处,结合客观实际针对某一方面提出一个改进的金点子,如确实可行,以班级名义给相关政府部门写信。

②查找资料,了解南京路未来发展定位,对南京路未来进行大胆畅想。

③以"明日南京路"为题,在班级征文并评选出前三名,文章在班级网页发布,将评选结果记入相关同学的成长记录册中。

具体要求:

①金点子要具有可操作性,被教师确认为有价值的可以向有关部门写信。

219

②要结合南京路的发展定位对南京路的未来进行畅想,必须是合理化的想象,不能是脱离实际的幻想。

③征文在全班开展,文体不限,字数在800以上。征文的评选先由小组推选两篇,再由全班评选三篇。

五、活动反思

本次活动紧密围绕"人文环境"这一知识点,选取上海市最具代表性的地标之一——南京路作为社会实践活动的开展场所,引导学生关注和感受上海这座城市的人文环境。这是对课堂教学内容的有益拓展和实践,对于过程、方法和能力维度的教学目标有很好的落实,对于情感、态度与价值观维度的教学目标有较好的达成度。

在活动设计中,有一些内容在实施时有一定难度。比如,在访问街头游客时,由于学生缺少相关经验,不敢也不善于提问,教师可以在课堂上提前给予指导。

附件1

红色记忆事件单

事件	地点	经过
五卅惨案流血处		
南京路上第一面五星红旗升起的地方		
华人与狗不得入内		

附件2

南京路考察记录单

南京路一景:
(贴照片处)
特点描述:
南京路上的老字号:
南京路上的洋品牌:
对老字号品牌与洋品牌相互竞争的看法:

项目	小组评价	游人评价
交通		
服务		
环境		
市民素质		
城市印象		
建议及改进金点子		

《养家的父母最辛苦》教学设计

上海市上海师范大学马克思主义学院　王　蕾

一、教材内容结构

　　本课是沪教版教材《思想品德》七年级上册第三课《关爱父母　学会孝敬》第一框"养家的父母最辛苦"的内容。这一框分为三个部分,第一部分"父母肩挑家庭生活重担"主要介绍了父母为家庭、为孩子付出的艰辛;第二部分"父母为社会做出贡献"主要阐述了父母除了要承担家庭重担之外,还要在工作岗位上、在社会上做出自己的贡献;第三部分"父母抚育子女成长"主要介绍父母为孩子的成长倾注一生,作为父母的孩子要满怀一颗感恩的心。本课内容具有承上启下的作用,之前学生已经学习了家是温馨港湾、成长园地,自己的生命来之不易等话题,学生不断增强了对家的认识。父母是最爱他们的人,要明白父母的艰辛,面对父母的付出要学会常怀一颗感恩的心。因此,本课内容也为第二框"学会孝敬父母"的学习打下了坚实的基础。

二、学情分析

　　刚进入七年级的学生对父母的艰辛知之甚少,他们中的很多人会认为在家里父母所做的一切都是应该的,父母对他们的付出也是理所应当的。同时,七年级学生的认知、理解等能力尚未成熟,经常以自我为中心,要让他们在实际行动中感恩父母、孝敬父母具有一定的难度。因此,在让他们学会孝敬父母之前应该在心理上对父母的艰辛有所认同,并且要亲身感受到父母的辛苦。而本课便是让学生明白父母的辛苦,另外,本课所涉及的课前实践活动为他们了解父母的辛苦增添了趣味性。

三、教学目标

①知识目标:了解父母为家庭生活的操心操劳,为子女健康成长的付出,明白父母在家庭、社会生活中的艰辛。

②能力目标:通过课前的调查培养学生的实践能力;在小组讨论的过程中提高交流表达的能力;通过制作感恩卡,培养学生的动手能力。

③情感、态度与价值观目标:激发学生对父母的感恩之情,并能在日常生活中关爱和孝敬父母。

四、教学重点、难点

①教学重点:父母肩挑家庭生活重担、父母抚育子女成长。
②教学难点:父母肩挑家庭生活重担、父母抚育子女成长。

五、教学方法

小组讨论法、讲授法、问题探究法。

六、教学过程

师:俗话说,可怜天下父母心。父母对子女的爱是最无私的。他们为了子女任劳任怨,无怨无悔,把自己的全部心血都倾注在了子女身上。那么父母到底是怎样为自己的家庭尽心尽力心甘情愿地付出呢?下面就请同学们阅读教材第38页《一位母亲的日记》。

(板书)养家的父母最辛苦

师:阅读了这篇日记之后,同学们从中感悟到了什么?

生:阅读日记思考并回答。

师:这篇日记的字数虽然不多,却吐露出了一位母亲的慈爱之心。从孩子牙牙学语,到成长的每一个阶段、每一件事情,都深深地牵动着母亲的心,也牵动着父亲的心。父亲母亲一直关心着我们,但是反过来,同学们有没有关心过父母,是不是也了解自己的父母呢？

说一说：爸爸妈妈一天的工作行程。（课前老师让同学们回家观察或者是询问爸爸妈妈一天的工作行程）

生：讲述所观察到的结果……（每位同学父母的工作不同，每日的工作行程也各有不同）

师：同学们都描述了自己父母一天的工作行程，而且说得很具体，这说明大家是认真地观察了爸爸妈妈一天的工作行程。每位同学父母的工作岗位不同，每日的工作行程也各有不同，所以有着不同的日常生活。现在老师也来讲一讲我的父母的一天，因为我的父母是农民，所以就给大家讲一讲农民的一天……

师：其实，可以看出无论是你们的父母还是我的父母，他们一天的行程都非常忙碌，非常辛苦。但是，为什么那么辛苦的工作，那么辛苦的事情他们还是要去做呢？那是因为父母肩挑家庭生活的重担。

（板书）父母肩挑家庭生活重担

师：为了养家糊口，为了把我们养大成人，为了给我们创造更好的生活条件，他们不得不去努力工作，即使那些事情非常辛苦。我们的父母，为了他们心爱的家付出了很多很多，他们的付出有的是可以用数字来计算的，而更多的是无法用数字来统计。今天大家就一起来算一算，看看父母最近一年在你们的身上所支出的费用。

学生活动：同学们交流课前向父母调查的结果。（学生根据课前调查的结果进行分享）

师：不算不知道，一算吓一跳。同学们可能自己也没有想到父母在自己身上一年会投入那么多的费用，也没有想到自己估算的支出费用跟实际支出费用会相差那么大。这说明，父母肩上的重担其实比同学想象的要重很多很多，对于父母的辛苦，我们所知道的只是冰山一角而已。

师：为了更深地了解这方面的内容，课前老师也收集了一份资料，我们一起来了解一下。

师：从同学们填写的数据以及老师这儿收集的数据可以看出，父母把家庭总支出的百分之四五十都花在子女身上。这足以证明父母的辛苦，为了提供良好的环境让我们健康成长，他们付出了很多，就算自己省吃俭用，也不委屈自己的孩子。

从微观上讲,父母那么辛苦地工作,那么辛苦地为我们付出,主要是因为他们肩挑着家庭生活的重担,他们要为了子女去努力工作。但是从宏观上讲,父母的辛苦也是在为社会做贡献。

(板书)父母为社会做出贡献

说一说:你的父母从事什么工作,工作内容是什么?

师:不管是司机、医生、教师还是警察,他们在为社会做贡献的过程中也是很辛苦的。父母的辛苦不仅体现在父母肩挑家庭生活重担和为社会做贡献上,更多的还是体现在父母抚育子女成长过程中给予他们的关心和爱护!

播放视频:《感恩父母》。

(板书)父母抚育子女成长

师:观看了视频之后,想必同学们还是有很多感悟的。父母抚育我们的成长,倾注了他们毕生的心血。

小组讨论:现在请结合日常生活和视频,以小组为单位讨论并填写下面的表格,看看在一天当中你们的父母都为你们做了什么,你们又为他们做了什么。

生:讨论并填写表格。

师:大家来比较自己填写的表格,看看这个天平是平衡的吗?可以看出,爱的天平并不是平衡的,父母在抚育我们成长的过程中付出的辛劳远远超过了我们为他们所做的。无论是严父还是慈母,他们都用不同的方式为我们操心操劳。作为子女,我们要满怀一颗感恩的心,牢记父母给予的一切,用真情回报父母的辛劳和恩情。

今天,我们借这个机会来表示我们的谢意。感谢父母为我们所做的一切。请大家一起制作一张感恩卡。

学生活动:在《爸爸妈妈》的音乐背景中制作并完成感恩卡。

活动要求:

①用3~4个形容词描述父母对自己的爱。

②简述父母对自己关爱的小故事。

③将感恩卡交给父母,并请父母留言。

七、板书设计

养家的父母最辛苦

一、父母肩挑家庭生活重担

二、父母为社会做出贡献

三、父母抚育子女成长

八、教学反思

本节课的亮点在于：

其一，本节课学生很积极，参与度很高。一方面，七年级的学生很活跃，他们对于家的话题是善于表达也愿意表达的；另一方面课前的小调查和对父母的观察让他们对父母的工作与辛苦有了比较全面的了解，因此学生在体会到父母的艰辛之后很愿意向老师和同学们表达自己父母的辛苦，也很愿意亲手为父母制作感恩卡。虽然本节课上只是让学生制作一张感恩卡以示感恩，但是最终目的还是要让学生心存感恩，在生活中用实际行动去感恩父母、回报父母。

其二，课前小调查的实践活动将课内与课外相结合。没有调查就没有发言权，亲自调查了才有发言权。课前小调查的实践活动是一个让学生主动去了解父母的工作和理解父母辛苦的机会，能让学生在课堂上有言可发，有话可说，而且有理有据。这有利于培养学生接触生活、了解生活的能力，提高他们的实践调查能力，也有利于促进学生与父母之间的情感交流，让学生体会到父母的辛苦。同时，将调查结果运用到课堂中有利于让学生信服，提高学生对课堂内容的接受度，因为学生更加相信自己调查得到的结果。如果教师告诉学生父母为他们的子女付出了很多，父母很辛苦，这样的说教方式并不会让学生感同身受，也不会让学生从心底感恩父母。

其三，紧密联系实际，从学生生活出发。了解父母的工作，观察父母一天的行程以及调查一年父母花在自己身上的费用等，这些内容的设计都紧密联系了实际，数据的来源和学生观察的结果既具有真实性又具有实践性。此外，父母的工作各不相同，学生在了解父母工作的同时对职业、对社会也有了一定的了解。

本节课的不足之处在于:其一,对教材内容的处理存在不妥之处。父母为社会做出贡献这一环节放在第二部分似有不妥,有点突兀,若将其放在第一部分,先从父母的工作岗位开始说起或者放在最后一部分,从家庭上升到社会或许会更好。其二,活动内容稍多。活动环节比较多,加之学生非常活跃,课堂秩序有点乱,这一点还需改进。

《我们周围的公共设施》教学设计

上海市延安实验初级中学　孔　琦

一、教材内容结构

　　本课是沪教版教材《思想品德》八年级上册第三课《公共设施　情系大众》第一框"我们周围的公共设施"的内容,主要在上节课对公共设施含义初步了解的基础上,了解公共设施与青少年成长的关系及明确公共设施发展的作用,进而学会利用公共设施。本框内容的学习能帮助学生明确公共设施对自身和大众生活的意义,激发学生对公共设施自觉爱护的情感和遵守法律规范的意识,为后续框节的学习做好认知和情感铺垫。

二、学情分析

　　初二学生已经拥有了参与社会生活的初步意识和能力,愿意通过个人的社会观察和实践开展问题分析和讨论,因此学生积极自主地开展课前拍摄活动,为课堂导入提供了良好条件。由于该年龄段学生思考和分析问题的局限性,本课以微信求助的三个问题开展主线式教学,层层深入,增强学生分析问题、理解问题的能力,课堂设计也符合该年龄学生渴望帮助别人实现自我价值的诉求。

三、教学目标

　　①知识与技能目标:知道社会公共设施与青少年成长有着密切的联系,懂得公共设施的发展是社会文明水平的标志,并学会在生活中利用公共设施提高生活质量。

②过程与方法目标:通过视频欣赏、归纳探究、情景设计、合作交流等方式,让学生懂得青少年成长离不开公共设施,体会公共设施带给生活的便捷,感悟社会文明的进步。

③情感、态度与价值观目标:感悟公共设施的不断革新给人们的生活带来的巨大变化,培养关注社会生活的意识,提升社会责任感。

四、教学重点、难点

①教学重点:青少年的成长发展离不开公共设施。
②教学难点:公共设施发展是社会文明水平的标志。

五、课前准备

学生:完成导学案课前预习部分,录制视频。
教师:搜寻相关资讯,设计导学,制作课件。
教具:小白板、白板笔、白板擦等。

六、教学过程

师:上节课,我们一起了解了公共设施是由政府或其他社会组织提供的,属于社会公众使用或享用的公共建筑和设备;社会生活离不开公共设施。今天这节课,我们继续来聊一聊身边的公共设施。

师:我们班的胡梦君同学上个周末过得非常精彩。她是如何度过周末的呢?让我们一起通过一段视频来了解一下。同时请大家边看,边以小组为单位,在白板上快速记录一下胡梦君同学在周末所利用到的公共设施,准备好了吗?好,我们一起来看一看。

【视频播放】《胡梦君的周末生活》(2分半钟左右)

师:胡梦君同学的周末生活果然过得丰富而精彩。那么,哪个小组愿意上来展示一下你们找到的胡梦君同学所利用到的公共设施?(请一组派两位同学上来,一位拿题板,一位作答;请其他组补充)

生:公园、健身器械、超市、地铁、书店、餐厅、电影院、商场、书报亭、路灯、公共电子门等。

师:同学们,他们找到的公共设施在刚才的视频中都出现过吗?还有没有哪一组想要补充的?再请一组学生上台来交流分享。

师:同学们,通过我们小组集体智慧,把胡梦君所用的公共设施都找到了,可见胡梦君同学的周末生活与公共设施之间有着密切的联系。其实我们每个人的生活都离不开公共设施,尤其是我们青少年的成长更离不开公共设施。那么同学们,哪些公共设施也丰富了你的课余生活呢?接下来就给大家一个展示分享的机会。

课堂活动:请用2~3句话分享一下自己的课余生活与公共设施之间的故事。可以展示一下能反映自己课余生活与公共设施之间联系的物品、照片、日记等。

学生分享:略。

师:通过同学们的分享,我们可以看到,在我们成长过程中,公共设施与我们有着密切的联系,从在医院诞生到在学校接受教育,社会为我们青少年的健康成长开辟了科技馆、博物馆等丰富多彩的活动场所。因此,我们青少年成长的每一步都离不开社会的公共设施。

(板书)二、青少年的成长离不开公共设施

师:公共设施不仅对我们的青少年成长起着非常重要的作用,作为每一个社会公民所共享的社会资源,公共设施还为所有身处这一城市的人提供着便利。上海作为一个国际大都市,就是一个设施齐全、生活便捷的城市,所以上海也成了中外游客热衷的旅游城市之一。

情景模拟:四川中学生小吴想到上海旅游,为了更好地享受这次旅游,他在微信上搜索上海的微信群,最终加入了我们班级同学开设的班级微信群,想从上海的同龄人这里进一步了解上海。

师:我们一起通过集体智慧为小吴同学来答疑解惑一番。

【多媒体展示】第一条微信:上海的朋友你们好,我已经预订了位于浦西北新泾附近的酒店住宿,请问我能通过哪些方式从浦西到浦东游玩呢?

师:小组讨论,并在白板上写一写。

生:轮渡、地铁、公交、出租(隧道、大桥)……

师:同学们说了很多方式,而这些也都属于公共设施。那么,你们觉得现在穿越浦西和浦东是否便利呢?

生:是。

师:但是在20世纪五六十年代,过江其实是一件非常困难的事,当时只有一种交通方式可以跨越黄浦江,你们知道是什么吗?

生:轮渡。

【多媒体展示】黄浦江轮渡照片

师:这是一张黄浦江轮渡的老照片,当时每天有近100万市民乘轮渡过江。但是在遇到恶劣天气时,轮渡不得不停航。

【多媒体展示】打浦路隧道图片

师:到了20世纪70年代初,上海建设了国内第一条水底公路隧道,即打浦路隧道。因为排队拥堵要花费较长时间,所以当时人们普遍感到行车难、过江难。

师:随着时代的发展,如今越江的方式多了很多:

【多媒体展示】轮渡、隧道、越江大桥、地铁等图片

师:大家想一想,公共交通设施发展给城市和人们的生活带来了什么变化?

生回答:略。

师:小结。

(板书)1.促进社会发展,提升物质文明

师:相信小吴同学此次上海之行一定会有这样的体会。

师:接下来,我们来看看他的第二条微信。

【多媒体展示】第二条微信:这次旅游,我想带奶奶一起来上海玩,但她常年身患腿疾,需坐轮椅,不知奶奶是否能顺利出行呢?

师:大家觉得他想带奶奶来上海游玩的设想是否可行呢?

生:可以。因为上海为行动不便的人设置了无障碍电梯、无障碍坡道通道、无障碍厕所等。

【多媒体展示】无障碍通道、厕所、电梯等

师:同学们很善于观察,这些设施的确可以帮助小吴奶奶顺利出行。那么,这些设施的设置体现了怎样的设计理念?

生:关注弱势群体、以人为本、更多方便人们、人性化……

师:小结。

(板书)2.体现以人为本 创建和谐社会

师：其实在我们的社会生活中，除了像给小吴奶奶这样的人群提供特殊设施外，还有一些提供给普通大众的公共设施也体现了这一理念：

【多媒体展示】心肺除颤仪、爱心雨伞、新三门公交车等图片

师：解释补充。

师：于是小吴决定这次要带奶奶一起来上海玩。

师：来到了上海，小吴和家人都感受到了大都市的繁华，第三条微信是他来到上海游玩后发的，他还为这条微信配了一张图。

【多媒体展示】第三条微信：我在乘坐上海11号线地铁时看到，车厢上贴有丰子恺先生经典漫画和哲语，这些漫画很漂亮。但是我在想：为什么不把它们换成商业广告以赚取更大的经济效益呢？

师：小吴的这个疑惑谁能来解答呢？

生：增加公共场所的文化气氛，体现城市的文化内涵，增加人们的文化素养，提升审美需求……

师：同学们说得很好。

师：小结。

（板书）3.营造文化氛围 满足审美需求

师：还有没有哪些随处可见的公共设施可以体现这一作用的呢？

学生回答：略。

【多媒体展示】景观绿地、喷泉广场、人像雕塑；"爱心"垃圾桶、"白玉兰"路灯，公厕油画

师：相信小吴同学在后面几天的行程中一定能从身边的公共设施上感受到上海这座城市的文化魅力。

师：综上所述，我们也越来越感受到公共设施已不仅是社会生活不可或缺的要素，更是社会文明水平的标志。

（板书）三、公共设施的发展是社会文明水平的标志

师：为了满足人们日益增长的文化需求，社会已为我们提供并且还将继续为我们创造各种各样的公共设施。比如，前两天老师看到的一条新闻：上海的自然博物馆要建新馆，展品也将更新升级，我们一起来看一下报道。

【多媒体展示】自然博物馆建新馆展品升级

师：听了新闻介绍，同学们有没有心动呢？除了重建自然博物馆以外，现在

上海还开放了很多公共文化设施。比如：

【多媒体展示】上海文化广场、中华艺术宫、上海音乐厅、民俗文化宫等

师：这些公共设施都有助于提升我们生活质量,而孔老师特别想去新建的自然博物馆看一看,丰富自己的业余生活。听完刚才的介绍,你们最想利用哪一个公共设施来丰富自己的课余生活?

师：既然社会为我们提供了这么多的公共设施,我们要充分利用身边的这些公共设施,学习知识、丰富生活,在广阔天地中更好地成长,学会利用公共设施提高生活质量。

（板书）四、学会利用公共设施提高生活质量

师：公共设施为我们的生活带来了精彩,当然,我们也要为公共设施的发展出一份力、尽一份责。给大家布置一个课后实践作业。

师：我们的新学校已经建成并投入使用近半年,作为学校的小主人,请你对现有公共设施进行完善和再设计,使其更好发挥公共作用,为全校师生服务。让我们一起为学校的建设做出贡献,让公共设施发挥最大效能,今后以自己的奉献来"描绘"我们可爱的城市,让我们的生活因公共设施而更丰富多彩。

七、板书设计

第三课　公共设施　情系大众

第一框　我们周围的公共设施

一、社会生活离不开公共设施

二、青少年的成长离不开公共设施 { 促进社会发展　提升物质文明
体现以人为本　创建和谐社会
营造文化氛围　满足审美需求

三、公共设施的发展是社会文明水平的标志

四、学会利用公共设施提高生活质量

八、教学反思

本节课的亮点在于：

其一,重难点清晰,学生自主发挥多。本课的知识点较为零散,主要有"青少

233

年的成长发展离不开公共设施""公共设施的发展是社会文明水平的标志""学会利用公共设施提高生活质量"。课前确立了重点和难点，并准备了充分的材料，《胡梦君的周末生活》视频作为导入，利用课堂分享环节，说明了青少年成长与公共设施的关系，还通过微信助人的方式，从三个角度说明了公共设施对社会发展的作用，最后"课余生活新计划"的设计和课后作业"为完善学校公共设施进行再设计"等，形式多样，学生自我发挥较多，实现了以学生为主体的课堂教学。

其二，设计巧妙，微信助人贯穿课堂。为了将第二部分公共设施对社会文明水平发展的作用这一重点内容说清楚，教师选择用微信求助的方法，设计四川学生小吴为了到上海旅游，向上海同龄的小伙伴寻求帮助，提出了三个问题，并从三个问题出发，提炼出公共设施对社会文明发展的作用。

其三，课堂活跃，多手段实现现代教学工具运用。本节课运用了多媒体视频、PPT、小白板、实物展示等多样化教学工具，尤其运用了我校特色小白板，学生的小组讨论呈现板上，这也为班级交流提供了良好平台。师生共同合作拍摄的视频作为导入不仅提高了学生的学习兴趣，更是将课堂内容和学生生活紧密贴合，具有直观性、创造性。

其四，师生合作默契，学生学习积极性高。在这堂课上，学生的参与度非常高，叫答率在全班人数一半以上，举手率更是高达三分之二，作为一个普通班级能够出现这样的课堂活跃度，和笔者平时与班级学生的课堂默契是分不开的。另外，学生的学习积极性高涨，一定程度反映了笔者课堂设计充分考虑了学生的实际情况，备课也同时"备学生"。

不足之处也有如下几点：

其一，微信求助表述有歧义，需斟酌修改。本节课设计了三个微信求助问题，第一个求助"如何从浦西到浦东"中，学生说到了利用高铁、磁悬浮，当时课堂上仅是提问"是不是可以呢？大家回去查一查"，其实学生这样说未尝不可，比如浦西虹桥机场出发，转个圈到浦东机场，这也是从浦西到浦东。笔者设置问题时需要再严谨一些，比如改成如何较快地从浦西某地到达浦东某地，学生有了确切地址就不会天马行空地回答问题了。而当时学生说完，虽然有歧义，作为老师，笔者应该适当给予鼓励，鼓励他们提出创新的想法等，课堂应变和课前问题设计略有不足。

其二，线索还需整理，使之更有整体性。这节课为了说明"公共设施是社会文明水平发展的标志"时用到了微信求助的线索,设计了虚拟人物"小吴",而开头处为了说明"青少年的成长离不开公共设施"播放了视频《胡梦君的周末生活》。这两个人物一个虚拟,一个真实。由于本堂课是在胡梦君同学所在班级开设,所以教研员给出建议,若是在其他班级上,可以将两个人物合二为一,从而使课堂线索不会显得太多,更体现课堂完整性。

其三,提问需详略得当,以节省时间。本节课最后超时几分钟,回顾整堂课,有些可以再压缩时间,比如在说到公共设施是社会文明水平标志的第二点"体现以人为本",可不用再提问学生"还有哪些公共设施可以体现以人为本的",而是直接对爱心伞、除颤仪、新三门公交的人性化设计理念进行阐述,这样能更节约时间,请学生说说课余新计划,加强课堂反馈。

其四,材料较多,可以再做取舍。本课内容充实,上课中略有紧促感。可再考虑进行取舍,使得课堂内容不会显得太多。

《科创，让上海更美好》教学设计

上海市田家炳中学　王丹旸

一、教学目标

①知识目标：知道上海科技发展新成就，理解科技创新的重要意义。

②过程与方法目标：通过课前调查、现象分析和问题讨论等学习活动，体验上海科技发展新成就，感悟科技创新对上海经济社会发展的重要意义；锻炼观察社会、分析问题的能力，提高思维品质。

③情感、态度与价值观目标：认同科技创新的重要性，激励自己积极参加创新实践活动，增强创新意识，提高实践能力。

二、学情分析

我们常说，学生所要习得的道德知识、社会规则、生活常识等，都是从生活中来，而最终为生活服务的。生活化德育与时代发展相契合才能满足学生实际成长的需要，才能启发学生道德自觉。本节时事政治课的主题"科创，让上海更美好"同样如此。

"科技"特色是我校招生中主打的品牌之一，学校有系统的面向所有初中学生的STEM课程体系、有专业的众创空间……在这种环境浸润下的学生，对科创并不陌生，3D技术、WEX机器人等都是他们拿手的，但是他们对"上海有哪些科技成就？""科技创新到底是为了什么？""上海城市新定位中'科创中心'的意义是什么？"并不清楚。我们不难发现，他们的生活逻辑和知识逻辑之间还缺少一定的关联。只有为他们搭建了生活逻辑和知识逻辑之间的桥梁后，他们才能更清楚地认识到学校开设这些课程的意义与价值，才能清楚地意识到自己肩头承担的未来社会建设者的重任。

三、教学重点、难点

①教学重点:在学习、生活中积极创新实践。

②教学难点:理解科技创新的重要意义。

四、教学准备

①搜集、整理相关时政新闻材料。

②了解学校STEM课程、科技类活动等。

③设计课前调查,并指导学生完成调查任务。

④制作课件。

五、教学过程

环节一:上海全球科创中心建设

导入:观看关于上海全球科创中心建设的新闻视频

活动:学习上海全球科创中心建设相关内容。

小结:作为改革开放排头兵和创新发展的先行者,党和国家选择在上海建设全球科创中心既是上海的优势使然,更是上海的使命所在!

(设计意图:以上海全球科创中心建设导入课题,引起学生兴趣。)

环节二:科技创新的重要意义

活动:展示课前"上海科技发展新成就"小调查成果。

小结:上海科技发展新成就不仅改变着我们的生活,同样也推动着上海城市的发展、国家综合国力的提升。科技创新,让上海越来越美好!

(设计意图:通过学生课前调查,让学生对上海目前科技发展的水平有初步的了解,为后续的材料分析做铺垫。)

活动:小组讨论(结合材料——海关总署进口工业品数据)。

问题:从这些材料中,你读到了哪些信息?这些信息反映了什么问题?这些问题会给上海未来发展带来什么影响?

小结：我们的城市发展、社会进步离不开科技创新。我们必须大力实施创新驱动发展战略，加快建设上海全球科创中心。

（设计意图：通过海关总署进口工业品数据的分析，让学生更直观地认识到科技创新对城市发展、社会进步的重要意义。）

环节三：积极创新实践

活动：观看视频并说一说视频中STEM课程学习过程给我们哪些启示。

小结：创新并不是一个简单的过程。创新意识不仅在创新课程和活动中很重要，在我们平时日常生活中同样很重要。

想一想：在我们的校园生活、家庭生活、社会生活中，有哪些地方需要创新？

小结：对于我们，在生活中进一步培养自己创新意识、创新能力的同时，也要打好扎实的知识基础，为今后建设上海全球科创中心做准备。

（设计意图：通过贴近学生的材料，引导学生分析如何在现实生活中做到科技创新，认识到创新不仅在科创课程、活动中重要，在日常生活中同样重要。）

课堂总结：相信有勇于创新、乐于创新、善于创新的你们，一定会为上海建成国际经济、金融、贸易、航运、科创中心这样一个国际大都市增添创新动力。未来上海，一定会变得更美好！

六、课后拓展

以小组为单位，通过观察社会生活，完成"生活中的创新"微调查。

七、教学反思

本节课总体上教学目标的达成度高，突出重点，突破难点，关注学生自主学习和合作学习能力的培养。具体情况如下：

其一，时政课特色鲜明，具有较强的时效性。在时政材料选择上，不仅呈现了上海近年来科技发展的成就，也很好地融入了党的十九大的内容，让学生体会到科技对自己生活产生的巨大影响，也体会到党的政策与科技发展和人民生活的密切关系。

其二，关注学生合作能力和探究能力的培养。在课前准备过程中，课前小组自主调查，让学生对上海目前的科创实力有了比较清晰的认识；有了课前调查的基础，在课堂教学过程中，学生的参与度较高。在课堂教学过程中，学生通过新闻视频与课前调查知道了上海科技发展的新成就；通过数据分析，在锻炼学生分析能力的同时，让学生意识到科技创新对社会发展的重要意义；以贴近学生实际生活的STEM案例，引导学生增强创新意识。

课堂教学中也存在一些不足：一是对探究活动的指导性还有待加强，学生对科技成就的关注面比较狭窄。二是在教学过程中，对学生生成的问题关注度不足，错过了对学生一些回答的挖掘，这方面还需要进一步提高。

《夸夸我班的好人好事》教学设计

上海市东华大学附属实验学校　陈　梅

一、教材内容结构

本课是沪教版教材《思想品德》六年级下册实践与探究(四)的"夸夸我们班级的好人好事"的内容。本课教学有利于形成同学之间互相学习、共同进步的班级良好风气,建设一个优秀的班集体。

社会主义核心价值观倡导"爱国、敬业、诚信、友善",通过本次活动达到德育渗透与价值生成的目标。表扬班级中的好人好事,大家互相学习,取长补短,共同进步,成为一个好学生,用实际行动积极践行"核心价值观"。为了达到这个目标,本节课有四个活动步骤,其中第一、二个步骤是为第三个步骤服务的,也就是说,夸夸本班的好人好事主要是为了给学生树立榜样,指导学生成长为一个好学生。因此,在教学中要注意掌握重点,即第三个步骤——讨论怎样才能成为一个好学生。

活动贴近学生生活,锻炼学生的观察、语言组织、审美等各项能力。整堂课的设计,体现二期课改"以学生发展为本"的理念,让学生"在活动中体验,在体验中感悟,在感悟中成长"。

二、学情分析

一年来,通过思想品德课的学习,学生懂得了很多道理,各方面的能力也有所提高。在班级中,有很多好人好事,众多的好人好事折射出班级取得的进步,但是,班级中仍存在着一些不和谐的现象。为了使同学之间互相学习,共同进步,形成一个良好的班集体,有必要组织同学一起来夸夸我们班的好人好事,从而起到弘扬班级良好风气的作用。

三、教学目标

①知识与技能目标：观察并收集自己与同伴为他人、为集体、为社会做的好事，掌握观察的能力和发现生活中"美"的技能。

②过程与方法目标：通过"我为你点赞""啄木鸟行动""成长的提示""书写心愿卡"等活动，学会互相学习，取长补短，共同进步。

③情感、态度与价值观目标：感受蓬勃向上的班级氛围，激发学生之间友善的情感，努力创建和谐的班级环境，促使个人更好地成长。

四、教学重点、难点

本节课的内容很简单，学生很容易掌握。但在平时的学习生活中，有些学生仍然我行我素，改不掉独生子女以自我为中心、自私自利的毛病。我校从2017年2月份开始，开展了"核心价值观进校园、学生画作来展现"的活动。抓住契机，通过班级学生的画作和班级的实际情况，形成对比，引起学生反思，认真审视自己，主动与好同学对比找差距，探寻到好学生的标准。

五、教学方法

实践活动法、任务驱动法。

六、教学过程

（一）新课导入

师：①社会主义核心价值观公益宣传文化墙

②观看"社会主义核心价值观进校园、学生画作来展现"的视频

生：观看视频。

（设计意图：引起学生兴趣，调动积极性，为实践探究做铺垫。）

（二）揭示课题：夸夸我班的好人好事

活动1：我为你点赞

我点赞的人是_____

我要夸他（她）_____（具体事例）

生：点赞。

师：践行"社会主义核心价值观"，老师为你们点一个大大的赞！

（设计意图：树立学习的榜样，学会互相学习，取长补短，达到共同进步的目标。）

活动2：啄木鸟行动

师：班级有哪些不和谐的现象？

生：交流。

师：我们应该相互督促、相互提醒；应该制定班规，大家严格执行。

（设计意图：让学生有一个正确的思想导向，为教学重点服务。）

活动3：成长的提示

师：我们怎样才能成为一个好学生？

生：讨论。

师：做一个好学生，体现在主动关心班集体，关心别人和乐于助人。

（设计意图：让学生形成对照，争取做一个"好学生"。）

活动4：书写心愿卡

师：我能为班级做些什么？

生：书写。

（设计意图：为课后践行做准备。）

（三）课堂总结

师：争做爱国、敬业、诚信、友善的四有学生。

生：倾听。

（设计意图：激发学生情感。）

（四）作业布置：班级简报

（五）学习评价要求

①在课堂教学过程中，教师对学生的发言要及时给予积极的肯定和鼓励，启发他们思考，引导他们践行。

②课堂上，通过"点赞树"的活动，及时表扬班级的好人好事。课后，学生完成"班级简报"，评选出几份优秀作品，在班会课上展示交流；其余的作品，张贴在班级的黑板报专栏中。这样，既表扬了先进，又对每一位同学的付出予以了肯定。

（六）学习单

活动1：我为你点赞

我点赞的人是_____

我要夸他（她）_____（具体事例）

活动4：书写心愿卡

我能为班级做些什么？

七、板书设计

实践与探究（四）：夸夸我班的好人好事

（一）点赞

（二）行动

（三）标准

（四）心愿

八、教学反思

本节课的内容很简单，学生也比较熟悉，要上得有新意，必须要有一些创新。笔者主要采取学生活动的教学方法，所设计的环节贴近学生的生活实际，在教学过程中，充分把握教材和学生的知识能力、年龄特点，精心设计学生活动，将社会主义核心价值观落实、落细、落小,在教学方法上贯彻了理论联系实际的原则。课堂上,让学生真正地参与活动,而且在活动中得到认识和体验,产生践行的愿望,同时引导学生全面地看待发生在身边的现象,发展思辨能力。

(一)活动设计的评价与思考

这是一节"实践与探究"课,也是六年级《思想品德》的最后一个内容。教材只有一页内容:活动主题、活动目标、活动过程、活动要求。当笔者接到上课的任务时,面对如此简单的内容,有点晕的感觉,内心明白:40分钟的课堂教学,教师必须创造一个作品。笔者觉得要有自己的亮点和特色,在学生活动上下工夫。

这节课还要以"社会主义核心价值观的德育渗透与价值生成"为主题,针对学生实际,利用情境探究和体验,改进学生价值生成方式,达到育人价值的目的。笔者依据课程标准和"三贴近"原则,设计了四个学生活动。

活动1:我为你点赞。课前,笔者自己做了一棵"点赞树",买了可爱的树叶形便笺纸,希望在课上通过"我为你点赞"的活动,孩子们写下点赞的人和事,分享之后,贴在点赞树上。在课堂的第一个活动环节,由于考虑到后面的教学内容,笔者请了6个同学点赞;后来在课末2分钟时,笔者请其他同学一起"打扮""点赞树","点赞树"活动的效果很好,调动了学生的积极性,情感得到升华。这一活动可以说是这堂课的亮点,也是有新意的地方。

活动2:啄木鸟行动。笔者先通过自己收集到的两张学校生活中不和谐的现象,引发学生思考:班级有哪些不和谐的现象?这个问题一出现,大家顿时安静,不敢出声。笔者看到此种情景,心里已经猜到:班级中肯定有不文明、不和谐的现象。于是,笔者大声地说:我们不要说出姓名,只说现象,目的是当一只勇敢的"啄木鸟",为班级的蓬勃向上尽一份力。这样一说,孩子们积极举手发言了。笔者在做总结的时候,鼓励他们相互督促、相互提醒,制定班规,严格执行,用实际行动践行社会主义核心价值观。课后的"啄木鸟行动"还要继续,激发学生努力为创建和谐的班级氛围尽自己的一份责任。

活动3:成长的提示。通过学生小组活动"议一议":怎样才能成为一个好学生?让学生形成对照,争做"好学生"。学生讨论得比较积极,在小组分享的时候,有一个组的发言非常全面,提到了好学生的标准是:德、智、体、美、劳全面发展。这说明:孩子们对这个标准很清楚,缺少的是践行。最后有一位同学的发言声音比较低,但她非常有想法,她说:"用核心价值观的24字作为标准,在学习和生活中践行。"当时,笔者听到这个回答,有些吃惊,但非常高兴,内心夸赞她真是一个善于总结且聪明的孩子。自己一高兴,结果忘了为她点赞,这说明教师还缺乏"机智",还需历练。

活动4:书写心愿卡。课前,笔者买了心愿卡,希望孩子们在课上能够书写下自己的誓言:我能为班级做些什么?希望能达到"我学习,我践行"的目的。课堂上,学生都很认真,在分享交流的过程中,大家始终都从小事做起:值日生工作、认真完成作业、文明作息、光盘行动等,把"社会主义核心价值观"落在实处、小处,值得点赞。唯一可惜的是:时间不允许,否则可以请更多的同学分享交流,效果会更好,从而营造出蓬勃向上的班级氛围。

(二)课堂教学中的可取之处

其一,教学目标制定适切。导入部分,笔者利用我校的新闻报道(松江电视台对我校"核心价值观进校园活动"的采访),这让学生感到非常亲切和自豪。接着开展四个活动,将社会主义核心价值观中公民层面的"爱国　敬业　诚信　友善",落实到学生的具体生活实际中,从学生乐于接受、善于学习的角度,指导学生明理导行,这有效实现了教学目标,将核心价值观落在实处。

其二,精心设计教学活动。依据六年级学生的身心特点,本节课设计了四个学生活动:我为你点赞—啄木鸟行动—成长的提示—书写心愿卡,培养学生善于发现他人的美好行为,提高学生的社会观察能力。

(三)课堂教学中需要改进之处

其一,关注教学细节。整个教学流程还是比较顺畅的,但教学的细节还要注意。在"成长的提示"环节,学生在交流"怎样做一个好学生"时,笔者应该强调学生在学校的表现要与学校的要求相一致,需要有一定提升。所以今后争取多学习、多历练,争取有收获、有提高。

其二,巧妙应对生成问题。在第二个活动"啄木鸟行动"中,一位学生非常气愤地讲到班级有些同学说"下流话",笔者当时只用一句话代过,应该对学生进行思想教育,引导孩子们文明用语,提升到"友善"层面。所以,精心预设与智慧生成要处置得当。

　　通过这节课,笔者认识到:对学生学能的充分估计,是上好一堂课的关键。让学生学会用政治理论去分析生活实际,是上好一堂思想政治课的主旨。相同的教案,不同的班级,不一样的效果。相同的班级,不同的学生,不一样的收获。教师唯有及时调整策略,才能将教学效果最大化。我们要弯腰俯身,走近学生!

《尊重他人》教学设计

浙江省桐乡市求是实验中学　陆晓明

法律是成文的道德,道德是内化的法律。道德养成是中学德育课程的主要育人目标之一。在中学德育课程实践活动中,要充分重视道德认知、道德情感、道德意志以及道德行为的学习过程,注重培育学生道德养成素养。笔者试结合省级公开课《尊重他人》的教学设计,对有效培育学生道德养成素养的路径进行具体阐释。

一、教材内容结构

随着学科核心素养的提出,着眼于学生核心素养培育的教材呈现和教学实施成为中学德育课程与教学关注的焦点。部编版教材《道德与法治》紧紧围绕这一焦点,在编排上对学科核心素养给予了充分呈现,使之成为该册教材显著的亮点。

本课是部编版教材《道德与法治》八年级上册第二单元《遵守社会规则》第四课《社会生活讲道德》第一框"尊重他人"的内容,教材以公共参与为指向,突出社会观教育,引导学生形成担当意识,落实社会责任感。从教材呈现的角度看,主要有两种形式:一种是"怎样认识"的内容安排,如"探究与分享"设置的"有人说'尊重比帮助更重要。'你认同这个观点吗?说说你的理由。",再如"拓展空间"设置的"请你参与他们的讨论,并表达自己的观点。"等。另一种是"如何做"的内容安排,如"探究与分享"设置的"如果遇到类似的情境,你会怎么做?请说明理由。"这些内容的编排,就是让学生对所学内容的进一步升华,并与社会现实问题或者学生的生活实际相结合,以贯彻课程标准对于"认识—体验—践行"的基本要求,是落实学生的道德养成素养培育的重要途径。

二、学情分析

通过七年级的"依标施教",学生已基本实现了从认识自我到认识身边的熟悉人群的过程。在《道德与法治》八年级上册教材中,认识的范围进一步扩大到有很多陌生人的一般意义上的社会,进而到更加抽象意义上的国家。

从教学实施的对象看,八年级的学生已经不满足于案例故事生动、有趣的感性层次了,他们更希望用自己的头脑去思考、分析问题,并希望用自己的实践去尝试解决这些问题。思考与实践是学生天生的愿望和要求,教师的责任就是让这些愿望和要求不断地得到保护和培养,并使之成为一种能力而发展和壮大,最终培养学生成为一个顶天立地的"社会公民"。因此,教师在进行教学设计时,要更多地、合理地穿插讨论会、演讲会、社区活动、模拟情境、小调查等活动形式,以推进学生从价值判断向行为倾向的转化。

三、教学目标

依据课程标准,本课的教学目标应该着眼于"学会换位思考,学会理解与宽容,尊重、帮助他人,与人为善""知道每个人在人格和法律地位上都是平等的,做到平等待人,不凌弱欺生,不以家境、身体、智能、性别等方面的差异而自傲或自卑,不歧视他人,富有正义感"。

要落实好这些目标,就要在教学中做好两个方面的引导,一个是"及于自身",也就是要在教学设计中让更多的学生思考"如果我在现场(或者我是当事人),我会(或者应该)怎么做"这样的问题,让学生有更多的现场感,进而通过教学引导,使之形成正确的立场和态度。另一个是"作为方式",也就是要在教学中让学生明确自己作为初中学生的角色担当,能够结合自身特点,从"力所能及"和"学会策略"的角度,思考采取什么样的方式,才能更加有效地参与社会生活。

四、教学重点、难点

①教学重点:通过"及于自身",感受尊重他人的重要性,并掌握尊重他人的一般要求和方法。

②教学难点:通过"作为方式",懂得尊重他人要"力所能及"和"理智调控",在日常生活中做到勤于、乐于、善于尊重他人。

五、教学方法

①基于学情调查的对话教学。
②基于现实生活的情境教学。
③基于表现性评价的自评互判。

六、教学过程

（一）新课导入

教师课前要求学生提供真实生活素材并筛选备用。师(呈现素材):在寝室里,总会有室友之间的沟通,如果每个人都尊重他人,那么这个寝室是和谐的。记得上一次,我请教周伊蕊一道题目,她耐心地为我解答。其间,我一直有一些小问题,然后一直问,她也一直解答。我理解之后跟她说:"谢谢寝室长!"她也很开心。其实,尊重他人和被他人尊重都是一件很有意义的事,至少可以收获快乐,何乐而不为呢?

师(问):材料讲了一件什么事情?

生(答):受到尊重、得到帮助,感到生活乐趣。

师(引入课题):你是否有过类似的生活经历呢? 回忆一下,然后相互之间分享。

（二）新课教学

环节一:快乐共分享

生(发言交流):分享自己觉得是"被他人尊重"的故事。

师(引导):即使有些场景已经过去了,但回想起来,这些事情仍能带给我们怎样的心情感受?

生(发言交流):开心、感动、幸福……

师(点拨):通过前面的活动,谈谈你对"尊重"和"尊重他人"的理解。

生(提炼):尊重他人是一个人内在修养的外在表现;每个人都希望得到他人和社会的尊重;受到他人尊重能够增强自尊、自信,产生良好的心理体验,如满足感、成就感等;尊重使社会生活和谐融洽;尊重是维系良好人际关系的前提,是文明社会的重要特征;尊重是相互的;尊重能促进社会进步,提高社会文明程度。

师(过渡):受他人尊重是一件很开心的事情。那么,同学们是不是都很开心呢?下面,我们来做一个现场小调查:我_____得到他人的尊重。(A.总是B.经常 C.偶尔 D.从不)

师(统计数据,并作现场采访):你为什么做出这样的选择?

生(接受采访,并说明原因):……

师(过渡):确实,在我们的现实生活中,我们难免会遇到感觉自己不被尊重的情况。我们身边就有一位同学遇到了这样的事情。

环节二:囧事共评析

师(出示学生提供的真实素材):为了"方便",有位同学把他的一位小学同学邀请进了我们的QQ群,他们在群中聊得很开心,讲了很多以前同学的"趣事",他们的欢乐几乎是建立在我们的悲伤之上,什么骑车翻进河道,上学忘带课本,黑(诬蔑)王某某是猪,课堂上吃零食被老师批评……都是些我们不堪回首的往事。

生(阅读素材并思考):……

师(出示任务):4人一组(每组确定发言代表1名)五分钟讨论。请对"他"的行为作出简要的评价,并说说"我"该怎样处理。

生(分组讨论交流):……

师(巡视询问):……

生(分组展示):材料中"他(们)"的行为是不尊重人的表现,不经过群里同学的同意就把其他同学拉进群、讲以前的"趣事",是不关注和重视他人的表现;他们聊得很开心,把欢乐建立在我们的悲伤之上,是没有换位思考的表现;黑(诬蔑)王某某是猪,是没有在人格上平等待人的表现。"我"应该:把情况告知老师和父母,寻求帮助;(约几位同学)找他好好谈一下,说明我们的感受;再也不理睬他;把他的丑事也说出来;……

师(提升设问):我们从故事中得到的启示有哪些呢?(如何做到尊重他人)

师生:尊重他人要做到积极关注、重视他人,平等对待他人,学会换位思考,学会欣赏他人。

环节三:情景共模拟

师(过渡):接下来,我们来进行一个情景模拟的小活动。遇到下列情景,你会怎么做?为什么?(先写在学习单上,再交流)周末,我(带着书包和行李箱)乘坐公交车回家(座位已满员),惬意地欣赏着窗外的风景。这时,车辆靠站……

师(呈现情景一):上来了一位陌生的老爷爷,我……

师生(怎么做?为什么?活动互动,采访学生):……

师(呈现情景二):上来的是隔壁的李奶奶,我……

师生(怎么做?为什么?活动互动,采访学生):……

师(呈现情景三):上来的是隔壁的李奶奶和一位陌生的老爷爷,我……

师生(怎么做?为什么?活动互动,采访学生):……

师(在表示尊重和理解的同时加以提升):进一步引导学生形成"尊重需要智慧""尊重源于内心,在言行二则需要理智的调控,以寻求各方的平衡"思想认识和价值取向。

环节四:观点共辨析

师(过渡):有人说:"尊重他人,也是尊重自己。"你是否认同这一说法,说说你的理由。

生(讨论交流、发言展示):……

师(呈现学生的真实素材):在寝室中,我的东西不翼而飞,心情十分糟糕,既惊讶又生气。我第一次想到了某某,我非常想直接就去翻她的抽屉。但出于对她的尊重,我先找到了她,并询问我是否可以查看她的抽屉。她虽然很不情愿,但是也明白我的心情,就同意了我的请求。我查看之后,并没有发现我丢失的东西,我一下子红了脸,非常不好意思。她也没有当着全班同学的面对我冷嘲热讽,反而一起帮我找,最后在一个桌子下面找到了。她很尊重我,没有提及之前的事情。

师(点拨):给予他人尊重,你才能获得他人的尊重。故事主人公遇事能遵从自己内心的选择,这是尊重自己的表现,同时,也将对他人的尊重外化于行动上(没有随意查看别人抽屉,而是征求对方意见以寻求帮助)。事情的结果也表明,只要我们能做到"内尊于心,外达于行",那么尊重自己,也就是尊重他人!

（三）小结拓展

课后作业设计：

日期	尊重他人的事例	受他人尊重的事例	（自己或对方的)感言

这样的作业设计,既可以促使学生"知行合一",引导并督促其将尊重他人"内化于心,外化于形",又能让学生在践行道德的过程中发现身边的美、感受身边的美、创造身边的美,使学生勤于、善于、乐于在生活中尊重他人。在此过程中,教师可以采用多种方式组织学生自评、互评,展示、交流,以促进学生良好行为习惯的可持续发展。

七、板书设计

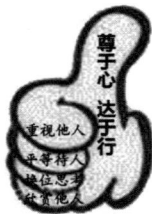

八、教学反思

本节课紧紧围绕"尊于心　达于行"这一教学主题,立足于学生的道德认知、道德情感、道德意志和道德行为,通过精心设计"快乐共分享""囧事共评析""情景共模拟""观点共辨析"等四个教学环节,着力培育学生道德养成素养。反思本课的教学设计和教学效果,在培育学生道德养成素养的教学中,教师可以从以下四方面着力:

①以优秀的传统文化启迪学生的道德认知。道德认知即对现实道德关系和道德规范的认识,包括道德印象的获得、道德概念的形成和道德思维能力的发展等。道德认知是道德养成的理论支撑。以优秀的传统文化作为教学实施的载

体,可以有效地启迪学生的道德认知。我国的传统文化源远流长、内涵丰富,诗文歌赋、名言警句、音乐戏曲、传统习俗等,都是传统文化的组成部分。教师在进行教学设计时,可尝试:借助名人典故使学生获得道德印象;借助名言警句使学生形成道德概念;借助汉字文化使学生发展道德思维。

②以真实的生活案例启发学生的道德情感。道德情感是指依据一定的道德标准(道德认知),对现实的道德关系和自己或他人的道德行为等所产生的爱憎、好恶等心里体验。道德情感是道德养成的驱动力。道德情感具有时代性和阶级性。人们在不同的时代(社会)或不同的立场下,即使是同一行为,所引发的道德情感也可能有所不同。因此,教师在涵育学生道德情感时,必须有意识地紧贴学生的现实生活,选取现实生活中的真实案例来启发学生。可从以下两方面着力:借助正面案例,传递美好情感;借助反面案例,规避不良情感。

③以模拟的情境体验激发学生的道德意志。道德意志是个人在道德情境中自觉地调节行为,克服内外困难,实现道德目的的心理过程。道德意志是道德养成的航向标。道德意志的实质是价值观念。《课程标准》指出,要引导学生"学会面对复杂的社会生活和多样的价值观念,以正确的价值观念为标准,作出正确的道德判断和选择"。为了激发学生的道德意志。教师要引导学生分析复杂的价值冲突情境,在体验和反思的过程中学会辨别是非,从而做出正确(合情合理)的选择,过真正有价值、有意义的生活。由于课堂教学场地的限制,教师不可能随意带领学生走进现实社会进行实践,但教师可以根据现实生活现象,在课堂上创设虚拟的生活情境,带领学生模拟现实生活,在模拟中观察和激发学生的道德意志。

④以表现性的作业评价激励学生的道德行为。道德行为,指在一定的道德认知和道德意志的支配下表现出来的有利或有害于他人和社会的行为。道德行为是道德养成教育的最终归宿。在实践教学中,我们会看到这样的现象:有的学生的道德认知与自身的道德行为相背离,甚至"南辕北辙"。造成此种现象的因素固然诸多,但与终端教学评价所采用的纸笔测试(侧重于对学生道德认知、道德意志等层面的检测)和现实课堂教学中教师不注重观察和考查学生道德行为有一定的关联。因此,教师可以围绕教学内容,以表现性的作业评价督促和激励学生的道德行为,使之逐步养成道德自觉行为。

《学会珍惜生命》教学设计

上海市华东师范大学第四附属中学 朱 萍

一、教材内容结构

本课是沪教版教材《思想品德》七年级上册第二课《珍惜生命 热爱生活》第二框"学会珍惜生命"的内容。本课的教学建立在学生把握了第一框即理解了生命来之不易的基础上,通过一系列的活动,让学生提高自我保护的意识和能力,在爱惜自己生命的同时,能尊重他人的生命权。

这一框的内容主要有四层意思:"生命是美好的,又是脆弱的""学会自我保护""遵守规章制度"和"切莫伤害他人"。本课遵循学生的认知发展规律,围绕教学目标,对教学内容的顺序稍作调整,即最后呈现"学会保护自己的方法",以此实现知行合一的效果。

本课的内容中涉及法治意识、道德认知和实践、公民社会责任感的培养,与学生成长的关系密切,着眼于学生完善自身、健康成长的需要,促进学生主动了解社会、适应社会,充分体现本学科的育人价值。因此,根据课程标准,正确把握教学核心内容,有效组织教学形式,关注学生的课堂体验和感悟,让学生在本学科的学习过程中感悟生命的意义,从而凸显思想品德学科的育人价值。

二、学情分析

七年级学生正处于思维的形成期与拓展期,他们对家庭生活和学校生活比较熟悉,但由于平时学业繁忙,无暇过多关注社会生活,积累的社会经验较少,所以他们的辩证思维能力仍处于初级阶段,表现出明显的幼稚性。他们的情感体验不似成年人般深刻和稳定,自我保护的意识较薄弱和能力也比较低,因此,危及生命安全的意外伤害事件经常发生。基于此,更加需要教师积极引导,让学生关注生命,尊重他人的生命权,学会自我保护的方法,进而树立珍爱生命的意识。

三、教学目标

①知识目标:知道生命是可贵的,又是脆弱的,理解遵守规章制度与珍惜生命的关系。

②过程、方法与能力目标:通过课前调查、观看视频、案例分析、合作讨论、情景体验等活动形式,能够分辨危及生命的行为,学会自我保护的方法,避免做伤害他人的事。

③情感、态度与价值观目标:感悟生命是可贵的,树立珍爱生命的意识。

四、教学重点、难点

理解遵守规章制度与珍惜生命的关系。

五、教学方法

案例教学法、小组合作法、情景分析法等。

六、教学过程

师:同学们,开学时,很多同学主动为班级提供绿色植物来美化我们的教室环境。现在我们一起来看看它们,有什么发现吗?

生:叶子黄了,快死了……

师:这些植物来到我们教室只有短短的一个多月,就发生了如此大的变化,为什么呢?

生:没有精心照料……

师:这些植物曾经给我们的教室环境带来了生机,它们也有宝贵的生命,所以我们应该给予它们悉心的照料,珍惜它们的生命。而我们自己的生命也是来之不易的,应该如何珍惜我们的生命呢? 今天就让我们共同学习第二框"学会珍

255

惜生命",请同学们把书翻到25页。

（板书）第二框　学会珍惜生命

师：刚刚过去的国庆假期，朱老师通过微信朋友圈下载了同学们的照片，我在家也欣赏了秀丽的风景，分享了美好时光。现在我想把这份快乐分享给大家，请看视频。

师：看完视频，说说你们的感受吧。

生：很快乐。感觉生活很美好……

师：看着大家充满青春活力的笑脸，我更加珍惜现在和你们一起的美好时光。为什么我会有这样的感想呢？因为看着你们，如同看着这棵枝繁叶茂的大树一般，让我感受到生命的美好与可贵。假设在国庆假期时，我们遇到了这样的事情如地震、火灾、洪水、飓风、交通事故、疾病、房屋塌陷……，看着这些照片，你又有什么感受？

生：略。

师：生命是宝贵的，我们必须好好珍惜；生命又是脆弱的，在地震、火灾、战争、飓风、疾病或各种意外事故等面前，生命就像一粒尘埃，不经意间就被风吹走，可能稍纵即逝。

（板书）1.生命是可贵的，又是脆弱的。

师：因为生命很脆弱，所以更需要我们每个人去精心呵护、百倍珍惜，但现实生活中，我们是不是都学会珍惜生命了？请看视频——《生命的代价》。

师：看完视频，相信同学们和老师的心情一样沉重。先回顾一下，视频里出现的几个案例：

案例1　（动物园）老虎伤人：游客私自下车。

案例2　（海边）玩耍落水：玩得太高兴，不注意涨潮，溺水死亡。

案例3　（马路）闯交通信号灯：3秒钟丧失一条生命，交通违法。

案例4　（实验室）爆炸：高校近几年接连发生多起爆炸事件，造成大学生死亡。

问题1：请结合视频中的四个案例，具体分析一个个鲜活的生命为什么会稍纵即逝？

生：违反动物园游园规则，不遵守海边游泳的规则，不遵守交通法规，乱穿马路，违反了实验室的操作守则……

师:虽然是不同的地点,不同的情况,但是四个案例都有一个共同点:不遵守法律法规和规章制度。

问题2:请问国家为什么要制定法律和规章制度?

生:保障我们的生命安全。

师:作为七年级的学生,我们都知道国家制定的一系列法律和规章制度是为了保障着每个人的生命安全,人人需要自觉遵守,严格遵守。在四个案例里,在我们的公共场所,有醒目的提示语、警示牌提醒大家珍爱生命,远离危险。

【多媒体展示】提示语、警示牌

问题3:为什么还是有人明知故犯,频频违反法律和规章制度? 请大家结合视频中的案例,讨论后回答。

生:小组讨论后回答。(1~2分钟)

师:因为有些人的从众心理、麻痹大意和侥幸心理,使可贵的生命瞬间消失,酿成不可挽回的悲剧。生命只有一次,容不得一丝的疏忽和大意。如果动物园的女游客不那么任性,而是严格遵守动物园的游园规定,不随意开车门下车,那么她的母亲依旧可以与她共享天伦之乐;如果……海边游泳的男孩们(请同学说)那么……

问题4:要从根本上杜绝此类事故的再次发生,我们应该怎么做?

生:时刻提醒自己,从小事做起,自觉遵守学校里的规章制度、不乱穿马路,多学习和了解相关法律制度,多听新闻,从别人的事故中吸取血的教训。……

师:正如书本27页告诉我们的:(请同学们一起看书)社会中有各种法律和规章制度,如交通法规、游园规则、学校纪律等。这些规章制度的制定不仅是为了维护正常的生活、学习秩序,也是为了保护人们的生命安全。违反这些规章制度,就是漠视自己的安全。所以,我们需要自觉并严格遵守法律和规章制度。

(板书)2.自觉、严格遵守法律和规章制度

师:然而,我们毕竟还是初一学生,自我约束能力较低,又处于易冲动的青春期,这时候,我们又该如何珍惜生命,不让自己和同学的生命受到伤害呢?请结合校园生活,共同交流发生在身边的事例。

【多媒体展示】打闹图片

师:这些案例很多都发生在我们班级。今天我们讨论的目的不是为了再次指责某某的过错,而是让当事人重视这些行为背后应该思考的问题:故意或无意

伤害他人的行为是对生命的不爱惜,对他人生命的不尊重。

师:课前,老师也通过问卷星,对校医、本年级的班主任和部分任课教师进行了校园内的意外伤害事件的调查。

【多媒体展示】问卷星调查结果

师:从调查结果来看,近10个月来,因同学之间无意打闹,造成了5起轻微骨折事故;开学以来,我们年级发生了近10起同学之间玩闹事件,其中2位同学受轻伤就医治疗。这些调查结果显示,校园的安全不容忽视,只有我们高度重视了,才能避免一起起意外事件的发生,让我们每一位同学在美丽校园里健康快乐地学习和活动。

师:生命是可贵的,每个人的生命权受法律保护。正如书本27页也告诉我们的:我们要避免因为自己的疏忽、过失而给他人造成伤害。伤害他人的身体是一种违法行为,将受到法律的严惩。所以珍惜生命不仅要珍惜自己的生命,而且要珍惜他人的生命,切莫伤害他人。

师:人的生命是宝贵的,我们需要珍惜。请看这张照片,猜猜这辆拖车升降机在帮谁呢?

生:略。

师:你们绝对想不到,拖车升降机是来帮助小鸟的,因为这天一大早一只小鸟从6米高的树上摔下,引起市民驻足围观,几分钟后警察闻讯赶到,几经周折让小鸟重归枝头。小鸟的生命、我们班级的绿色植物等动植物的生命,为什么都要被珍惜?

生:略。

【多媒体展示】各类标志图片

师:因为每一种动植物,都是生态平衡不可缺少的组成部分,人类的生命与动植物的生命息息相关。我们在珍稀动植物的生命的同时,世界动物保护协会、国际爱护动物基金会、中国野生动物保护协会、中国植物保护协会等也在为保护动植物作出积极的努力。所以,我们要与动植物共生共存,不能无端地伤害它们,善待动植物就是善待我们自己。

(板书)3.切莫伤害他人和其他各种各样的生命

师:俗话说,害人之心不可有,防人之心不可无。我们还只是十二三岁的学生,自我保护的能力还比较低,在体力上、心智上都很难和成年人比。最近,我们的小李同学就遇到了一些事情,请大家来支支招,帮助他学会保护自己,珍惜可贵的生命。

情景体验:

①当小李独自在家,有人自称快递员上门送货时……

②当有人自称是熟悉的网友,试图约他见面时……

③当小李起床晚了,眼看上学就要迟到,又叫不到出租车,却来了辆无证三轮车时……

④当小李和同学放学回家途中,遇见图谋不轨的社会闲杂人员时……

师:请四组同学进行竞赛,比一比高招的数量。(以班徽为计量)

师:真是高手在我们2班啊!相信小李同学用了这些高招,一定会机智对待这些突发事件,不让自己受到不法分子的侵害,学会保护自己。

【多媒体显示】小贴士

①保持冷静,量力而行。

②自救:采取灵活机智的自卫策略。

③求助:向家长、老师、警察或向相关部门,如派出所、公安局、12355青少年服务台等求助。

师:对有危险的地方或者容易造成伤害的行为,我们要学会避险。在保证自己安全的情况下,机智地应对,同时向家长、老师、警察或向相关部门如派出所、公安局、12355青少年服务台等求助。所以,珍惜生命需要学会自我保护的方法。

(板书)4.学会自我保护的方法

教师小结:通过今天的学习,我们知道了生命是可贵的,正如诺贝尔所说:生命,那是自然给人类去雕琢的宝石。但是生命也是脆弱的,我们每个人都要学会珍惜生命。珍惜生命,首先要从严格遵守规章制度做起,不伤害他人,并且珍爱自然界的一切生命和学会保护自己的方法。古人云:盛年不重来,一日难再晨。生命只有一次,无法重来,相信每位同学都能学会珍惜自己的生命,让生命焕发光彩。

【作业与评价】

作业:①调查家庭成员、社区居民中遵守交通法规的情况;②制作安全隐患漫画并通过微信朋友圈进行宣传。

评价:①学生接触社会实践探究活动,是了解道路交通法律法规的重要途径,也是理论联系实际,提升学习能力的重要方法。全程关注并指导学生接触社会的实践探究活动。②设计一个过程评价量化表,让学生对其在实践探究活动过程中的表现进行跟踪性自评和互评。学生参与实践探究活动的情况可记入学生的成长手册。③对学生完成的作业情况,进行跟踪观察和评价。

七、板书设计

第二课　珍惜生命　热爱生活
第二框　学会珍惜生命

1. 生命是可贵的,又是脆弱的　　　　　　　　　　（为什么珍惜生命）
2. 自觉、严格遵守法律和规章制度
3. 切莫伤害他人和其他各种各样的生命　　　　　　（如何珍惜生命）
4. 学会保护自己的方法

八、教学反思

从本节课的设计和实施来看,本节课较为完整地呈现了笔者对"一堂课如何确定并实现育人价值"这一问题的思考:首先要确定本节课的育人价值,并基于育人价值选择合适的情感切入口,再以有效的教与学活动为平台,通过创设情境,渲染情感氛围,使师生在情感交融的基础上进行思想交流和心灵沟通,让学生产生强烈的情感体验,从而主动地乐于接受教育。

①选取典型事例,开展案例教学。将七年级学生原有的认知基础和认知需求相结合,根据学生的年龄特点和接受能力,选取典型案例,设计有效问题,采取循序渐进的方式,开展富有针对性的教学活动。例如:选取时政热点新闻,将四个典型案例剪辑后制作成教学资源《生命的代价》,在观看后提出三个问题,引发学生深入思考,培养学生的思辨能力。

②贴近学生生活实际,设计有效活动。本节课的教学设计注重从学生生活环境中寻找教学资源,启发学生紧密联系生活实际情况,开展小组合作,激发学生的学习兴趣,引发学生思考,提高课堂教学的实效性。例如:请结合校园生活,共同交流发生在身边的安全事故案例。通过课前调查的客观数据呈现,触动学

生心灵,让学生体会并重视这些危险行为背后应该思考的问题:故意或无意伤害他人的行为是对生命的不爱惜,对他人生命的不尊重。

③关注教材,突破教学难点。从教材内容来看,本节课的内容相对简单,学生也比较容易理解。但要实现"情感、态度与价值观目标",必须深入挖掘教材,从学生的生活实际出发,充分考虑情感的"激发点",让学生有感而发,因情而动,真正做到真情感悟。例如:通过创设情境,小组合作学习,出谋划策,设计安全防范小锦囊,表面看似在帮助他人解决困难,实则真正落实到学生的内心,解决生活中的实际问题。

本节课留有遗憾的是,教学中尚存在处理不够妥当的地方,如有些学生的发言出人意料,但是教师没能及时给出有针对性的评价;小组交流的时间不够充分等。

《弘扬中华民族精神》教学设计

河南省郑州市教育局教学研究室 闫彦强

一、教材内容结构

本框"弘扬中华民族精神"内容与第七课《我们的民族精神》第一框"永恒的中华民族精神"（人教版教材《思想政治·文化生活》高二年级必修三）、第三单元《中华文化与民族精神》的综合探究"铸牢中华民族的精神支柱"是一个完整的小知识体系，这个知识体系分别阐述了什么是民族精神、为什么要弘扬和培育民族精神、如何弘扬和培育民族精神等内容。

二、学情分析

当代社会各种文化相激荡，一些中学生对中国文化、传统美德、中华民族精神的认同感有所减弱，而对西方的生活方式、价值观念盲目认同。因此，有意识地引导学生了解民族精神的伟大作用就显得格外重要。

三、教学目标

①通过观看视频，诵读《长征》，感悟长征精神，分析长征精神与中华民族精神的关系。

②通过对长征精神"过时论"的观点进行批驳，学会用弘扬中华民族精神的特征和必要性的相关知识分析问题，强化对中华民族精神的认同感。

③通过对如何弘扬长征精神实现中华民族的伟大复兴进行合作探究，加强对怎样弘扬中华民族精神的相关知识的理解。

④通过交流如何践行长征精神,提高弘扬和培育民族精神的自觉性。

四、教学重点、难点

①教学重点:弘扬中华民族精神的必要性、途径。
②教学难点:弘扬中华民族精神的必要性。

五、教法方法

①教法:情境教学法、启发诱导法、参与式教学法。
②学法:合作学习、自主学习、探究学习。

六、教学过程

环节一:自学导引,知识准备

教师下发学历案,布置课前准备任务:完成学历案上自主导引填空部分,并记忆知识框架体系。

学生阅读教材,完成学历案上自学导引填空部分,并记忆。

(在此环节中,教师要明确评价指导要点:提示学生要结合教材,准确完成填空,并熟悉本课知识框架体系。)

环节二:探究学习,点拨引导

(1)探究一:忆长征,峥嵘岁月

教师播放视频《飞夺泸定桥片段》,组织学生诵读《长征》,并展示探究问题:感悟长征精神的内涵,分析长征精神与中华民族精神之间的联系。

学生观看视频,诵读《长征》,感悟长征精神与中华民族精神的关系,列举中华民族精神在不同时期的表现,并分析长征精神与中华民族精神的关系。

(在此环节中,教师要明确评价指导要点:提示学生在内涵方面将长征精神与中华民族精神进行对比,得出两者的联系;引导列举中华民族精神在不同时期的表现。)

(2)探究二:析长征,精神永存

教师通过PPT展示网友的观点及问题:请你对其中一位网友的观点进行

回帖。

学生可任意选一个观点进行回帖。在回帖时,应运用中华民族精神的特征与必要性的相关知识,对长征精神"过时论"加以批驳。

(在此环节中,教师要明确评价指导要点:注重点拨引导,提示学生在批驳过程中,强调理论支撑点的重要性;最后师生合作一起整理批驳的思路。)

(3)探究三:扬长征,民族复兴

教师通过PPT展示相关材料及探究问题:结合材料,合作探究应如何弘扬长征精神、实现中华民族的伟大复兴。

学生以小组为单位进行合作探究,并展示探究结果。

(在此环节中,教师要明确评价指导要点:注重点拨引导。探究前,教师要给出分析问题的思路;展示成果时,教师要引导完善分析问题的思路;然后引导思考如何弘扬中华民族精神。)

环节三:拓展延伸,加强运用

践长征,传承文明。教师通过PPT展示相关材料及探究问题:长征胜利81周年之际,请你结合自身实际,谈谈你准备如何践行长征精神,为实现中华民族的伟大复兴做贡献。

学生以小组为单位进行合作探究,并展示交流自己的观点。学生通过展示并交流践行长征精神的成果,发展了自身的政治认同、公共参与核心素养。

(在此环节中,教师要明确评价指导要点:激发同学之间的相互交流,让同学们认识到践行长征精神的可行性,并提醒自己将践行长征精神落实到实践当中。)

七、板书设计

弘扬中华民族精神

1.长征精神与中华民族精神

①关系:一部分、突出表现、丰富发展

②中华民族精神在不同时期的表现

2.弘扬中华民族精神的必要性

①中华民族精神的特征

②弘扬中华民族精神的必要性

3.怎样弘扬中华民族精神

4.从自己做起,践行长征精神

八、教学反思

本节课的教学设计以长征精神为载体,按照"是什么—为什么—怎么办"的思路,把第七课及综合探究部分的内容进行整合,在课堂中设计了诵读、回帖、合作探究、分享交流等活动,环节之间衔接紧密,目标得到了有效实现。课型上是新授课,符合基于标准的教学模式,做到了教学评一致性。

从课程标准解读方面来说,本节课的课程标准是"归纳以爱国主义为核心的中华民族精神的表现,理解立足于中国特色社会主义现代化建设的实践,弘扬民族精神的意义"。不管是教师的教,还是学生的学,对课程标准的理解都比较到位。从教师的教来讲,民族精神是比较抽象的,本节课给学生提供一个具体载体即长征精神,帮助学生更好的理解;从学生的学来讲,通过具体生动形象的情境,学生更易于理解,通过对知识的运用,更加深入地理解了知识。

从培育学科核心素养角度来看,本节课选择了长征精神这一具有代表性的民族精神素材,充满正能量,紧跟时代,贴近时政。观看视频、诵读诗文的方式,让学生充分感悟长征精神的重要性,有利于激发学生的爱国热情,拥护中国共产党的领导,认同社会主义核心价值体系,树立高度的文化自觉和自信,坚定理想信念,增强学生的政治认同感;通过探究弘扬中华民族精神的必要性和途径,拓展学生的思维水平,提高学生的思辨能力、合作意识和自主思考能力,提升学生的思维品质,培养学生的理性精神;学习过程中,学生感悟和分析长征精神的重要性,激发了爱国主义情感,感受到了作为国家的主人,有义务维护国家的统一和民族团结、维护国家安全、荣誉和利益,学生增强了宪法意识,立志成为有立场、有思想、有自尊、有担当的中国公民;学生积极参与课堂探究活动,分析如何弘扬长征精神实现中华民族的伟大复兴,对践行长征精神的方式进行展示交流,最终认识到青少年也要有弘扬中华民族精神的责任和担当,提高公共参与意识。

从对接高考视角来看,本课题在设计时,将知识的讲解和运用放在问题当中,帮助学生将知识用于解决问题;选取探究问题时,对郑州市高三第一次质量预测题的探究材料和探究问题稍做改编,既与高考考纲相结合,又考虑到学生层次,力争通过对探究材料和探究问题的分析,既体现课程标准的要求,又体现高考考纲的要求,从而体现教学价值的针对性。

从学情把握角度来看,通过学历案自主学习,学生在课前对本课的主要知识和知识体系有一定的了解;教师对学历案自主学习内容进行批改,摸清学生预习情况,精准把握学生的学习层次,提前适当分配小组,使问题探究的过程更有针对性,引导更具有效性,课堂效率更高。

从资源整合角度来看,本节课将课程标准进行有效解读、高考试题进行适度改编,通过学历案自主学习部分的完成情况摸清学情,适度呈现思维导图,震撼展示视频资料,从而提高课堂的有效性,激发学生的兴趣,取得较好的效果。

但整节课的教学将知识的理解重点放在学生预习上,会导致出现部分学生基础知识掌握不牢的情况。

《价值判断与价值选择》教学设计

河南省郑州市第一中学 魏 巍

一、教材内容结构

本课是人教版教材《思想政治·生活与哲学》高二年级必修四第十二课《实现人生的价值》第三框"价值判断与价值选择"的内容,教学内容分为四个部分,分别是价值判断与价值选择的含义与关系、特征、标准和基础。

这一框设计了两个目。第一目,自觉遵循社会发展的客观规律。逻辑结构是:价值判断的基本含义—价值判断和价值选择的社会实践基础—价值判断和价值选择的社会历史性特征。第二目,自觉站在最广大人民的立场上。逻辑结构是:价值判断和价值选择具有阶级性—价值判断和价值选择因人而异—把人民群众的利益作为最高价值标准—自觉站在人民群众的立场上进行选择。

二、学情分析

从知识储备角度看,通过近一个学期的学习,学生掌握了一定的哲学生活基础知识,为本框题的学习准备了一定的知识基础;从能力角度看,高二学生拥有一定的生活体验,具备一定的信息收集和筛选能力、阅读能力、语言表达能力、初步的逻辑思维能力、探究能力和合作能力;从情绪、情感角度看,高二学生接触社会逐渐增多,很多诱因导致他们的价值判断与价值选择出现迷茫,因此学习本框题有它特有的意义。

三、教学目标

①识别事实判断与价值判断的表现。

②剖析生活实例,表明人们认识事物的角度不同,会形成不同的价值判断;人们的价值判断会随着时间、地点和条件的改变而改变。

③剖析价值冲突的实例,体验价值比较、鉴别、选择的过程,逐步树立为人民服务和集体主义等正确的价值观。

四、教学重点、难点

①教学重点:如何做出正确的价值判断与价值选择。

②教学难点:价值冲突及评价标准。

五、教学方法

①探究学习法:新课程背景下的课堂教学不再把学生看作是纯粹的知识接受者,而是让学生主动地参与到教学活动中来,形成互动的教学氛围。同时要开展合作学习和探究学习,从而使学生能够自主获取知识,使学生的潜能得到发挥。

②创新讲授法:通过设计一系列的活动带动教学内容的讲授。将学生探索成果融入讲授内容,精析重点、难点。

③跨学科思维法:鼓励学生运用历史知识来完成相关探究,深入了解价值判断与价值选择的相关知识,引导学生注重文科知识之间的融会贯通,加强其理性精神和政治认同。

六、教学过程

环节一:创设情境,引导学生在情境中理解学习

教师通过图片展示某一个美丽乡村来创设情境,并根据情境提出引发学生思考的问题。

学生根据情境分析分析问题,并带着问题去阅读教材。

(在此环节中,教师要明确评价指导要点:提示学生要区分事清楚实判断与价值判断。)

环节二:合作探究,点拨引导

教师首先通过PPT展示相关材料,然后把学生分组,组织学生合作探究。

(1)教师通过PPT展示第一组探究问题

①对于同一个乡村,你和其他同学可能会做出不同的价值判断和价值选择。这是为什么呢?请对比你和其他同学的不同价值选择,说明原因。②阅读教材,结合课本第100页,说明这体现了价值判断和价值选择的什么特征?

(2)学生以小组为单位进行合作探究第一组问题,并展示探究成果

①学生通过对不同同学对乡村所产生的价值冲突,分析影响价值判断与价值选择的主体性因素,了解主体差异性特征。②学生通过对特定事件中价值冲突的分析,学会正确处理个人、集体和社会的关系,并能够自觉站在最广大人民立场上进行价值判断与价值选择。

(1)教师通过PPT展示第二组探究问题

以史为鉴,可以知兴替。如果我们要为发展农村经济提建议,可以借鉴历史。结合视频,共同探究:①两次农村改革同样是从人民利益出发,但结果却有成有败。人民公社失败的原因是什么?家庭联产承包责任制改革成功的原因是什么?②借鉴历史,思考我们在为农村发展提建议的时候要坚持哪些原则?③结合课堂开头展示的乡村状况,你可以提一些具体的建议促进乡村发展吗?

(2)学生以小组为单位进行合作探究第二组问题,并展示探究成果

①学生探究过程中综合运用了历史知识和政治知识,得出结论:人民公社失败是因为违背了社会发展客观规律,而家庭联产承包责任制改革成功则是因为遵循了社会发展客观规律。②学生通过探究比较人民公社运动和家庭联产承包责任制的改革,说明要做出正确的价值判断和价值选择,需要自觉遵循社会发展客观规律。③学生根据社会发展客观规律,提出一些促进乡村发展的合理建议,把所学知识应用到社会具体事件中,提高了解决问题的能力。

(1)教师通过PPT展示第三组探究问题

观看视频,共同探究:当前,在工业化、城镇化快速发展背景下,大量人口和劳动力离开农村,承包农户不经营自己承包地的现象越来越多。比较1978年的

农村改革中的"两权分离"和2017年党的十九大报告中就农村改革所强调的"三权分置"。①同样都遵循社会发展规律,为什么1978年和2017年的政策是不同的? ②阅读教材,结合课本第99页,这体现了价值判断和价值选择的什么特点?

(2)学生以小组为单位进行合作探究第三组问题,并展示探究成果

①学生通过探究比较"两权分离"和"三权分置",说明价值判断与价值选择的社会历史性特征。②学生通过探究深入理解价值判断与价值选择的"历史性特征",以及该特征在具体历史事件中的表现,将理论与实践紧密联系起来。③学生通过探究,进一步认同"人民的利益为最高利益"的价值观,并将之融入自己的价值观。

教师点评:在每一次探究结束,教师都要对学生展示的探究成果进行总结点评,帮学生加深理解。

(在此环节中,教师要明确评价指导要点:提示学生要逐步了解并掌握关于价值判断与价值选择的特征、标准和产生基础的相关知识。但这三个探究的顺序和教材相应知识的顺序会有一些调整。教师要结合探究过程注重引导学生理解知识之间的内在联系。)

环节三:整合探究,总结知识

首先,教师带领学生总结探究成果并整合知识,促进学生理解知识之间的内在联系,整体把握本节课知识,并要求学生自己做课堂小结。其次,教师结合教材内容,整合知识点,做知识总结,并展示课程标准要求,要求学生检查课堂学习效果。最后,教师总结探究成果和本节课的收获。

(在此环节中,教师要明确评价指导要点:提示学生务必要对知识真正理解,把握知识之间的内在联系,并能将理论应用于实践,解释历史事件,总结历史经验教训。)

环节四:拓展提升,情感升华

首先,教师通过总结本节课的探究过程,增强学生的理性精神,使其能辨别价值判断与价值选择的标准是否正确;增强学生的政治认同,使其看到祖国的发展和进步,引导其树立正确的价值观,并将之应用于处理自己的实际生活中。其次,教师再次通过梳理本节课中所呈现的从人民公社到小岗村改革再到三权分置的情境顺序,引导学生回顾新中国发展历史,并结合2018年作为改革开放40周年的时代契机,对本课内容进行升华,以进一步增强学生的理性精神和政治认同。

（在此环节中，教师要明确评价指导要点：提示学生要注重运用本节课知识观察社会历史现象，并引导学生树立正确的价值观，在实际生活中能正确处理价值冲突。）

七、板书设计

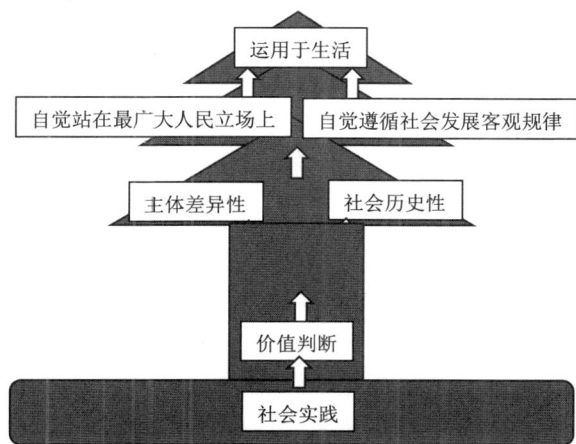

八、教学反思

本节课通过活动型课堂将德育融入日常教学中，是一次中学德育课程实践活动探索。为增强德育课程的生活化和生动性，本节课首先以贴近学生生活的暑期度假目的地选择为切入点，激发学生兴趣，引起学生对乡村发展的关注；其次，采用小组合作探究法，结合情境教学法，以新中国成立以来乡村发展的失败探索和成功探索为具体情境，有效地引导学生来理解价值判断和价值选择的含义、特征和实践意义；最后，课堂结尾处的升华环节，既有对课堂知识内容的总结运用，又有对改革开放40年所取得成就的致敬，这些都有利于增强学生的理性精神和政治认同。

就教材内容而言，本节课具有重要的德育意义，对于学生如何扣好第一粒扣子、树立正确的价值观、做出正确的价值判断与价值选择具有正确的导向作用。但其内容是较为抽象、难度较高的。要想实现德育目标，让学生深入理解课程内容,就必须将理论落地,将抽象内容具体化。这就需要教师具有比较扎实的专业功底、对教材内容和学生学情的准确把握。本节课的教学设计基本做到了这一点。其中所设置的具体情境能引导学生用课程内容去解释历史现象和时政事件,将空洞说教变为学生通过对不同历史现象和时政事件的鉴别比较而自己探索出结论,从而实现对学生的深刻价值观教育,帮助学生树立为人民服务的思想和集体主义价值观;让学生深切体会到尊重历史发展客观规律对树立正确价值观的重要性,进一步加深学生的理性精神。

本节课的教学设计实现了对传统德育方法和教学方法的创造性转化、创新性发展。本节课的优点可以具体概括如下:其一,整个教学过程调动了学生的学习兴趣,提高了学生的分析和解决问题的能力,教学案例从学生的生活实际出发,贴近生活,便于学生理解。其二,教学重点突出,体现了学生的主体地位,分组探究调动了学生的学习积极性,结合学生的实际生活,正确引导学生树立正确的价值观,作出正确的价值判断价值选择。其三,分小组合作探究教学效果较好,通过师生互动、生生互动,学生在愉快的学习中掌握了教学内容,并且能够学以致用,分析问题,避免了很容易出现的空洞说教。其四,板书设计新颖。用一棵树的形状为载体,树所扎根的土壤表示价值判断与价值选择的实践基础,树干代表价值判断与价值选择的含义与关系、树枝代表其两个特征和两个正确标准,用思维导图法准确又形象地让学生对课程内容有一个整体性理解。其五,本节课将教材内容掰开、揉碎,又以严密流畅的逻辑予以重组,由浅入深,符合学生认知规律,使教材再一次焕发了生机。

整体来看,本节课的教学设计体现了将德育融入日常教学的理念,展现了新课改的要求,以教材知识为依托,以历史事实和时政材料为载体,充分发挥学生的主体作用,紧紧围绕学生的核心素养的提升,帮助学生扣好人生第一粒扣子,具有较高的德育价值。

今天我们这样爱国

——《树立社会主义核心价值观》教学设计

上海市奉贤区致远高级中学　王　青

一、教材内容结构

本课是沪教版教材《思想政治》高二年级上册第八课《探索价值　繁荣文化》第二框"树立社会主义核心价值观"的内容,主要阐明了社会主义核心价值观的内涵,自觉树立社会主义核心价值观,选择正确的人生道路,创造有意义、有价值的人生。《上海市中学思想品德和思想政治课程标准(征求意见稿)》调整意见中明确"培育和践行社会主义核心价值观"的学习水平达到C级。

二、学情分析

①知识分析:学生已初步掌握运用唯物论、辩证法和认识论的观点去认识问题、分析问题,同时也初步树立了正确的理想信念,这为本课教学目标的落实奠定了知识基础。

②能力分析:高二学生有一定的生活体验,同时思维活跃、积极性较高,具备一定的问题探究能力、团队合作能力和初步的逻辑思维能力。

③心理分析:在社会主义道德建设中,虽涌现了大批代表正能量的道德模范,但社会价值多元化也时刻影响学生,很有必要进一步引导学生树立社会主义核心价值观。

三、教学目标

①知识与技能目标:知道社会主义核心价值观公民层面价值要求"爱国"的含义,理解在当今时代我们怎样爱国,领会社会主义核心价值观的科学内涵。

②过程与方法目标:通过观看视频、小组分享和团队实践等方法,感悟人生价值,树立社会主义核心价值观,通过学习探究等方法提高学生分析和解决现实问题的能力。

③情感、态度与价值观目标:通过学习和实践,理解在当今时代我们怎样爱国,自觉树立社会主义核心价值观,引导学生选择正确的人生道路,坚定中国特色社会主义文化自信。

四、教学重点、难点

自觉树立社会主义核心价值观。

五、教学方法

讲授法、讨论法、问题探究法和任务驱动法。

六、教学过程

环节一:导入主题

观看视频《厉害了,我的国》片段,并请学生说说观后感。

(设计意图:激发学生学习兴趣,让学生直观感受祖国发展变化的伟大成就,明确这些成就的取得,是党中央坚强领导的结果,更是全党全国各族人民共同奋斗的结果。)

环节二:分享主题

①教师提出主题:今天,我们怎样爱国?

②请第一小组分享:冉冉白发 大国栋梁。

③师生共同归纳"爱国"内涵之一——忠于祖国、与时俱进、改革创新。

(设计意图:运用典型人物分析,使学生明确"爱国"是每一个中华儿女的责任,引导学生关注国家科技发展。)

环节三:传承弘扬

①阅读原创诗歌《贤城花开》,感悟家乡自然美。

②师生学说金汇伤傣话,感悟家乡语言美。

③第二小组分享:我家的好家风好家训,感悟家乡人文美。

(设计意图:以"爱国从爱家乡开始"为主线,坚定政治认同,增强学生爱家乡爱祖国的民族自豪感,引导学生传承与弘扬中华优秀传统文化。)

环节四:行动落实

①第三小组分享:奉贤发展在路上。

②第四小组分享:大美奉贤 我们在行动。

③生涯规划:走进新时代 奉贤有你我。

④师生共同归纳"爱国"内涵之二——热爱家乡、弘扬传统、有所作为。

(设计意图:结合学生生涯规划,引导学生用实际行动投身实践,为奉贤发展添砖加瓦,提升公民意识和政治素养,帮助学生树立和践行绿水青山就是金山银山的理念。)

环节五:思想引领

①观看央视公益视频:《今天我们这样爱国》。

②师生齐诵社会主义核心价值观。

③师生共同归纳"爱国"内涵之三——从生活点滴小事做起。

(设计意图:引导学生自觉树立社会主义核心价值观,为下一节专题课"文化自觉与文化自信"做铺垫。)

七、板书设计

社会主义核心价值观

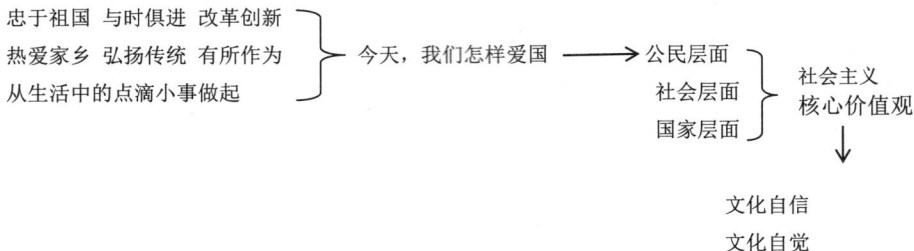

忠于祖国 与时俱进 改革创新
热爱家乡 弘扬传统 有所作为 ⎫ 今天，我们怎样爱国 ⟶ 公民层面
从生活中的点滴小事做起 ⎭   社会层面 ⎫ 社会主义
    国家层面 ⎭ 核心价值观
       ↓
       文化自信
       文化自觉

八、教学反思

本课时教学侧重于引导学生情感升华和政治认同。基于教材、学生和课程标准的要求，本节课贴近学生实际，注重能力提升，催化情感体验，注重实践行动，感悟家国情怀，落实学科核心素养。

在撰写教学设计过程中，针对这节课的教学内容，笔者首先仔细研读教材和课程标准，明确本节课的教学重点和难点，确定基本的教学思路。在参考资料和课件上选择了较为熟知的《厉害了，我的国》的视频，激发学生学习兴趣，让学生直观感受党的十八以来祖国五年来的伟大成就。

本节课设计的五个环节，能够开发学生的思维能力，充分地调动学生的学习积极性，引导学生积极探究。学生积极参与、踊跃发言，达到了预设的教学目标，最后"行动落实"环节，第四小组在分享"奉贤河道治理成果"和"结合生涯规划分享未来职业"时，学生都能够落实到行动，都明确要用实际行动投身实践，贡献青春力量，这个环节的设计把学生的情感推向高潮。

但是，本节课的不足之处在于，教学语言还不够精练，问题设置还需考虑，还要增强知识体系的把握，学生能力还需进一步培养等。

《坚持对外开放基本国策》教学设计

上海市市南中学　徐轶铖

一、教材内容结构

本课是沪教版教材《思想政治》高一年级下册第八课《对外开放　合作共赢》第二框"坚持对外开放基本国策"的内容。教材首先说明,在经济全球化的趋势下,我国必须顺应时代潮流,坚定不移地贯彻对外开放的基本国策,在独立自主、自力更生、平等互利的基础上,积极发展对外经济合作和进行科学、技术、文化、教育等各个方面的交流。

二、学情分析

上海市市南中学作为一所普通完全中学,学生学习成绩在黄浦区内处于中游水平,学习能力普遍不强,平时因为课业压力较大,对于社会热点、时事新闻关注基本不高。本节课通过开展社会实践活动,引导学生对时事政治的关注,并且提升实践能力。

三、教学目标

①知识目标:识记我国对外开放基本国策的重要内容,说明我国对外经济联系所包含的具体内容,辨认或列举反映我国对外开放政策内容的社会经济现象。

②过程、方法与能力目标:通过材料收集、问卷制作、现场采访、课前演讲提升主动参与对外交往的社会实践能力;通过情境体验、案例分析、课堂讨论提升综合分析能力。贯穿理论联系实际的学习方法和唯物辩证的思想方法。初步掌

握运用对外开放的相关知识,提高观察分析社会实际问题的能力和针对国际事务能作出正确价值判断和行为选择的能力。

③情感、态度与价值观目标:初步树立我国对外开放有益于人民生活的观念。正确认识我国对外开放过程中的困难和机遇,认同我国现阶段对外开放策略,增强理论自信和制度自信。

四、教学重点、难点

中国现阶段对外开放政策。

五、教学方法

自主探究学习、社会实践教学、课堂展示教学、讨论教学。

六、教学过程

环节一:世界眼中的中国制造

学生展示:"我眼中的中国制造"课前采访汇报(PPT)

就"我眼中的中国制造"对上海旅游、生活的外国友人进行采访,并整理数据进行分析。

学生归纳:

①中国制造从最初的生活日用品开始渐渐地涉及生活的各个方面;

②中国制造产品正在慢慢地褪去低质量的外衣。

教师提问:请你用一个词语或短句来形容中国制造在过去15年获得的成就。

学案分析:"中国历年对外出口数据对比"&"孔子学院"&"科技发展与文化交流"

学生活动:分析归纳总结。

学生概括:对外贸易(略)、科技发展(略)、文化交流(略)、利用外资(略)……

师生总结:对外贸易既能节省成本又能满足人们的需求,使商品交换双方都满意。中国以前是采用粗放型出口模式(只追求数量不追求质量),现在则是既要提高传统优势产品竞争力,巩固出口份额,又要开拓多元化出口类型、文化产业科学技术、资本输出等。

我们要辩证地看待引进外资,始终要坚持"积极、合理、有效"的原则,并且要依靠外资发展国内企业,从而加速经济的发展。

环节二:中国眼中的世界制造

教师过渡:看来,中国制造在国外人的生活中有着举足轻重的地位,那么外国制造在中国对于我们生活的影响是否也如此巨大呢? 我们班级的同学在上个周末体验了一天没有外国元素的生活。

学生活动:分享"没有外国元素的一天"并谈谈感悟。

教师提问:这些外国制造以及外资涌入中国给我国的社会生产带来哪些好处又带来哪些冲击? 为什么我们依旧需要引入外资呢?

学生回答:略。

师生总结:通过对比我们发现,其实在当今的国际贸易中,世界离不开中国,中国也离不开世界,国与国之间是相互依存、不可分割的。

环节三:中国制造,造福世界

教师过渡:说到对外开放,对外贸易,最近一个非常热点的话题不可回避,那就是中美贸易战,美国究竟想通过贸易战获得什么呢? 我们通过图片和视频来了解一下。

播放视频:《华春莹反驳美方言论》&《一带一路惠及全球》

教师提问:请你概括在对外贸易、对外交往的过程中,美国和中国的做法有什么区别? 背后的目的又是什么?

学生回答:略。

播放新闻:《人类命运共同体》&《2018博鳌亚洲论坛》

教师提问:在中美贸易战中,许多问题凸显出来,高科技领域的"缺芯少魂",能源领域的严重依赖等一系列的事件给我国对外贸易工作带来了许多困难,你觉得现阶段对外贸易的四个方面都面临哪些挑战?

学生回答:略。

师生总结:对外开放是我国的一项基本国策,在经济全球化的背景下,中国的发展离不开世界,世界的发展也离不开中国。所以我们必须要在独立自主、自力更生的基础上,本着互惠互利的原则积极发展对外经济,与全人类共享经济发展的成果。

环节四:课后思考

请在课后阅读《离开中国制造的一年》并思考:如果作者在2025年再写一本《离开中国制造的一年2》,你觉得内容和第一部会有哪些不同?

七、板书设计

八、教学反思

本节课基本能体现以学生为主,以学生体验为本的教学思路。通过"我眼中的中国制造"采访在沪外国友人调查访谈活动和"没有外国元素的一天"生活体验活动,让学生能对教材核心知识进行整合性的分析与运用。

本节课教学材料很典型,能够涵盖对外开放的四个方面内容。教学目标的设定在课堂活动中都是有支撑的,通过运用知识分析社会实际问题,教学目标实现了有效达成,使学生在分析阅读材料的过程中透过现象看本质,主动建构理论联系实际的能力。

同时,本节课也存在一些不足。如应设计更多具有导向性的问题,继续追问学生或许会有更多发现;生成性的问题设计可以更具矛盾冲突性,可以让学生更激烈地讨论,进行思维碰撞,从而产生更具思辨性的观点;课后还需夯实繁杂的知识点;可以将学生的调查展示和体验活动做成课题,将社会实践体验上升为课题。

《维护消费者的合法权益》教学设计

上海戏剧学院附属高级中学　金　鸽

一、教材内容结构

　　本课是沪教版教材《思想政治》高一年级上册第三课《产业发展与劳动就业》第三节《劳动者权益的法律保障》第三框"维护消费者合法权益"的内容。本框题共有两个知识点,要求学生在学习第一个知识内容"消费者的合法权利"后,懂得为了维护权益,消费者在交易过程中或侵权行为发生以后,应具有良好的权利意识和自我保护意识;强调当消费者的合法权益受到侵害后,消费者应通过正当、合法的五种维权途径来使问题得到公正、合理的解决。从内容上看,本框是第三课的重点,是学生在学了前两框消费知识的基础上,进一步让学生明白作为消费者应怎样维护自己的合法权益,是学生运用所学知识参与社会生活的落脚点。

二、学情分析

　　本课的教学对象是高一年级学生,其消费经历不断丰富,维权意识开始萌芽,但学生在消费的过程中可能会遇到一些不公平的待遇,或是消费权益受到侵害后不知该如何处理等。所以,学生有必要通过学习,掌握维护消费者权益的途径,树立维权意识,提高维权能力,进而提升参与社会生活的能力。

三、教学目标

　　①知识目标:理解维护消费者合法权益的重要意义,知道维护消费者合法权益的方法。

②过程、方法与能力目标：通过社会调查、访谈，培养学生观察和发现问题的能力；通过围绕身边消费争议事件的讨论，培养学生分析问题、解决问题的能力；通过填写12315投诉单等一系列学科实践活动，提升参与社会生活的能力。

③情感、态度与价值观目标：认同维护消费者合法权益的必要性，树立维权意识和法治意识，增强社会责任感。

四、教学重点、难点

培养消费者维权意识，提升维权能力。

五、教学方法

采用建构主义教学方法：基于学生课前社会调查和访谈及老师设计的问题，在操作体验和对话交流中引导学生建构知识、生成知识。

六、教学过程

（一）新课导入

师：十一黄金周刚刚过去，相信大家在十一期间或旅游或购物或聚餐，充分体验了一把消费的快感。那么日常的消费是否每次都非常愉快？其实日常的消费过程中经常会发生一些消费争议的事件，这就涉及消费者合法权益维护的问题。

（二）新课教学

环节一：判断侵犯了消费者什么权利

师：课前大家已经从亲朋好友那里收集了一些消费争议事件，老师挑选了三个典型的事件（见表1）。让我们来看看，哪些同学的事件上榜了。在看的时候，请思考：这些事件主要侵犯了消费者的什么合法权利呢？

表1　消费争议事件情境再现与判断

消费争议事件	主要侵犯的权利
事件1：2016年9月13日，我在淘宝网宝丽配饰（实体店在上海宝山）店买了一条23元的项链，9月14日项链签收之后发现项链是断的。我找店家理论，店家狡辩说，他们发货时绝对是完好的，认为是我处理不当造成的。我想了想，觉得没必要为了二十多元钱和这些人争，也就算了。	
事件2：2016年8月，我家在苏宁易购商场购买一台60寸液晶电视机，国庆节期间发现电视的屏幕有透光现象。家人联系苏宁易购换货，但是苏宁易购认为电视机出现问题是人为原因造成的，不予换货，除非能证明电视机有质量问题。	
事件3：2016年4月份，舅妈在盐城一个珠宝店花了4600元购买了一副千足金手链，事后却发现买购买的是足金首饰，而不是千足金首饰。	

学生辨别：针对事例判断权利……

（设计意图：上节课学生已经学习了《中华人民共和国消费者权益保护法》（以下简称《消费者权益保护法》）所规定的消费者依法享有的六种合法权利：安全权、知情权、公平交易权、自主选择权、获得赔偿权、受尊重权。本环节旨在引导学生运用所学知识对课前调查的消费争议事件进行判断和辨析，提升学生分析社会现象的能力。）

环节二：树立维护消费权益的意识

师：现实生活中消费者的权利经常被侵犯，那么碰到这些事情，消费者是怎么处理的呢？请同学观察由我们课前调查数据而生成的圆环图：有多少人基本不维权？如果你的合法权益受到侵害，你会不会去维权？

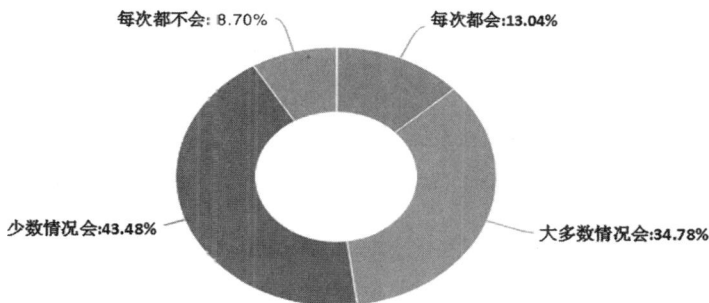

图1　消费者维权情况调查

学生观察并回答：略。

师:我们可以看出,43.48%的消费者少数情况会维权,8.70%的消费者每次都不会维权。那么遇到具体的事件时,我们会怎么做呢?请看发生在我们身边的一件事。

事件1:2016年9月13日,我在淘宝网宝丽配饰(实体店在上海宝山)店买了一条23元的项链,9月14日项链签收之后发现项链是断的。我找店家理论,店家狡辩说,他们发货时绝对是完好的,认为是我处理不当造成的。我想了想,觉得没必要为了二十多元钱和这些人争,也就算了。

师:你觉得能不能就这么算了?认为就这么算了的同学请举手。

生:略。

教师针对举手同学提问:为什么不维权呢?

生:略。

师:假如我们每个人遇到这种事情,通过各种途径与其协商、调解维权到底,会有什么影响呢?

生:学生依次列举可能的影响。

师生总结:教师板书学生列举的内容,并有意识地对消费者维权到底的积极意义进行归类(个人:避免自己和他人的合法权益受到侵害;企业:对于企业来说是一种无形的监督,有利于企业提高产品质量,树立顾客至上的服务理念;社会:有利于整个社会形成维权氛围和诚实守信的社会风气。)可见,消费者维护自己的合法权益具有多方面的积极影响,因此消费者要树立维权意识。

(设计意图:通过课前调查数据可发现,有近一半的消费者在权益受到侵害时基本不维权。通过对发生在学生身边的消费争议事件进行讨论,引发学生思考维权有什么样的积极影响,这既可以使学生逐步认同维护消费者合法权益的意义进而领悟到要树立维权意识,也可以为总结环节开放性问题的讨论埋下伏笔。)

环节三:提升维护消费权益的能力

师:既然维权这么重要,我们就针对事件1进行维权。请大家思考,可以通过哪些途径来维权?

生:略。

师:看来同学们的维权途径十分多样,那我们就通过12315来进一次现场维权。向12315投诉,可以打电话也可以通过网络平台进行维权。由于这家实体店在上海，所以请同学们在 IPAD 上打开上海 12315 在线投诉系统（http://www.sgs.gov.cn/shaic/12315/zxts.htm）填写投诉单。3 分钟后，我请同学来回答你们小组哪些信息没有填上。

学生体验：打开链接，填写 12315 维权投诉单。

消费者信息					
姓 名		性别	请选择 ▼	联系电话（白天）	
通讯地址				邮 编	
身份	请选择 ▼	类别	请选择 ▼	年龄	
被诉单位信息					
单位名称				电 话	
单位地址				单位邮编	
投诉情况					
商品名称/服务			商标/品牌名称	其他 ▼	
国产/进口	国产 ▼		商品型号		
购买日期	2017▼ 年 8 ▼ 月 10▼ 日		凭证号码		
事故发生时间	2017▼ 年 8 ▼ 月 10▼ 日		商品价格		元
所属区划	黄浦区 ▼				
投诉问题描述（可输入500个汉字，包括标点符号）					

递交　　取消

注：1. 请确定您的个人计算机中区域选项=系统语言设置包含中文（简体），并用简体文字输入，否则可能会影响及时处理。
2. 为了及时维护你的合法权益，请你气与所在地消费者协会联系，请求调解。
3. 请您按要求填写投诉表中各项目，并确保其真实性。否则后果自负。
4. 因被投诉产品引发事故的，请一定填写事故发生时间，如未按要求填写事故发生时间引发的后果自负。

师：大家发现哪些信息无法填写呀？

生：略。

师生归纳：同学们发现商品型号、凭证号码、单位名称、地址这些信息均需要填写完整才能成功投诉，而这些信息均在一些购物票据上。因此要维权成功，首先要养成保留消费凭证的习惯。

（设计意图：此环节中，学生通过填写 12315 维权投诉单来体验维权的过程，从而发现维权时需要保留消费凭证，而证据意识也是法治意识的重要内容。由于这些事件均来自学生，可提前与学生沟通，带齐相关购物票据，在课堂操作体验环节中，学生则可以投诉成功，后期可追踪上海市消费者权益保护委员会对此事件的处理结果。）

教师过渡：消费凭证是我们进行消费争议的重要证据，在现实生活中，商家也会要求我们出具其他证据，事件 2 就是这样。2016 年 8 月，我家在苏宁易购商场购买一台60寸液晶电视机,国庆节期间发现电视的屏幕有透光现象,家人联系苏宁易购换货。但是苏宁易购认为电视机出现问题是人为原因造成的,不予换货,除非能证明电视机有质量问题。当遇到这种情况时,你提供怎样的证据,才能与苏宁易购协商换货?

师生互动:学生列举各类证据,教师参与讨论。

教师引导:其实我们刚才讨论的那些途径都是没必要实施的。为什么呢?请大家看新《消费者权益保护法》的规定。

教师展示新《消费者权益保护法》的亮点内容:经营者提供的机动车、计算机、电视机、电冰箱、空调器、洗衣机等耐用商品或者装饰装修等服务,消费者自接受商品或者服务之日起六个月内发现瑕疵,发生争议的,由经营者承担有关瑕疵的举证责任。

学生阅读思考:在这种情况下,消费者到底需不需要举证?

师生归纳:面对这样的情况,消费者无须举证。维护消费者的合法权益重在事前多做功课,了解相关的法律规定,这样在遇到消费争议事件时,才能有理有据,据理力争,从而通过最便捷的途径来维护自己的合法权益。因此,维护消费者合法权益,还要了解一些基本的法律常识,避免维权受阻。

(设计意图:现实生活中,商家经常以"让消费者证明商品有质量问题"为障碍,来增加消费者维权的阻力,消费者也容易被商家误导,从而放弃维权。在对事件2的分析中,老师会在学生搜索各种证据后,告诉学生新《消费者权益保护法》中举证责任倒置的内容。通过这个典型案例的分析,引导学生意识到掌握相关消费法律常识将使维权过程更加简便易行,增强学生学法用法的积极性,培养学生的法治意识。)

教师过渡:学法重在用法。请同学们用《消费者权益保护法》规定的五种途径(与经营者协商和解,请求消费者权益保护委员会调解,向行政管理部门申诉,提请仲裁机构仲裁,向人民法院提起诉讼)为事件3(见表2)设计维权方案,并说明选择该方案的理由。四个小组分别写在白板上,3分钟后进行小组展示。

表2　消费者争议事件情境讨论与维权案例设计

消费争议事例事件	维权方案	选择该维权方案的理由
事件3:2016年4月份,舅妈在盐城一个珠宝店花了4600元,购买了一副千足金手链,事后却发现其购买的是足金首饰,而不是千足金首饰。		

学生展示:略。

师生归纳:每一条维权的途径都有各自的特点(如,与经营者协商和解的方式最为简单便捷,适用于小纠纷;请求当地的消费者权益保护委员会调解的方式也经济、方便;而当商品有质量问题时可向行政管理部门申诉,因为行政管理部门可以对商家进行相应的处罚,避免商家再次侵权;向人民法院提起诉讼是最后的选择,因为其耗时耗力。)要根据不同的侵权行为,选择最合适的维权途径。维护消费者合法权益要善于选择恰当的维权途径。针对事件3,教师补充新《消费者权益保护法》对商品"假一赔三"的规定,那么,事件3中的店家不仅要退货,还要进行13800元的赔偿,因此消费者在与经营者协商无果的情况下,选择请求向当地的消费者权益保护委员会调节和向行政管理部门申诉均是比较便捷的途径。

(设计意图:消费争议解决途径多种多样,对于学生来说,关键是能够辨别在不同情况下,如何更好地选择维权途径实现维权目标。本环节通过让四个小组围绕同一个事件自主设计维权途径,进而对不同途径进行探究比较,最终在具体情境中掌握不同维权途径的适用情况。)

(三)总结提升

教师提问:现实生活中,大家用得最多的维权途径是与经营者协商和解,为什么其他途径用得较少呢?

学生思考回答:略。

教师追问:那么如何优化维权途径让52.18%(每次都不会维权+少数情况会维权)基本不维权的消费者也逐步去维权呢?

师生互动:学生列举一些可能增加消费者维权行动的措施。

师生归纳:教师对学生的措施进行板书,并有意识地从行政管理者、消费者等角度进行归纳。如,行政管理者可以增加对新《消费者权益保护法》的宣传;维权机构处理问题更及时等。

师生总结:维护消费者的合法权益,消费者要有维权的意识。此外,要提升维权的能力,如培养保留消费凭证的习惯,了解消费维权的法律常识,选择合法恰当的维权途径等。维权道路不平坦。不经历风雨,怎能见彩虹? 就让我们共同经历维权的风风雨雨,享受维权后,快乐消费的日子! 维权,让生活更美好;维权,让社会更和谐。

(设计意图:通过对开放性问题"如何优化维权途径让近一半基本不维权的消费者也逐步去维权呢?"的讨论引导学生思考,只有维权途径更优化,消费者积极维权,维权才能成为消费者的一种习惯,社会风气才会更好。)

课后践行:收集所在学校本学期向学生收取的各项费用的单据,然后登录上海市教育委员会网站查询高中学费、各项杂费和代办费的收费标准,将两者一一对照,检查学校有没有多收费、乱收费现象,并讨论一旦发现违规收费时你会怎么办。

七、板书设计

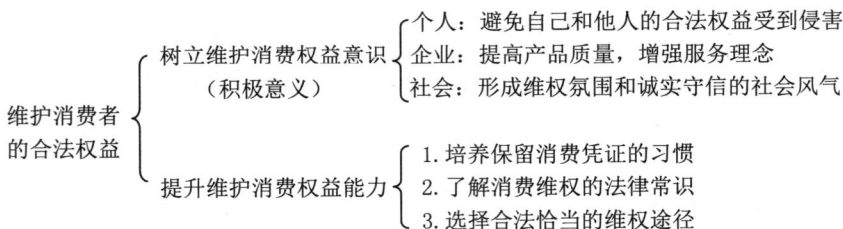

八、教学反思

本节课采用单元教学设计方式,是一节基于学生核心素养培育的典型的单元教学实践探究课。在第一课时的教学中已经完成了对消费者合法权利及消费争议解决途径的知识性学习。本节课坚持"学生发展为本"的理念,让学生课前对亲朋好友进行调查和访谈,立足调查中发现的问题,结合学生搜集的消费争议事件进行实践探究和分析讨论,围绕"(权利)是什么—为什么(维权)—怎么样

（维权）"的逻辑结构展开，使学生比较轻松地理解了维护消费者合法权益的意义及提升维权能力的具体方法，从而达到书本理论与实际生活紧密结合，提升学生参与经济生活能力的教学效果。学生在开放、民主、和谐、轻松的氛围中，各抒己见，相互学习，共同研究，达到巩固知识，训练能力，培养情感、态度、价值观的目的。消费对于高中生来说已经不陌生，将新《消费者权益保护法》的亮点作为课堂教学的材料融入教学，不仅有利于学生了解新《消费者权益保护法》的规定，更好地结合案例运用《消费者权益保护法》提出的五种维权途径，也有利于学生树立证据意识和法治意识，增强学法用法的积极性，树立法治观念，提升维权的能力。

本节课浸透着浓浓的参与体验式课堂文化。正如陶行知先生所说，"教学做是一件事，不是三件事"，"教学做"的核心是"做"。学生维权意识的树立，法治意识和社会责任感的培养，社会参与能力的提升最终都要落脚在学生的日常行为中。本节课借助实践活动让学生在课堂中进行初步的实战演练，构建了一个注重参与和体验的课堂文化场域。在课前引导学生进行社会调查和访谈，了解消费者在现实生活中处理消费争议的现状，搜集消费争议的典型案例，进而在课堂活动中针对具体的事件，或通过12315网络维权系统现场维权或举证或设计维权方案进行深度维权体验和讨论，这些可以让学生在实践、体验中获得新知，让学生在"做"中学，在体验的过程中提升分析问题和解决问题的能力。

《中华传统文化的继承与创新》教学设计

上海市育才中学 丁 烨

一、教材内容结构

本课是沪教版教材《思想政治》高二年级上册第八课《探求价值 繁荣文化》最后一框"中华传统文化的继承与创新"的内容,旨在理顺文化继承与文化发展的关系。今天享有的中国文化,是在世代传承和创新的基础上形成的,对传统文化的继承是中国特色社会主义文化发展的必要前提,只有善于继承,吸取传统文化的精华才能更好地发展。

二、学情分析

高二学生拥有一定的生活体验,初步具备一定的辨别能力和分析能力,他们关注文化,能够自主地分析现实生活中的一些文化现象,但在"韩流""日潮"欧美等外来文化的冲击下,不少学生盲目崇尚外来文化,甚少关注我们的传统文化,忽视传统文化的价值,不了解应该如何对待传统文化。教学中,发动学生搜集北京闭幕式中关于传统文化的感性材料,让学生在查找、交流中感受传统文化的魅力,引导学生感受传统文化的继承,树立对待传统文化的正确态度,使其具有初步批判继承、创新弘扬传统文化的能力。

三、教学目标

①知识目标:理解文化对社会和个人发展的重要作用,理解弘扬中华优秀传统文化和民族精神的必要性,了解中华优秀传统文化和民族精神的内涵。

②过程、方法与能力目标:从学生生活和学生已有的知识储备入手,通过丰富的图片、音乐和视频资料,让学生感受传统文化的方方面面,增强感性认识。开展探究性学习活动,让学生在探究、讨论中形成观点,掌握知识。在掌握知识的基础上,形成正确的观点、态度,并且能学以致用。引导学生辩证地认识传统文化的双重作用,树立对待传统文化的正确态度,在此尝试用全面的观点看问题。在此过程中让学生充分参与课堂,体现学生主体地位。

③情感、态度与价值观目标:能够辩证地看待传统文化,树立传承和创新中华优秀传统文化的正确态度,弘扬和培育民族精神。

四、教学重点、难点

①教学重点:中华传统文化在当代的民族基因和创新展现。

②教学难点:深化对中华优秀传统文化的情感认同和价值认同,以及传统文化的评判式继承和创新型发展。

五、教学方法

①教师教法:启发式教学法、讲述法和问题探究法相结合。用恰当的问题引导学生思维,使学生在问题的引领下自主学习、合作探究学习,充分体现活动型课堂教师主导、学生主体的理念。

②学生学法:通过合作学习法,采用学生自主探究和小组合作探究相结合的方法,使组内成员互相启发和帮助,发挥团队的力量,培养合作精神。创设多种情境,从学生熟悉的现实生活出发,让学生积极参与、体验、感悟,主动获得新知,这是贯彻学生主体性原则的体现。

六、教学过程

(一)新课导入

师:中华民族伟大复兴,是我们的国家和人民当前最基本的任务。要完成这个目标,既有硬件上的任务,也有软件上的任务。硬件上,比如国防、工业、科技等领域,完成对发达国家的追赶和超越。软件上,便是文化上的复兴。为什么在民族复兴的过程中,文化复兴至关重要呢? 好比一台电脑,只有硬件它是无法运行的,必须得安装了操作系统,它才能成为一台真正的电脑,才能运行,才能按照程序的指令,去完成特定的任务和目标。对应在国家中,这个软件,便是文化,尤其是传统文化的复兴和发展。

师:应当说,传统文化的复兴是我们长期以来自强不息、发愤图强、水到渠成的结果。我们的国家强大了,要在世界舞台上自立自强,发出自己的声音,绽放独特的魅力,我们显然不可能依靠别人的文化系统。那么,中华传统文化复兴,要复兴什么,摒弃什么,要如何复兴,又要如何发展? 这就是我们今天要讨论的内容。

(板书)中华优秀传统文化的继承与创新

生:在聆听教师导入的过程中,渐渐集中注意力,明确本节课教学主题。

(设计意图:这一环节交代整节课的教学主题和目标,理顺课程逻辑。)

(二) 文化自觉

师:我们先来猜一个灯谜吧。冰走风动琉璃光,中华元素耀平昌;熊猫信使传佳讯,喜待北京迎客忙。———打一艺术表演作品。

生:谜底是平昌冬奥会闭幕式北京八分钟艺术表演。

(设计意图:元宵刚过,猜灯谜是中国传统的节庆活动。通过猜灯谜的形式引出《北京八分钟》的视频材料,既容易引起学生的兴趣,也能切合本节课的主题。)

师:我们现在来回顾一下《2022,相约北京》的精彩片段。在观看视频的同时,也请同学们找一找,在平昌冬奥会《北京八分钟》视频片段中,你发现了哪些中华传统文化意象? 在这些文化意象背后,代表着中国人民长久以来怎样的审美情趣和精神追求?

生:观看视频,记录视频中出现的传统文化意象,学生分小组合作探究并填写表格(见表1)。探讨各种文化意象背后隐藏的中国人民的审美情趣。这一问题主要由学生根据自身常识作阐述,老师作必要的补充讲解和主题升华。

表1 视频《北京八分钟》中的中国传统文化意向

意象	审美情趣&精神追求	作用
龙	一往无前;中国力量的象征;龙的传人	国力强盛;奋发的运动精神
凤	龙凤呈祥;喜庆吉祥的图腾	祝福冬奥会;性别平等
长城	中国的象征	展现中国
梅花	高洁坚强谦逊;立志奋发	强调国家形象;体育运动的高洁
大木偶	造型生动;形神兼备	欢乐的气氛
中国结	交往的信物心灵手巧;艺术与实用的统一	祝福世界;诚邀世界

(设计意图:由视频《北京八分钟》引出学生对中华优秀传统文化内涵、作用和价值的讨论。)

师:奥林匹克运动会是现代体育竞赛的标志。承办奥运会意味着必须拥有相当先进的体育设施、雄厚的经济实力、积极的体育精神,此外,我们为什么还要在平昌冬奥会闭幕式的北京八分钟时间里,向全世界人民展现中华传统文化?

学生思辨:结合文化的作用,回答在北京八分钟中展现中华传统文化的重要性。

教师小结:中华文明绵延数千年,有其独特的价值体系。中华优秀传统文化已经成为中华民族的基因,植根在中国人内心,潜移默化地影响着中国人的思想方式和行为方式。绵延历史五千年的那些思想、文字、语言、书法、音乐、武术、曲艺、节日、民俗……有机地组成了中华民族优秀传统文化。这是中华民族的精神命脉,是最深厚的文化软实力。我们只有深刻认识到文化的作用,才能把握文化发展规律,担当起继承创新中华优秀传统文化的历史责任。这是我们必须树立的文化自觉。

(设计意图:引导学生树立文化自觉,了解文化的作用和重要性,了解中华优秀传统文化的形式和实质,了解文化发展的规律。)

(三)文化自信

师:知乎上有一个讨论范围颇广的问题:你认为最好的中华传统文化是什么?赞同人数最多的回答是"汉字"。在长久的实践中,中华民族创造的辉煌历史和长久积累的知识都依靠汉字保存至今。世界上没有一种文字像汉字那样历尽沧桑,青春永驻。他拥有形态优美、直观达意、信息量大等优点。请分小组讨论并挑选出本小组认为最好的中华传统文化项目,向全班同学作原因阐述。

学生合作探究并辩论:分小组讨论并挑选出本小组认为最好的中华传统文化项目,向全班同学作原因阐述。

教师小结:其实,这个问题的实质不是要在中华民族浩瀚如海的传统文化中评出状元,决出胜负。而是希望同学们能记住回答这一问题时心中的感受,这一份骄傲和自豪。中华文化积淀着中华民族最深沉的精神追求,是中华民族生生不息、发展壮大的丰厚滋养;中华优秀传统文化是中华民族的突出优势,是我们最深厚的文化软实力;中国特色社会主义植根于中华传统文化沃土、反映中国人民意愿、适应中国和时代发展进步要求,有着深厚历史渊源和广泛现实基础。我们只有树立起高度的文化自信,中国的优秀传统文化才会在沃土中成长开花。

(设计意图:小组讨论这个问题的实质不是要在中华民族浩瀚如海的传统文化中评出状元,决出胜负,而是要促使学生在该教学活动实施过程中自然而然地为中华优秀传统文化感到骄傲和自豪。此外,该活动还为接下来讨论传统文化的精华和扬弃做了很好的铺垫。)

(四)文化弘扬

师:我们再来回顾一下《从奥林匹亚到万里长城》的精彩片段,其实《2022,相约北京》的北京八分钟并不是张艺谋导演第一次执导奥运会艺术表演。早在雅典奥运会闭幕式上,他就曾经为我们带来过一个以"从奥林匹亚到万里长城"为主题的"北京八分钟"表演。本次冬奥会的八分钟表演播出之后,网友们普遍反映,比14年前的"北京八分钟"更加精彩。让我们通过一个小视频回顾一下2004年的艺术表演,看看两个"北京八分钟"在中华传统文化的表现形式上有什么区别?

学生思辨:观看2004年《北京八分钟》艺术表演的视频片段,比较两个八分钟在中华传统文化的表现形式上的区别,由此引发对传统文化弘扬方式的讨论。

教师小结:用智能机器人驱动的透明显示屏不仅展示了长城,更展示了当代中国的科技水平和创新意识。把龙的形象抽象成流光组成的线条,更适合在冰面上进行展示。冬奥会上的这个图案,梅花曲水纹配上橄榄叶,你就可以理解成,昌盛多福配上和平时代下的奥运了。歌唱祖国的配乐是每一位中国人民都会哼唱的,我想张艺谋导演选择这首歌的目的,不仅仅是给世界人民听的,更是给中国人民和全天下的华夏后裔听的。以《歌唱祖国》为主线,北京八分钟熔铸了体现一个民族共同价值追求的民族精神,那就是以爱国主义为核心的民族精神。

教师小结:在继承与弘扬中华优秀传统文化的过程中,我们必须要使中华民族最基本的文化基因与当代文化相适应、与现代社会相协调;以人们喜闻乐见的方式推广开来,把跨越时空、超越国度、富有永恒魅力、具有当代价值的文化精神和文化创新成果传播出去。

(设计意图:学生直观感受中华优秀传统文化创新性发展,并从中自主提炼归纳出弘扬中华优秀传统文化应当注意的问题。)

(五)课外拓展讨论

师:走近那些正逐渐走向消失的中华优秀传统文化,挑选其中一种,分析原因,并尝试给出一种继承与弘扬该种文化的可行方案。

教师小结:总而言之,中华文化的继承与弘扬意义重大、任重道远,需要我辈青年坚定信念、齐心协力、砥砺创新。春风骀荡,一切正是时候。

(设计意图:将本节课上学习到的知识运用在社会实践中,是理论与实践的结合。既有利于学生在实践中深化对本节课理论知识的理解,又能为课本知识作必要的补充和拓展。)

七、板书设计

中华优秀传统文化的继承与创新

（一）文化自觉

1. 文化对个人发展的重要作用：教化精神世界、培育民族精神、塑造健全人格

2. 文化对社会发展的重要作用：传递社会经验、树立国家形象、展现综合国力

（二）文化自信

1. 对自身文化价值的充分肯定

2. 对自身文化生命力的坚定信念

（三）文化弘扬——批判式继承创新性发展

1. 创新性发展

2. 创造性转化

3. 博采众长海纳百川

4. 弘扬民族精神

八、教学反思

本节课的教学重点和难点是如何将中华优秀传统文化中所蕴含的丰富哲学思想、人文精神、道德理念等，转化成为学生价值追求的丰沛滋养。鉴于在学习本框题之前，学生已有八个单元的哲学学习基础，也就是说学生普遍已经具备基本的哲学常识和用哲学原理分析世界、解决问题的能力。因此，在学习本单元时要更注重哲学原理的运用，例如，用辩证的观点看待传统文化中批判式继承的问题；用发展的观点看待传统文化中创新的问题等。围绕这一教学关键点，教学活动的设计唯有向现实逼近，向世界开放，向未来探求，才能丰富中华优秀传统文化的现代价值意蕴，引起学生的共情和共鸣，实现中华文化内在魂脉在现代青少年群体中的延续和传承。

新课程标准的颁布和实施，给我们带来了全新的教育教学理念。特别是在

课堂教学方面,提倡目标的多元性、方法的灵活性和形式的多样性,强调课堂应该是开放的、生成性的课堂。所以在处理本课内容时,笔者没有从现成的教学模式入手,而是本着优化内容,学以致用的理念对教学内容进行处理。例如,鼓励学生通过观看《北京八分钟》的表演视频,挖掘中华传统文化意象的精神价值。该环节交由学生自主完成,既能引发学生对传统文化的主动探索,也能借此环节了解学生对传统文化精神实质的了解程度。再如,通过小组合作探究和辩论的形式参与知乎问题的讨论,以此深化学生对中华优秀传统文化的认同。小组讨论这个问题的实质不是要在中华民族浩瀚如海的传统文化中评出状元,决出胜负,而是要促使学生在该教学活动实施过程中自然而然地为中华优秀传统文化感到骄傲和自豪,解决本节课教学过程中的核心难点——文化认同的问题。

总体来说,在本节课的教学实践中,是"得"大于"失"的。"得"之所在是,学生活跃地参与了整个教学过程,环环相扣的提问、多变的语言表达和契合学情的活动设置,是成功调动学生积极性的主要原因。特别是两个旨在考验学生口头表达能力的教学活动对于教学目标的实现完成得比较好。学习本节课的目的,一方面是理解文化对社会和个人发展的重要作用,理解弘扬中华优秀传统文化和民族精神的必要性,了解中华优秀传统文化和民族精神的内涵;另一方面是强调树立传承和创新中华优秀传统文化的正确态度。所以,在最后的课堂总结阶段,鼓励学生将本节课上学习到的知识运用在社会实践中,这既有利于学生在实践中深化对本节课理论知识的理解,又能为课本知识作必要的补充和拓展。当然,在教学内容和教学活动的设计上,力图"求全",导致教学时间没有余裕,最后展示的板书设计不完全,是本节果中最大的缺憾,也就是明显的"失"了。

《国家财政》教学设计

云南师范大学第二附属中学　林美飞

一、教材内容结构

本课是人教版教材《思想政治·经济生活》高一年级必修一第三单元《收入与分配》第八课《财政与税收》第一框"国家财政"的内容。本框主要介绍了国家财政的收支关系、财政政策和财政作用,是第三单元的核心框题。本框是从"收入分配与社会公平"过渡到"征税和纳税"中极为重要的一部分,讲好国家财政,能起到很好的承上启下作用。因此,本框在本单元和整个教材中都具有十分重要的地位。

二、学情分析

①高一学生正处于人生成长和发展的关键阶段,思维比较活跃,接受能力比较强,因此对国家财政有一定的理解能力。但是其心理还不太成熟,理解财政的知识储备不够,理解财政的社会经验不足,容易受到各种因素的影响,缺乏对财政辩证、科学的认识。

②昆明市第三中学作为云南一级一等完全中学,学生综合素质高。学生在教学情境中敢于提出问题,善于分析问题,能够解决问题。同时,他们又具有这一年龄段学生的普遍不足,看问题容易产生片面性,被现象所迷惑。

③教师需要对学生加以正确的引导,帮助学生用科学精神正确地理解国家财政,让学生能够运用所学财政知识正确分析经济生活中的财政现象,增强学生对国家财政制度的政治认同,潜移默化地培养学生的法治意识和公共参与意识。

三、教学目标

①通过"走进生活 感受财政",感受昆明市财政收支状况,构建财政、财政收入、财政支出、财政收支状况和影响财政收入因素的知识体系,引导科学分析经济行为。

②通过"分析情境 了解财政",对昆明市财政作用情境进行分析,了解财政作用发挥策略,引导学生关注和思考财政作用,辩证观察、思考和参与经济生活。

③通过"参与活动 探究财政",对财政政策参与探究,培养学生的科学精神和公共参与意识。

④通过"聚焦生活 建言财政",对昆明市财政发挥作用进行建言,增强学生对中国财政制度的认同,激发公共参与热情。

四、教学重点、难点

①教学重点:国家财政的作用。这是课程标准要求阐述的重要知识点,也是认识财政的收支关系、国家财政政策的知识支撑点。

②教学难点:国家财政政策的运用。学生可从生活中感受财政政策的运用,但是生活现实与经济理论又有一定的差距,需要引导学生辩证、科学地分析。

五、教学方法

本课采用的是情境教学和角色扮演的教学方法,以"财政让生活更美好"为议题,创设真实的情境,提出开放性的问题,让学生以小组合作或个人学习形式尽快进入情境学习,激发他们的认知兴趣,提高教学效率。

六、教学过程

课前准备:学生预习课本相关知识,进行小组分组,选定小组长、大组长。

导入:播放视频《记忆中的老昆明》选段。

思考:视频展示的老照片里的昆明生活,为什么和现在差距这么大?

教师介绍最佳小组评选规则。分组:设大组长一名,负责各小组的沟通、协调,抢答问题的点名以及选票的发放回收、统计、公布。全班分为五个小组,各小组抢答各个问题,其他小组补充或质疑。每小组选组长一名,负责组织同学的活动。评选标准:小组成员在活动中表现积极的程度;小组成员在活动中任务完成的情况。票数:7票,每小组1票,大组长1票,授课教师1票。得票数最多的小组为最佳小组。

师生活动:学生观看视频、思考问题以及学习评选规则;教师观察和了解学生对生活的了解程度,了解学生对评选规则的意见,议定最终的评选规则。

(设计意图:以昆明民谣《螃蟹歌》为音乐背景,展示反映昆明群众生活状况的老照片,创设老昆明生活的情境,引导学生思考生活水平差异的原因,激发学生对财政的关注,提高课堂参与度。传统的教学评价,重点在于知识熟悉的考核,落实知识是重要的目标;核心素养的教学评价,重点在学生运用知识的表现,知识只是实现目标的手段。最佳小组评选规则,侧重于学生学习活动的表现和过程,引导学生发挥自身积累参与课堂活动。)

(一)走进生活,感受财政

表1　2015—2017年昆明市财政收支

年度/年	GDP		财政收入				财政支出			
	金额/亿元	同比增长	金额/亿元	同比增长	税收金额/亿元	税收占财政收入比重	金额/亿元	同比增长	民生支出金额/亿元	民生支出占财政支出比
2015	3970	8.00%	502.2	5.10%	399.68	79.58%	615.51	3.70%	412	73.70%
2016	4300	8.50%	530	5.50%	377.38	71.20%	689.1	9.10%	500	72.60%
2017	4857	9.70%	560.9	8.20%	410.95	73.30%	775.9	12.70%	583.5	75.20%

数据来源:昆明市人民政府、昆明市财政局、昆明市统计局官网。

注:民生领域的支出是指"三农"、教育、社保、医疗、卫生等支出。

问题1:财政收支和群众生活息息相关。如果你是昆明市财政局局长,请结合图表信息,并运用财政收支相关知识,向群众说明昆明市财政收支的增长是如何让生活更美好的。

　　教师小结:财政收支关系。

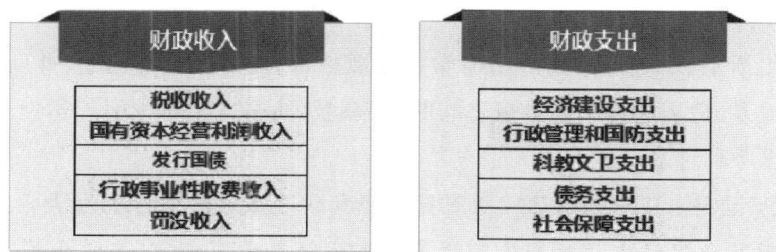

图1　财政收入和财政支出的构成

　　当年财政收入 > 当年财政支出,即财政盈余;

　　当年财政收入 < 当年财政支出,即财政赤字;

　　当年财政收入 ≈ 当年财政支出,即财政收支平衡(略有节余或略有赤字)。

　　师生活动:学生以小组为单位学习情境材料、探讨提出的问题,并向大家呈现学习成果,适当进行不同小组之间的交流;教师观察、了解和引导学生对情境、问题的思考和讨论。

　　(设计意图:以昆明市近三年财政收支数据为情境,引导学生感受和思考财政收支的增长对昆明市群众生活的影响,全面正确地认识财政收支的相关知识,培养辩证、科学分析经济现象的能力,引导学生科学分析经济行为。)

(二)分析情境，了解财政

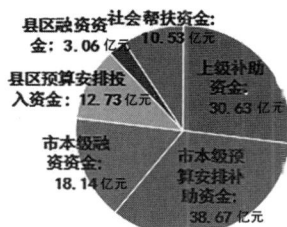

注: 2017 年,昆明实现 8.17 万贫困人口达脱贫标准,128 个贫困村达到出列标准,一个贫困县达顺贫摘帽标准。
数据来源:昆明市脱贫攻坚指挥部办公室公告。

图2　2017年昆明市脱贫攻坚资金投入

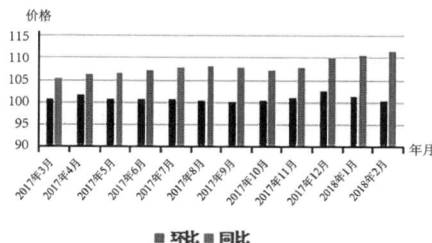

注:环比以上月价格100,同比以上年同月价格为100。
数据来源: 国家统计局70个大中城市新建住宅价格指数。

图3　2017年3月至2018年2月昆明市新建住宅价格指数

问题2:衣食住行,是群众生活的大事。如果你是昆明市人大代表,请结合材料并运用财政作用相关知识,就扶贫攻坚或稳定房价问题,向群众解释昆明市财政如何发挥作用。

师生活动:学生以小组为单位学习情境材料、探讨提出的问题,并向大家呈现学习成果,适当进行不同小组之间的交流;教师观察、了解和引导学生对情境、问题的思考和讨论。

(设计意图:以昆明市2017年脱贫攻坚和新建住宅价格指数为情境,引导学生思考财政作用的发挥对解决昆明市脱贫攻坚等的影响,引导学生关注、思考财政作用,全面、准确理解财政作用,辩证观察、思考和参与经济生活。)

(三)参与活动,探究财政

根据《昆明市城市轨道交通近期建设规划(2013—2019年)》的蓝图,未来昆明市将建设5条市域铁路和9条地铁贯穿整个城市,全长562千米,总投资3000亿元。截至2017年末,昆明市地铁运营里程达到88.7千米,开通车站57座。在全国地铁运营城市中,运营里程排第14位。

2017年,昆明市财政收入560.9亿元,财政支出775.9亿元,财政赤字金额为215亿元。2017年昆明市轨道交通建设全年完成投资180.1亿元。

有网友认为,昆明市应当适当减少地铁建设的财政支出,增加财政盈余,这样对昆明的经济发展有利,财政赤字对经济发展不利,更不利于人民生活水平提高。

也有网友认为,昆明适当的财政赤字建设地铁,有利于昆明经济社会的发展,有利于人民生活水平的提高。

问题3:作为高中生,你坚持怎样的观点?请你结合材料和所学知识,说明怎样的财政政策有利于提高昆明市民生活水平。

教师小结:财政政策的运用如下图。

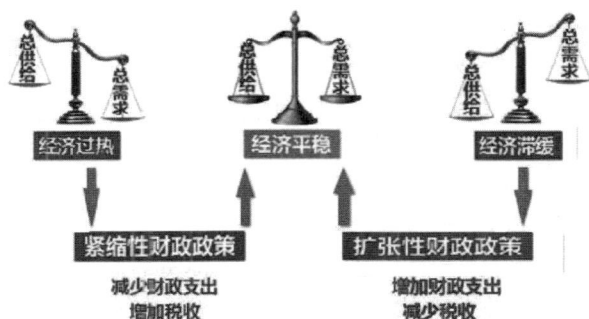

图4 财政政策的运用

师生活动:学生学习情境材料,探讨提出的问题,并向大家呈现学习成果,适当进行不同小组之间的质疑、辩论;教师观察、了解和引导学生对情境、问题的思考、质疑和辩论。

(设计意图:以昆明市财政状况和地铁建设规划为情境,站在学生角度设计问题,激发学生思维,通过呈现学生的思维冲突,分析如何正确认识对地铁建设的两种相反态度,引导学生探究财政政策的运用对群众生活的影响,培养学生的科学精神和公共参与意识。)

(四)聚焦生活,建言财政

问题4:作为高中生,请结合生活体验和国家财政相关知识,就"如何做到财政让生活更美好?"这一问题,你会向昆明市市长提出什么建议?具体的建议请填写在表2中。

表2 我关注的财政

我的重点关注	理由	属于哪一方面的财政收入或财政支出	国家财政发挥的作用

参考资料:2018年昆明十件惠民实事:贫困适龄儿童零辍学,确保高校毕业生就业率达90%,实施各类教育增量扩优,提升改造南二环高架,公共交通站点500米覆盖率超98%,实施城市防洪排涝改造工程,推进农村水利基础设施建设,实现35条入湖河道水质达标,家庭医生签约服务率60%以上,不动产登记5个工

303

作日内完成。(摘编自2018年昆明市十四届人大三次会议《政府工作报告》)

师生活动:学生学习情境材料,探讨提出问题,并向大家呈现学习成果;教师观察、了解和引导学生对问题的思考。

(设计意图:以高中生向昆明市市长建言献策为背景,引导学生观察和思考身边的经济现象,运用所学的国家财政相关知识提出、分析和解决问题,增强学生对中国财政制度的认同,激发公共参与热情。)

七、板书设计

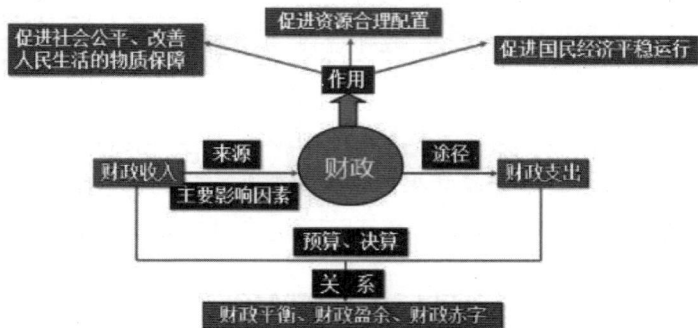

八、教学反思

本节课的教学过程采取一议到底的方式,重点从四个方面考虑:其一,设置的与学生生活相联系的昆明市财政收支情况的情境,能让学生有话说,有事做,有心听。其二,以本土的素材为教学资源,以数据引导学生的经济学量化的辩证思维。其三,社会热点、群众民生的情境设置让学生动起来,有热情,有激情,有深情。其四,贯穿课堂始终的议题是财政让生活更美好,用学生身边的财政现象让学生探讨,力求符合、启发和提升学生的认知。

(一)反思教学过程设计

教学过程分为三个阶段。第一阶段:情景引入。播放视频《记忆中的老昆明》选段,让学生思考:视频展示的老照片里的昆明生活,为什么和现在差距这么大? 创设老昆明生活的情境,旨在引导学生思考生活水平差异的原因,激发学生对财政的关注,增强课堂参与。

第二阶段:活动与探究。

①通过"走进生活,感受财政",引导学生感受和思考财政收支的增长对昆明群众生活的影响,全面正确地认识财政收支的相关知识,培养辩证、科学分析经济现象的能力。

②通过"分析情境,了解财政",引导学生思考财政作用的发挥对解决昆明市脱贫攻坚等的影响,辩证观察、思考和参与经济生活。

③通过"参与活动,探究财政",引导学生探究财政政策的运用对群众生活的影响,培养学生的科学精神和公共参与意识。

④通过"聚焦生活,建言财政",引导学生观察和思考身边的经济现象,运用所学的国家财政相关知识提出、分析和解决问题,增强学生对中国财政制度的认同,激发公共参与热情。

第三阶段:目标达成、检测与评价。

①为了巩固学生对本框题内容的学习,打好基础,更好地应对后面的课程内容,这节课精心设置了三个结构化问题作为练习。这三个问题难度由易到难,层层推进,以巩固基础知识为主,提升学生实际运用的能力,达到检测基础知识的目的,最终达成有意义的目标。

②根据学生在过程中呈现的学习问题,补充介绍昆明市财政收入和支出相关内容,提升学生的课外拓展能力。

③根据学生认知水平和学习特点,设计板书,主要通过列框架,突出重点和难点,达到梳理知识的效果。

④为了巩固这节课所学,拓展学生对"昆明市财政与市民生活"这对关系的内在联系,形成实际解决问题的能力,安排开放性作业:就"如何做到财政让生活更美好?"这一问题,向昆明市市长提建议。

(二)反思亮点

①对活动的理解。活就是议题活、情境活、问题活,动就是思维动、行为动;通过确定合适的议题,创设真实的情境,提出开放的问题,通过课程内容活动化和活动设计内容化实现对活动的理解。

②本土资源的运用。运用昆明市财政收支、脱贫攻坚、稳定房价、地铁建设

等与学生生活密切联系的本土资源,让学生有话说,有事做,有心听,激发学生课堂参与积极性。

③教师个性的张扬。运用昆明市的本土资源,采用一议到底的方式,让学生进行角色扮演。

④学生主体的体现。通过解决社会热点、群众民生的情境问题,提高学生课堂参与度。

⑤教学议题的适当运用。贯穿课堂始终的议题是"财政让生活更美好",用学生身边的财政现象让学生探讨,力求符合、启发和提升学生的认知,提高学生学科学习兴趣。

(三) 反思不足

①课堂气氛沉闷。与借班上课班级的磨合不足,对借班上课操控不足,课堂调控能力不够强,课堂组织不够高效;教学时间把握上不到位。

②学情估计不足。未克服本教学设计对学生素质高的要求,没有实现全部预设目标;未做到知识与活动的统一,知识还在,但活动没搞起来。

③问题探究不深。未充分引导学生探究,对议题落实不深;没有充分体现素养;部分问题争议不大,没有讨论空间;提问后教师对学生指导不到位。

④预设与生成脱节。预设与生成未达到和谐统一,未能根据学生和课堂情况及时调整现场教学。

(四) 教学重构

①调节课堂气氛。提高课堂调控能力,采取高效的课堂组织,准确把握教学时间,实现知识与活动的统一,活跃课堂气氛。如在抢答时各组轮流主场回答,其他组客场补充、提问,教师需要提高课堂组织和调控能力。

②完善学情估计。借班上课,要与班级充分磨合,才能调控班级的氛围,才能使教学设计适合学生素质,实现所有的预设教学目标。如何让学生动起来,不仅取决于教学设计的选材和设问是否恰当,还取决于教师对学情估计是否合理,特别是学生对教学设计中的财政现象是否熟悉、是否感兴趣,以及教师现场教学的能力是否足以有效调节借班教学班级的氛围,特别是设计什么角度和难度的问题才能调动学生的积极性。

③引导问题探究。引导教学往学生主体的方向上走,问题设置的争议和讨论空间要大,活动议题和教学主题要达成统一,充分引导学生探究,指导学生讨论,深入落实议题,充分体现素养。

④统一预设与生成。要精于设计,要善于驾驭,又要根据学生和课堂情况及时调整现场教学,才能使预设与生成达到自然和谐。

《国际社会的主要成员：主权国家和国际组织》教学设计

浙江省嘉兴市第一中学　王静慧

一、教材内容结构

　　本课是人教版教材《思想政治·政治生活》高一年级必修二第四单元《当代国际社会》第八课《走进国际社会》的第一框"国际社会的主要成员：主权国家和国际组织"的内容。中国作为国际社会的成员，从世界的视角审视才能更全面地认识中国。本课的内容与之后的国家利益、当今时代的主题、世界多极化趋势、我国外交政策保持了内在逻辑性，为本单元接下来内容的学习做好铺垫。

二、学情分析

　　通过一段时间"思想政治·政治生活"课程的学习，学生已经掌握了关于国家相关的基础知识。本节课的内容涉及国际政治的基础性知识，但相关概念具有一定的抽象性，因此，本课的教学要尽可能拉近与学生的距离，学生才能更好地承载着知识去感悟国际社会友好交往之道。

三、教学目标

　　本课课题是"国际社会的主要成员"，介绍了主权国家类型、构成要素、主权国家的权利和义务、国际组织的分类和作用，联合国的宗旨和原则。教材知识整合后可知，这些内容都在强调多样化的主权国家和国际组织，同为国际社会的主要成员，如何友好地进行国际交往？如何建立一个有共同价值准则，又不否认各民族差异的国际社会？因此，结合《课程标准》和教材分析，承载于知识之上是为这样的理念：平等—尊重—对话—合作—共赢，这既是国际社会友好交往之道，也是人与人之间交往的基本要求。

教学本课时正值"一带一路"国际合作高峰论坛召开一周年之际，选择"一带一路"作为主话题，意在引导学生关注国家发展，树立家国情怀。"一带一路"是个宏大的国家战略，因此必须把握好与学生生活的关系，教学时选取"一带一路"可能与学生生活相关的旅游内容，设计了有关主权国家的签证制为切入话题。

具体教学目标：

①通过认识"一带一路"的"朋友圈"，了解国际社会的主要成员及其基本构成要素，感悟主权国家和国际组织在国际社会的地位和作用。

②通过探究有关"一带一路"沿线国家旅游签证合作的话题，理解主权国家的权利和义务，学会在情境中准确判断，应用学科语言阐述和分析问题，理解主权国家之间的交往之道。

③通过思考中国"一带一路"倡议缘何能够写入联合国决议，并呼吁各国积极推进建设，思考中国的做法与联合国宗旨、原则之间的关系，用联系的观点把握事物之间的内在关系；知道联合国的宗旨、原则并灵活地加以分析和应用，认同国际社会的交往应当在平等基础上相互尊重，感悟中国是一个负责任的国家，在国际舞台上扮演着重要角色。

④通过面对"一带一路"建设中国际认同现实问题，组织活动——向这些国家的政府或人民坦诚地交流自己的看法，希望他们能打消顾虑，推动双方合作共赢，从而认同中国方案的合理性，理解中国作为主权国家合法地行使权利，并主动履行义务，再次感悟中国是一个负责任的大国。

四、教学重点、难点

①教学重点：主权国家的权利与义务。

②教学难点：主权国家的权利、义务与联合国宗旨、原则之间的关系。

五、教学方法

小组合作探究法、自主阅读法。

六、教学过程

【多媒体展示】第一部分:全球治理　中国方案

教师:同学们,今天我们一起学习第四单元的第一框"国际社会的主要成员:主权国家和国际组织"。当代国际社会处于全球化不断深入发展的时代,全球化要求各种资源在全球范围内自由有序流动,这势必会加深国际交往。国际舞台上的主权国家,经济、政治、文化和历史等条件各不相同,国际社会成员如何友好交往成为本单元的核心问题。中国这些年为国家社会成员之间的交往之道提供了自己的智慧和方案,近期引起世人关注的方案是什么呢?

生:"一带一路"。

师:关于"一带一路",大家通过新闻媒体的介绍,对它了解多少呢?

生:大部分学生都未关注。

(设计意图:引导学生对本单元形成整体认识。恰逢"一带一路"高峰论坛在北京召开一周年,引导学生关注国家的发展战略,关注国家发展。)

师:看来今天我们关注"一带一路"可以让大家拓宽国际视野了。"一带一路"是一盏灯,串起了、点亮了东西方一个个美丽的国度;"一带一路"是一座桥,连通的不仅是彼岸,更是心灵;"一带一路"是一条路,到达的不仅是繁华,更有远方。今天我们先去认识一下我国"一带一路"的"朋友圈"吧!

活动一:认识"一带一路"的"朋友圈"

文字材料1:我国"一带一路"的"朋友圈"不断扩大,100多个国家和国际组织积极响应支持,与80多个国家和国际组织就共建"一带一路"签署了合作协议。

文字材料2:与主权国家:哈萨克斯坦、印尼、马来西亚、新加坡、泰国、柬埔寨、老挝、匈牙利、新西兰、俄罗斯等签署合作协议,国家组织:联合国、亚太经合组织、非洲联盟、世界银行、亚投行等。

师:支持我国的倡议的国家很多,与我国实质性开展合作的有如上主权国家。

师:大家一起来认一认,从经济发展程度看,签署合作协议的主要都是哪类国家啊?有没有发达国家啊?

生:主要都是发展中国家,但也有发达资本主义国家。

师：在这些朋友中，最值得一提的就是新西兰，它是第一个与我国签署合作协议的发达资本主义国家。虽然这些主权国家国情不同、经济发展水平有强弱之分、差异很大，但在国际社会中，地位平等，皆为我国的朋友，都具有构成国家的基本要素，如领土、人口、政权、主权等。

师：我们的朋友中，除了主权国家，还有国际组织，我们一起来辨一辨，哪些是世界性的国际组织，哪些是区域性的国际组织，哪些是政府间的国际组织，哪些是非政府间的国际组织。

生：略。

师：这些国际组织的宗旨、性质不同，功能和作用各异，我们一起来读一读。

生：全班朗读国际组织的作用。

师：这里，特别值得一提的是联合国，它是第一个与我国签署合作协议的国际组织，这意味着联合国的成员国都有义务为"一带一路"倡议提供帮助和便利。这些政府间的国际组织在推动"一带一路"建设中发挥了促进作用。认识了这些朋友，我有一个心愿，想去朋友圈，来一次说走就走的旅行。

（设计意图：通过认一认、辨一辨、读一读，达成知识目标中有关基础知识的梳理和判断。）

活动二：去中国朋友圈，来一次说走就走的旅行

师：今天兴致突发，准备行李箱、信用卡、手机买张机票，前往新西兰，行吗？

生：不行，要办签证和护照。

师：看来同学对出境旅游了解不少啊。不过有个好消息告诉大家。

文字材料3："一带一路"沿线国家旅游签证合作基于公民签证便利化需求，与我国互免签普通护照签证的国家有9个，单方面允许中国公民免签入境国家和地区的达16个。（注：签证法律制度，是一国管理外国人入境、居留、就业等行为的行政法，是主权国家管辖权的体现，更是国家主权的体现。）

教师提问、学生合作探究：

①对入境的普通外国人，主权国家有管辖的权利吗？

②你认为签证政策与国家安全有关系吗？上述材料中实行免签的国家，有权利因考虑国家安全而突然收紧该国的签证政策吗？

③邻邦B国对我国实行公民免签入境政策，能否以《中华人民共和国国际法》平等权为由，强制要求我国对等地实行免签政策？

④B国若想实现其要求,还可以怎么做?

学生讨论与分享:略。

师:原来小小签证背后体现的是主权国家捍卫国家主权的要求,国际交往中我国政府如何在平等基础上友好地实现签证便利化?

教师提供回答:方式——对话、协商。双方进行充分交流,本着求同存异原则,协商制定推进区域合作的规划和措施,签署相关合作协议,在政策和法律上为区域经济融合"开绿灯"。

(设计意图:围绕签证这样一个学生生活中或多或少能体验的话题,设计带有思辨性、争议性的问题以及开放性问题,引发学生对主权国家主权重要性、主权国家权利、义务进行全面地辩证地思考,让学生在争议、思辨基础上感悟我国对外交往的方式是如何体现和平的时代主题的。)

【多媒体展示】第二部分:"中国方案",国际共识

文字材料4:2017年"一带一路"写入联合国决议,呼吁各国推进"一带一路"建设;联合国安理会通过决议,呼吁落实"一带一路"等区域发展举措;联合国大会通过决议,呼吁会员国为其建设提供安全保障环境。

教师追问、学生合作探究:

深度思考:中国的"一带一路"倡议缘何能够写入联合国决议,呼吁各国积极推进建设?

小组任务分工:

第一组:介绍联合国。

第二、三组:结合材料,归纳介绍"一带一路":我眼中的"新丝路"。

第四组:整理第一、二和三小组观点,分析上述问题原因,陈述小组观点。

教师提供辅助阅读材料:

①建设原则:"共商、共建、共享"。

②基本内容:合作重点以政策沟通、设施联通、贸易畅通、资金融通和民心相通政策沟通。

③三年建设成效:

政策沟通:通过外交协调方式对接沿线各国的经济发展目标,是对各国主权的尊重、对各国经济发展模式和道路选择的尊重。

贸易投资畅通:沿线国家得到"真金白银",中国企业对沿线国家投资达到

500多亿美元,一系列重大项目落地开花,带动了各国经济发展,创造了大量就业机会。

基础设施联通:得益于亚洲基础设施投资银行的资金支持,一些基础设施落后的东南亚国家也能够兴建电站和公路。

(设计意图:从知识的落实层面,转入对联合国的学习,从而更好地领会主权国家的权利、义务与联合国的宗旨、原则之间的内在逻辑,充分认同中国是一个负责任的大国。此外,由于学生缺乏对"一带一路"的了解,因此教师为学生提供相关素材,拓展其视野,有利于学生从不同角度理解我国这一倡议是符合和平与发展的时代主题,从而为课堂生成提供了相关可能性。)

【多媒体展示】第三部分:凝聚共识,共同行动

文字材料5:虽然"一带一路"的国际认同正与日俱增,不可否认,"一带一路"倡议还没有让所有沿线国家都"敞开心扉"。继续观望者有之,热情不足者有之,犹豫不决者亦有之。

畅所欲言:请结合自己所学,向这些国家的政府或人民写几句话,坦诚地交流自己的看法,打消其顾虑,推动双方合作共赢。

教师总结:"一带一路"的中国倡议转化为全球共识的过程中,我们发现"一带一路",是"路",更是"道",为全世界提供了一种国际友好交往之道:平等—尊重—对话—合作—共赢。为什么合作能实现共赢呢?且看下节课《国家关系的决定性因素:国家利益》。最后,为大家送上一段自编歌曲:"我和你,心连心,同住地球村;存差异,互尊重,合作为共赢。"

(设计意图:第三部分属于知识应用和情感升华部分。学生通过表达,将知识内化为一个有机整体,把握好主权国家的权利、义务、联合国以及与第八课下一框题之间的关系,从而更深入地理解我国对外交往之道。)

七、板书设计

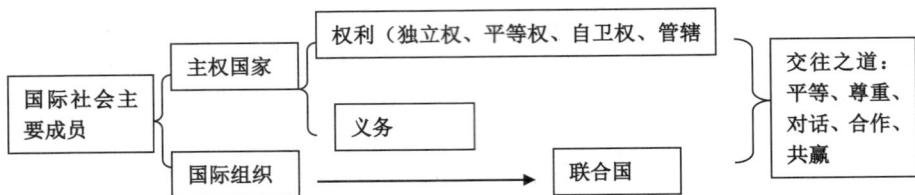

八、教学反思

本节课的教学设计体现了关注学生的认知规律，无论是教学话题的选择还是问题的设计，都把握住了学生的认知起点，同时根据学生思维疑点设计问题。在整个教学过程中，教师将教材中学生能够通过自主学习完成的内容简单处理，把课堂更多的时间给予学生活动、思考、争论、体验，从而理解知识、领悟观点，重视学科能力和学科思维的培养。课堂上通过启发、引导学生进行探究学习，巧妙地处理好课堂生成，化为课堂教学精彩。

本节课的成功之处在于：本课的教学贯彻了主题式教学的理念，教学主题鲜明，以主题统领课堂，包括材料选择、内容组织、问题设计、活动探究等。通过教材分析后将"国际交往之道"作为本课的立意点，提炼的观点符合《课程标准》的要求，贴近学情，全面、明确、可操作。

本节课的不足之处在于：学生对"一带一路"有所耳闻，但对国家宏观战略的具体内容了解不深，对主权国家的权利的判断有失偏颇，教师应沉下心来了解学生判断错误的原因而不是简单地进行分析，了解学生错误的原因更有利于把握学生的思维状态。

"借你一双慧眼"认识自己，了解家乡

——《用矛盾的观点观察和分析问题》教学设计

上海市奉贤区致远高级中学　徐小花

一、教材分析

本课是沪教版教材《思想政治》高二年级上册第五课《分析矛盾　辩证思维》第四框"用矛盾的观点观察和分析问题"的内容,在第四课讲述唯物辩证法的联系观和发展观的基础上,进一步讲述唯物辩证法的矛盾的观点,领会唯物辩证法与形而上学的根本对立。联系的观点和发展的观点是唯物辩证法的两个总的特征,而矛盾的观点则是唯物辩证法的最根本的观点,在唯物辩证法中处于核心地位。坚持用唯物辩证法的联系观点、发展的观点和矛盾的观点观察和分析问题,才能如实地反映客观世界的本来面目,使主观认识与客观实际相符合。本课在辩证唯物主义常识教学中具有重要地位,对于坚持党的实事求是的思想路线,提高辩证思维能力,具有重要的现实意义。"用矛盾的观点观察和分析问题"是本课教学的难点,用矛盾的观点观察和分析社会现象,不仅要理解相关的哲学原理,还要具备理论联系实际的方法,具备辩证思维能力。改版后的教材更加注重知识的运用,能力的提升,每一课的课后都设置学习园地并有配套的实践与探究栏目。这一课时正是基于矛盾分析法运用主题的实践探究课。

二、学情分析

高二学生初学唯物辩证法,缺乏相应的知识储备,在分析现实社会和个人成长中的实际问题时会有一定的难度。高二学生对哲学思辨有一定的兴趣,尤其是运用哲学思辨,探究社会实际问题,有很大的兴趣。

三、教学目标

①知识与技能目标:用矛盾的观点观察和分析问题在实际中运用。

②过程与方法目标:学生通过课前收集资料培养收集、归纳、分析和利用资料的能力,培养团队合作精神;学生通过课堂上交流、分析所收集的材料,提高口头表达能力。通过本课的学习加强学生的辩证思维,意识到用矛盾的观点观察和分析问题的重要性,并在以后的学习和生活中能有意识地运用两点论和重点论及具体问题具体分析的方法论。

③情感、态度与价值观目标:运用矛盾分析法,全面认识自我,从自身特点出发,确定理想目标。通过对奉贤区各镇的了解,理解奉贤区的发展思路,支持政府决策,发挥创新思维,因地制宜提出见解,构筑美丽家乡,美丽中国梦,激发爱我家乡,爱我中华之情。

四、教学重点、难点

①教学重点:矛盾分析法。
②教学难点:各乡镇的资料收集和运用矛盾分析法进行分析。

五、教学方法

讲授法、访谈法、小组探究法、讨论法、实地考察法。

六、设计思路

围绕“矛盾分析法的运用”主题,贯彻生成性教学理念,注重学科核心素养落实,发挥学生主体性、创造性,开展实践探究活动。

首先,探究自我,畅想个人梦。学生自我分析,写出自己的性格特征、兴趣爱好、优点缺点、专业意愿和职业理想。在探究中运用矛盾分析法,并在探究中了解自我,明确理想目标,为人生导航。

其次,探究家乡,畅想家乡梦。假如你是××镇长(村长),带着团队走进奉贤区各镇,了解家乡,畅想家乡经济腾飞。分小组开展实践探究活动,了解当地经济发展的优势与劣势,通过网络调研、实地考察探寻本地特色经济,并进一步思考当地经济发展出路,为建设美丽家园出谋划策。

让学生初步学会运用所学的矛盾分析法解读当前的经济政策,在探究本地经济发展现实中妥善运用矛盾分析法的哲学辩证思维,并在探究中了解家乡,激发发展家乡的责任感。

七、课前准备

【课前准备1】

学生自我分析,参考较为权威的MBTI职业性格测试——国际最为流行的职业人格评估工具,职涯-职业兴趣测试等专业平台,写出自己的性格特征、兴趣爱好、优点缺点、专业意愿和职业理想。

【课前准备2】

实践探究活动:假如你是××镇长(村长),带着团队走进奉贤区各镇,了解家乡,畅想家乡经济腾飞。分小组开展实践探究活动,了解当地经济发展的优势与劣势,通过网络调研、实地考察探寻本地特色经济,并进一步思考当地经济发展出路,为建设美丽家园出谋划策。

实践探究活动目标:

①学习运用媒体检索、实地考察、访问等方法收集资料。

②实际感受家乡的发展与不足,树立为建设美丽家乡、美丽中国的信念。

③矛盾分析法在实践中的运用。

实践探究活动过程:

①分小组:根据学生来自不同的镇,分成本区庄行镇小组、海湾镇小组、四团镇小组、奉城镇小组、南桥新城小组,并确立组长。

②收集资料:学生利用双休日时间通过采访、网上查找资料等方式了解本镇经济发展状况。

③小组讨论,合作分工,分析整理资料,形成本组观点。

实践探究活动要求:

①积极参与小组资料的收集,学习运用媒体检索、实地考察、访问等方法收

集本镇的经济发展优势与劣势。

②每个同学都要积极参加小组交流讨论,勇于发表自己的观点,并在会前写好发言提纲。

③注意运用矛盾分析法,全面分析本地经济发展的优势与劣势,寻找因地制宜的特色经济以及了解区政府关于重点发展南桥新城的规划。

④结合参加讨论会的收获,给当地政府写一封信建议信或表扬信。

八、教学过程

教师导入:夏某是高二女生,她说:"似乎自己一直都在以一种混沌的姿态生活,一直以家人的要求存在,成绩要好,做人要乖……不知道自己要什么,甚至不清楚现在为什么要认真学习,没有很明确的目标,没有很充足的动力。"清华大学校长曾经留给毕业生的一段话:"未来的世界:方向比努力重要,能力比知识重要,生活比文凭重要,情商比智商重要!"

环节一:学生展示自我认识、专业意愿、职业理想

结合课前准备的自我分析,学生谈其所分析的性格特征、兴趣爱好、优点缺点、专业意愿和职业理想。然后PPT呈现下述案例:要求结合所学矛盾分析法,分析下列哪些同学认识自我时存在偏差?

A同学:我爱画画,有热爱足矣。我非中国美院不去。

C同学:学习成绩优秀,有此足矣。要考就考热门专业。

B同学:我成绩不好,觉得自己是个罪人。没资格谈选择专业,将来有什么单位要我就去吧。

D同学:我也不知道爱好是什么,那就画画、唱歌。我妈让我读上海师范大学,当老师而且必须留在南桥。

教师总结:家事国事天下事,事事关心,无论你的理想是导游,回南桥教书,还是镇长、区长,大家都将在自己的岗位上,为我们的家乡,我们的祖国添砖加瓦。建设家乡,从我做起,从现在做起。上周我们布置了实践探究活动:假如你是××镇长或区长,带着团队走进奉贤区各镇,了解家乡,畅想家乡经济腾飞。

环节二:课堂上展示、交流实践探究活动成果

海湾镇代表、四团镇小组代表结合本组的调查情况,汇报小组调研结果。

教师总结:各镇长发言都很精彩,大家在矛盾分析法指导下,从各角度调研了本镇的经济发展状况,还有的提出了宝贵的建设性意见,建议可以成文提交给各镇政府办公室。

环节三:教学知识重点落实

教师利用庄行镇的发展材料,结合学案,请学生运用矛盾分析法展开分析,解读庄行镇的经济发展哲学思路。

环节四:南桥新城小组代表队展示探究活动成果

南桥新城小组代表队展示"南桥新城规划,展望未来"的视频资料。激发热爱家乡,建设家乡之情,并在观看中领悟经济发展离不开哲学思想方法指导。

教师引导学生思考自己的"个人梦"与"奉贤梦""上海梦""中国梦"的关系,让学生的知识培育与理想培育得到升华。

环节五:巩固练习(略)

九、板书设计

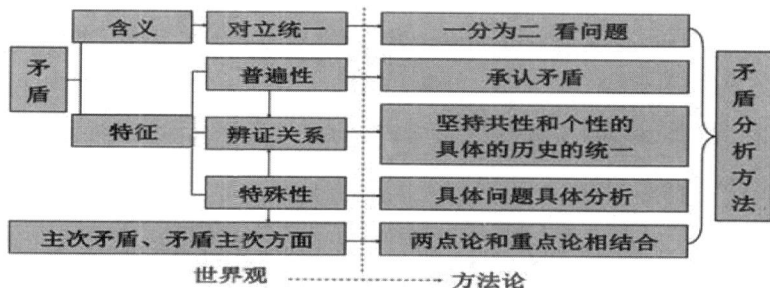

十、教学反思

这是一堂以哲学知识为载体的主题式实践探究课,注重在探究中培养哲学思维、开展德育渗透。本节课是以课本知识为依托、为重点的教学内容主题式探究,是常规课和实践课的综合体,是一次较为新颖的尝试。在教学过程中,教师自身需要对所在地区有较为深入的认识,方能引导学生做调研。学生课业繁重,要走出校园,开展实地调研,这其中存在一定的难度,离不开教师的督促和指导。因为这是一堂公开展示课,学生也格外重视,课前做了大量的调研和准备工作,课堂汇报效果较好,课程目标达成度不错。

本节课的不足之处在于:探究的主题略大。一堂真正的探究课的落点要小,才能真正发挥学生的社会性,利用校园所学,利用网络媒体,走出书本,走出校园。如果这堂课落点缩小,既能真正调动学生的实践活动能力,又能把书本所教方法发挥得淋漓尽致,引导学生进一步了解家乡,在学生心灵埋下为家乡发展努力上下求索,为建设美丽家园不断学习。

实践探究课是思想政治课德育教学的典型路径,克服了纯理论的说教,在实践探究中引导学生学以致用,并在学、用中升华书本知识,生成个人理念,达成思想政治课核心素养目标。教无定法,让学生爱上思想政治课堂,让德育不再说教,吾将上下而求索。